I0707791

EURÍDICE Y YO

Rumbo a una democracia inexplorada: 100 ideas y propuestas inéditas

Edición con acceso libre a la
ediacción digital piloto en *PDF*

2021

Luis de la Rasilla

A Eurídice y a sus compañer@s

ÍNDICE

Autor   7
Sinopsis   13
100 ideas y propuestas inéditas   17
Rumbo a una democracia inexplorada   21

¡Vamos a ello, Sr. ministro!   31
Acrónimo   37
La edad del ocio   47
Encuentro en Noruega   53
La crónica de Teresa   59
Una docencia ineficiente   67
Las interuniversidades   73
¿TITULA?   79
Sigue la PAUTA   89
El caso Idriss Awat   97
Empodérate, empodérame   103
Una prioridad olvidada   109
Verano de 1492   115
¿No se pudo prever?   125
El antipartidista   135
¿De qué democracia hablamos?   141
¿Participación... qué?   149
Guadiana educa   157
Un proceso de tres tiempos   167
Algo más   175
¿IPF?   185
¿También federalista?   193
I+C... y más   203
El AVE   211
Las ALAs del AVE   219
Dudas   227
Aquiescencia   235
Procedimiento PF   245
Algunas conclusiones   257
¡ALE, LEA!   263
¿Ediacción?   271
Wikiacción   279
Adiós, Eurídice, adiós   287

Anexos:

lee+   293
Vocabulario de la participación fraccionada   353
Códigos *QR* de libre acceso a obras del autor   368

Autor

Luis de la Rasilla Sánchez-Arjona
Sevilla, 1948.
luisdelarasilla@gmail.com

Doctor. Licenciado en Ciencias Políticas, especialidad de Estudios Internacionales. Fue secretario general de la UEF (Unión Europea de Federalistas, España) y promotor, a finales de los setenta, de la Asociación para la Integración Europea (AIE) y de la Sociedad Iberoamericana de Estudios Europeos. ☞ Ha sido profesor de derecho y relaciones internacionales en la Universidad Complutense, en la Universidad Nacional de Educación a Distancia y en las Universidades de Sevilla y Huelva; jefe del gabinete técnico del rectorado de la UNED; director de su Programa en Guinea Ecuatorial; subdirector de la Universidad Hispanoamericana de la Rábida y vicedecano de la Facultad de Derecho de la Universidad de Huelva. *lee+ (1pp.)/pág. 333*

Nota del autor

Eurídice y yo, como casi todas mis publicaciones, incorpora algunos símbolos que pueden activarse en un soporte digital. Los primeros, que proporcionan a la obra el carácter transmedia, y los segundos, que posibilitan la actolectura, requieren conexión a Internet. Los terceros, que la agilitan y facilitan, no.

Recursos transmedia

Documento de texto
Página electrónica
Imagen o fotografía
Galería de imágenes o fotografías
Película o vídeo
♫ Melodía o banda sonora
♫♫ Lista de reproducción musical
Programa de radio
Presentación *powerpoint*
ⓘ Información práctica

Recursos propios de la actoescritura

iα Infórmate para actuar con criterio
α> Actúa
ɡOPɪ Genera y comparte oportunidades de participación

Recursos facilitadores de la lectura

atajo Reduce la lectura
lee+ Amplía la lectura
recuerda Vuelve a leer
salta Omítelo
regresa
n Nota
regresa Retorna al hilo central de la lectura
Я Rectificación

Código QR de libre acceso a la versión digital

Al efecto de posibilitar el funcionamiento de todos los recursos de la actolectura *Eurídice y yo* dispone de una *ediacción* digital piloto que puede adquirirse en *KINDLE/AMAZON*.

¿Ediacción? Sí, una apuesta, ambiciosa y original por una modalidad inédita de la ecdótica que conllevará sorprendentes cambios en los modos de edición convencional y electrónica. El inexorable tránsito de la escritura a la *actoescritura* y, por ende, de la lectura a la *actolectura*. Una iniciativa que, al incorporar en el texto recursos insólitos que brindan oportunidades de participación en los asuntos públicos (algo que impide la impresión en papel), hará actolector al *homo ociosus* del futuro. *Homo ociosus*, antes *depredator, cultor, faber, creator…* que, provisto de tan formidable útil para su adiestramiento cabal en el ejercicio directo de una nueva ecociudadanía o ciudadanía global, incrementará exponencialmente su cultura política y sus posibilidades de participación eficaz en defensa de intereses colectivos.

El siguiente *código QR* brinda al lector interesado la posibilidad de descargar libremente la *ediacción* digital piloto completa en *pdf*.

SINOPSIS

En plena pandemia de la COVID-19, ante la insólita oportunidad, ¿perdida?, de una forzada experimentación, a escala mundial, de enseñanza virtual, *on line,* no presencial o a distancia, el autor riza el mito de Orfeo. ¿Cómo? Transformando al tracio en sigla de *ordenación racional y flexible de una educación obsoleta* e invitando a Eurídice, ahora seductor y turbador *acrónimo de estudiante universitari@ rehén inerme de una docencia insostenible carcomida por la endogamia,* a reflexionar sin cortapisas. A hacerlo, imaginativamente, sobre el presente y el futuro de la universidad, el papel decisivo de los estudiantes y la urgencia de potenciar exponencialmente el empoderamiento ciudadano de la mano de una democracia, aún inexplorada, que algún día deje de pivotar sobre el disfuncional juego trucado del partido político.

Cavilación sin reserva ante lo que, en pleno apogeo de la sociedad del conocimiento, es un creciente sinsentido: el tozudo e interesado empeño de las universidades convencionales en que su alumnado malgaste su tiempo y su dinero asistiendo a interminables horas de clases presenciales en aulas atestadas. Rutina, en muchísimas ocasiones infructuosas y siempre, salvo en los supuestos de prácticas inevitables, sustituibles por modalidades de enseñanza-aprendizaje más fructíferas y menos manirrotas con los escasos recursos humanos, materiales y medioambientales disponibles.

¿COVID-19 *versus* UNIVERSIDAD? En efecto. La primera, al alertarnos de cómo las nuevas tecnologías tientan al poder para asegurarse el control de los individuos; la segunda, por constituir la fuente esencial del empoderamiento ciudadano. Proceso personal éste, único antídoto eficaz frente a la vigilancia totalitaria, que parte de la toma de conciencia de la realidad, arranca con la motivación para mejorar la sociedad, se nutre de información veraz, crece con la educación y la capacitación crítica y se manifiesta en el ejercicio responsable, individual y/o colectivo, de la ciudadanía.

De ahí la irrenunciable apuesta por forzar lo antes posible un inédito escenario de coordinación interuniversitaria que provea, en un contexto de creciente demanda mundial, una oferta de enseñanza superior de máxima calidad, mínimo coste, alta flexibilidad y fácil acceso, que libere las ingentes cantidades de recursos necesitados por la investigación y la innovación. Algo que sólo puede lograrse asestando un corte de cizalla a la cadena monopolística que sustenta todo sistema universitario conocido: el privilegio ancestral que constituye el derecho exclusivo de cada universidad a enseñar, evaluar y acreditar para el ejercicio profesional.

La reglamentación jurídica de la enseñanza superior debe estructurarse en torno a un nuevo eje vertebrador presidido por el *principio docente de plena competencia interuniversitaria* (PDPCI). Un precepto revolucionario capaz de inducir por sí sólo beneficiosos escenarios de intensa coordinación interuniversitaria global. Una deliberada vuelta de tuerca al ejercicio de la libre competencia en el ámbito de la enseñanza superior que dará paso a un nuevo derecho del estudiante: la libertad real de elegir, en cualquier tramo del itinerario formativo, más de un centro académico para cursar, simultáneamente o no, cuantas materias, asignaturas o módulos formativos integren los planes de estudio de titulaciones disponibles en el nuevo mercado interuniversitario, en condiciones de equivalencia homologada. Insólito derecho que inducirá *per ser* el competitivo desembarco de interuniversidades abiertas y agencias oficiales de titulación profesional que alentarán hasta límites insospechados una nueva movilidad virtual.

Realidad que, lejos de acabar con la convivencia estudiantil y la irrenunciable relación presencial profesor-alumno, las modificará, revitalizándolas en grado sumo, gracias a un innovador modelo de presencialidad. Sí, una presencialidad reducida, pero más intensa, útil, plural, igualitaria y gratificante, asociada a la inevitable reconversión, auto inducida por el PDPCI, de los actuales campus universitarios en atractivos *ambientes de convivencia y aprendizaje complementarios* de la docencia virtual (ACACOs). Espacios dotados, entre otros recursos, de *plataformas para la autoformación y la acción ecociudadadanas* (PAUTA/e 3.0) de insospechado impacto social, que abrirán sus puertas a innumerables usuarios potenciales, hoy interesadamente excluidos de las aulas universitarias.

Apuesta que, por prometedora que pudiese resultar, es a todas luces inviable sin la socialización generalizada en términos de sociedad internacional o global: el tránsito de la ciudadanía a la ecociudadanía. Una tarea colectiva de tal envergadura que resultará inabarcable sin acometer desde ahora el reto de substituir la actual democracia representativa por una democracia ecociudadana directa, excepcionalmente representativa.

¿Cómo hacerlo? Mediante la concepción, experimentación y puesta a punto de herramientas políticas de nueva generación capaces de inducir procesos auto instructivos eficientes, desbordar el ámbito estatal de actuación, autogenerar autonomía y pluralismo, precisar escasa o nula institucionalización, flexibilizar los procesos asociativos, dinamizar el quehacer participativo, prescindir de todo tipo de militancia, socializar el liderazgo político, admitir la cohabitación de enfoques y actuaciones dispares y transformar la inacción en activismo político consentido. Reto, como el autor explica detalladamente a la paciente Eurídice, al alcance de su propuesta de hace más de dos décadas: el *modelo de técnica asociativo-decisional de participación fraccionada (MPF), participación sucesiva, desagregativo-agregativa o por impulsos complementarios*.

LAS 100 IDEAS, APUNTES Y PROPUESTAS INÉDITAS DE ESTE LIBRO

Con la doble finalidad de estimular y facilitar la lectura de *Eurídice y yo*, he aquí, de manera sintética y por orden de mención, las 100 ideas y propuestas inéditas contenidas en el relato.

1. La pandemia de la COVID-19 supone la insólita oportunidad de una experimentación masiva a escala mundial en dos materias que no pueden improvisarse: el teletrabajo y la enseñanza virtual, *on line* o a distancia.

2. No es descartable que nuevas pandemias o, aún peor, la conjunción fatal de una democracia representativa crecientemente disfuncional, el repunte de nacionalismos y populismo asociados a la misma, el estrés climático y la explosiva tensión social derivada de no compartir la sociedad del bienestar, generen venideros escenarios que obliguen a declarar nuevos estados de alarma.

3. Las posibilidades de control o de vigilancia totalitaria sobre los individuos que brindan las nuevas tecnologías constituyen tal tentación para el poder que debe ser contrarrestada por el empoderamiento de la ciudadanía.

4. El empoderamiento ciudadano es el único antídoto de la perversa tentación que la tecnología es para el poder.

5. El empoderamiento es un proceso personal que parte de la toma de conciencia de la realidad, arranca con la motivación para mejorar la sociedad, se nutre de información veraz, crece con la capacitación crítica y se manifiesta en el ejercicio responsable, individual y/o colectivo de la ciudadanía.

El empoderamiento a gran escala de la ciudadanía se logrará potenciando exponencialmente los procesos educativos y participativos.

La ciudadanía, condición del nacional de un Estado, sujeto pleno de derechos y deberes, facultado para intervenir en su gobierno, socializada hoy en términos de Estado-nación, debe transformarse en ecociudadanía.

La ecociudadanía, del griego *oixo* que significa casa, morada, ámbito vital... y ciudadanía, es la condición de todo ser humano, titular de una parte alícuota de la soberanía mundial, legitimado para intervenir, con independencia de su adscripción nacional o eventual situación de apatridia, en cualesquiera asuntos públicos en pro del desarrollo humano de todos los habitantes del planeta, mediante la satisfacción de sus necesidades, sin comprometer el de las futuras generaciones.

El ecociudadano es un ciudadano con actitud ecociudadana, entendida como alternativa, responsable, solidaria y comprometida con la definición, formulación y defensa de los intereses comunes de los seres humanos.

Adoptar una actitud ecociudadana es un acto político legítimo de profundización democrática y de emancipación ciudadana, coherente con el hecho histórico de la globalización, asociado al derecho y al deber de participar directamente en los asuntos públicos que afectan a la comunidad internacional en su conjunto.

La sociedad atribuye los tres vértices del conocimiento —la educación, la investigación y la innovación—, en su máxima expresión, a la institución universitaria.

El estudiante universitario, en líneas generales, es rehén inerme de una docencia ineficaz e insostenible y, en el caso español, carcomida por la endogamia que prima en nuestras universidades.

Urge proceder a la ordenación racional y flexible de una educación obsoleta en todos los niveles.

Si reconocemos que la institución universitaria juega un papel medular en el desarrollo educativo, cultural, económico y social, elementos claves de un empoderamiento ciudadano orientado a la construcción colectiva de una sociedad global democrática, crítica, culta y solidaria, es imprescindible reforzar exponencialmente sus capacidades y dotar a sus estructuras de mayor flexibilidad, en el marco de un escenario mundial de enseñanza superior vertebrado y sostenible.

Es un creciente sinsentido que nuestras universidades, en pleno esplendor de las tecnologías de la infocomunicación, se empeñen en malgastar el tiempo del alumnado imponiendo la asistencia a interminables horas de clase, en muchísimas ocasiones infructuosas y siempre, salvo en los supuestos de prácticas inevitables, despilfarradoras de tiempo de enseñanza-aprendizaje y de recursos, humanos, materiales y medioambientales.

lee+ (16 pp.)/pág. 335

RUMBO A UNA DEMOCRACIA INEXPLORADA
A modo de introducción ♪

—¿Eurídice y tú? ¿Otro encuentro fortuito?
—No entiendo.
—Recuerda el inicio de tu trilogía.

A veces, un encuentro fortuito tiene el mismo efecto que el abatimiento y la deriva sobre un barco. Es como si un imperceptible golpe de timón al monótono rumbo de la vida inaugurase una inadvertida derrota de la que sólo se es consciente cuando en el ignoto destino nada coincide con las previsiones trazadas en la carta. Antojadizo lance de fortuna que embrolla el discurrir del tiempo... ya todo albur, ya todo azar, azar de azahar...

—*Eurídice y yo* no es una novela.
—¿Un ensayo?
—Reflexiones en voz alta, hoja de ruta, coordenadas para un nuevo rumbo a una democracia inexplorada, claves para poner proa hacia lo desconocido, alertas para el peregrino, primicias que echar a la alforja..., llámalo como quieras.
—¿Ella también canta y tañe la guitarra como lo hacía Teresa en *Noticia de un amanecer fugaz?*

Alborozada en el enigma comenzó a cantar La flor de la canela: Déjame que te cuente limeño, déjame que te diga la gloria del ensueño que evoca la memoria del viejo puente del río y la alameda. Déjame que te cuente limeño ahora que aún perdura el recuerdo, ahora que aún se mecen en un sueño... Luego, apartó la guitarra, fisgoneó en su pequeño cuaderno de notas y, con su cautivadora sonrisa y su fino deje sevillano, me explicó...

—No, pero su esposo es músico y poeta.

—¿Orfeo?

—Claro.

—Me lo temía.

—Es una broma. Eurídice, mi querida Eurídice, ya no es la ninfa de la mitología griega.

—¿Y quién es entonces?

—Aún tendrás que leer unas cuantas cuartillas. Ahora sólo te revelaré el comienzo de nuestra aventura.

—¿También en Sevilla?

Era un jueves soleado de abril de 2012, en Sevilla, entre Semana Santa y Feria, cuando el azar de azahar que revoloteaba el campus se posó inopinadamente en ella...

—No, en el Algarve portugués, en el punto más álgido de la pandemia, cuando, ante el colapso de los sistemas sanitarios, los gobiernos, cada uno a su bola, optaron por el confinamiento masivo que paralizó nuestro planeta.

—Cuéntame.

—La desescalada que, hasta disponer de vacuna y/o terapia efectiva, sólo funciona a golpe de distancia social, mascarillas, guantes y geles, ha continuado sufriendo de inquietantes altibajos ante las reducidas reservas mundiales de sentido común. Hoy, a punto de culminar el...

—Eso ya lo sé, háblame de ella.

—Aguarda. Te decía que hoy, a punto de culminar el fatídico año...

—Que será recordado como el de la COVID.

—Hay fundadas esperanzas de que, gracias al trabajo de los científicos...

—Sublime, encomiable, fantástico.

—... el mundo, con más o menos penurias y pérdidas de vidas...

—Injustas y desigualmente repartidas.

—… recupere su marcha de crucero.

—Un escenario muy optimista.

—En el que habrá que valorar lo vivido y extraer *ad futurum* las lecciones aprendidas.

—Y sin certeza de que evitemos volver a tropezar en la misma piedra. ¿Para qué me cuentas esto?

—Para destacar dos frentes concomitantes que pueden condicionar la vida de los seres humanos.

—¿Cuáles?

—Uno, en boca de todos: el teletrabajo. Otro, obviado por sus responsables e incomprensiblemente ignorado por sus destinatarios: una enseñanza universitaria predominantemente a distancia. Y ahora, por favor, escucha con atención y opina sobre la introducción que he preparado.

En ambos campos —el laboral y el universitario— y desde la aparición de las modernas tecnologías de la infocomunicación, se viene hablando —y experimentando, aunque siempre a pequeña escala, en relación con la masiva práctica convencional— del trabajo y de la enseñanza no presencial o a distancia. Modalidades novedosas, susceptibles de provocar una revolución de gran alcance en la vida de nuestras sociedades que, ralentizados por intereses inconfesables, se desbordan de repente por la acción de una pandemia que brinda a escala mundial una insólita oportunidad de experimentación masiva: millones de ciudadanos teletrabajando, millones de universitarios obligados a estudiar a distancia. ¿Habrá servido de algo?

—¿Opino?

—Aún no, sigue escuchando.

No entraré en los detalles, ni vaticinaré el futuro del teletrabajo.

—Ahora en las manos de gobiernos, empresas y sindicatos, que ya veremos por donde salen.

Sí, sobre el brete en el que COVID-19 ha puesto a la enseñanza universitaria. Y lo haré con denuedo tenaz, que no obstinado...

—Harás bien. *La obstinación —Amiel— es la voluntad que se afirma sin justificarse; la persistencia sin motivo plausible, la tenacidad del amor propio que substituye a la tenacidad de la razón o de la conciencia.*
—Y de la tenacidad a la obstinación hay un paso. *Todos los necios —Gracián— son obstinados y todos los obstinados son necios.*

... de quien lleva más de veinte años abogando para que la enseñanza superior se estructure en torno a un nuevo y eficaz principio vertebrador: *el PDPCI.*

—No me suena.
—Pues te asombrará si continúas leyendo.

Hablaré sobre el insólito escenario de las aulas universitarias vacías y del papelón de las universidades convencionales improvisando lo que tanto esfuerzo les ha supuesto a las universidades no presenciales. Miles de docentes abocados a ingeniárselas contra reloj para afrontar su imprevista nueva tarea de enseñar a distancia.

—A algunos ya les costaba la presencial...

Y hacerlo con el apoyo institucional de *Conectad@s: la universidad en casa.* Lo único que el ministro de Universidades y los rectores de la CRUE[1], a falta de conejo, pudieron sacarse de la chistera para *"apoyar la transición de las enseñanzas presenciales a las enseñanzas online en las universidades del Estado español"* o, de manera más pretenciosa, para *"facilitar la migración de su modelo presencial a la modalidad online"*. Un portal *web* que, por ser un mero catálogo de los MOOCs [2] de las dos universidades a distancia españolas (UNED y UOC o Universidad Oberta de Catalunya) y de algunas otras presenciales,[3] no servía para nada.

—Mascarada que nos retrotrae a finales de los años setenta, cuando la UNED —en época, no recuerdo ahora, si de los rectores Díez Nicolás o Tomás Ramón Fernández— decidió inaugurar su *Programa de enseñanza abierta* ofreciendo, en un *totum revolutum* y sin la más mínima adaptación a los potenciales nuevos destinatarios, el listado completo de las asignaturas que integraban sus titulaciones oficiales. Chapuza y aliño cosmético, entonces y ahora.

También me referiré a la frustración de comprobar que la experiencia ha resultado una oportunidad perdida para apostar audazmente por un modelo alternativo. Y esto dicho tras analizar, con la perspectiva que éste me brinda, los puntos 9 y 10 de las *Recomendaciones del Ministerio de Universidades para el curso 2020-*

---

[1] Conferencia de Rectores de las Universidades Españolas. Asociación sin ánimo de lucro, constituida en 1994, formada por 76 universidades españolas (50 públicas y 26 privadas). Crue Universidades Españolas es el principal interlocutor de las universidades con el Gobierno central. www.crue.org

[2] Acrónimo en lengua inglesa de *Massive Online Open Courses* (cursos en línea masivos y abiertos)

[3] Así la Universidad de Granada ofrece/regala sus tres *MOOCs* institucionales: *García Lorca*, *Sierra Nevada* y *La Alhambra*. O cinco propuestos por sus docentes: *Emprende, Información digital, Búsqueda de información, Sotfware libre,* y *Selección de personal.*

2021.[4] **Texto ambiguo que pudiese llamar a engaño y que analizaré a lo largo de nuestra reflexión conjunta.**

Recomendaciones del Ministerio de Universidades a la comunidad universitaria para adaptar el curso universitario 2020-2021 a una presencialidad adaptada y medidas de actuación de las universidades ante un caso sospechoso o uno positivo de COVID-19.
10.06.2020.
Versión actualizada de 31.08.20
...

9. Creemos que la experiencia obtenida, mediante un gran esfuerzo, en enseñanza y evaluación no presencial por parte de docentes y estudiantes debe ser aprovechada para desarrollar la capacidad de las universidades para utilizar formas digitales de interacción en aquellas actividades que puedan beneficiarse de dichas metodologías, <u>aunque reiteremos la deseable preponderancia de la enseñanza presencial como forma más adecuada para la educación superior de calidad en términos generales</u>. (El subrayado es mío)

10. Las medidas propuestas requieren una estrategia de digitalización reforzada del sistema universitario tanto para las posibles situaciones de emergencia como para una flexibilización de las modalidades de enseñanza. Dicha estrategia implica una mejora del equipamiento informático y redes telemáticas de las universidades, una capacitación del profesorado en el uso de la comunicación digital y una ayuda de la adminis-

---

[4] Recomendaciones del Ministerio de Universidades a la comunidad universitaria para adaptar el curso universitario 2020-2021 a una presencialidad adaptada y medidas de actuación de las universidades ante un caso sospechoso o uno positivo de COVID-19. 10.06.20, actualizada a finales de agosto.
https://www.ciencia.gob.es/stfls/MICINN/Universidades/Ficheros/Recomendaciones_del_Ministerio_de_Universidades_para_adaptar_curso.pdf

tración universitaria para la conectividad adecuada del conjunto del estudiantado, de forma que ningún estudiante sea discriminado por la persistencia de la brecha digital. Tenemos que evitar que nos sorprenda de nuevo cualquier circunstancia que interfiera en el normal desarrollo de la actividad universitaria.

Para explicar cómo, en mi modesta opinión, la futura enseñanza universitaria puede ser parte de la solución y no del problema, desarrollaré ideas que apunté en mis recientes cartas abiertas al ministro de Universidades sobre *El coronavirus y el fin de la universidad... que conocemos.*

—¿Cómo acabó aquella correspondencia?

—Un fiasco en toda regla: *La Vanguardia* hizo caso omiso de mi opinión, Castells obvió mi mensaje y los comentarios de algunos parientes y amigos catedráticos apenas quebraron el mutismo. *"Interesante y creativo artículo que dudo te publiquen"*. *"Me gusta mucho lo de replantearse la universidad del siglo XXI"*. *"Una buena reflexión"*. *"La propuesta de ley es un recurso magnífico"*. *"Yo no daría por hecho que una propuesta como la tuya fuera a tener un rotundo rechazo en todos sus extremos, pues hay asuntos bastante asumibles"*. *"Creo que estás lanzando un proyecto ilusionante y sugestivo que debe tomarse en consideración por los actores implicados"*. *"Es pertinente y necesario un debate sobre la cuestión en los términos que propones"*. *"He releído tu artículo y, en efecto, querido padre,*[5] *eres un utopista"*. El mismo ¿halago?, ¿reproche?, de siempre. El sino del compulsivo soñador diletante y del sesudo pensador

---

[5] Mi hijo Ignacio es *Han Depei Chair in International Law & One Thousand Talents Plan Professor*. Wuhan University Institute of International Law. www.ignaciodelarasilla.es

creativo. Y yo sin descubrir aún, ni a qué grupo perte-nezco, ni al que me asignan quienes me conocen.

—Y eso que lo utópico ya no es lo que era.

—¿Qué quieres decir?

—Que la Real Academia Española acaba de com-padecerse del término utopía y ya no es algo *"irrealiza-ble"*, sino *"que parece de muy difícil* realización".

—Mejor así.

—¿Hablarás de algo más?

—Claro: Eurídice y tú juzgarías inviable todo lo anterior si no os explico con detenimiento el marco, ám-bito o contexto evolutivo en el que adquirirá gradual-mente sentido el insólito modelo asociativo-decisional de participación fraccionada en el que trabajo desde finales de los noventa.

El autor, a bordo del *"Isla de Corisco"*,... hace más de dos décadas.

—De todas maneras ¡qué ocurrencia la tuya de pretender, con la que está cayendo, dar jaque mate a la institución universitaria!

—Yo erre que erre.

—Pero ¿qué te mueve?

—Sugerir una más fiable derrota para aproarnos a lo desconocido.

—Explícate.

—Un triple deseo: proponer de modo ameno y didáctico, en este caso a Eurídice y a sus compañer@s, una alternativa revolucionaria; hacerlo entre las bambalinas de una democracia que ni se imaginan —tú sí, ya que leíste *Noticia de un amanecer fugaz*— y convencerles de que son los únicos actores que están en condiciones de ponerla en práctica y, de hacerlo a tiempo.

—¿A tiempo?

La COVID-19 pasará, pero visto lo visto ¿es descabellado imaginar...

—*"La imaginación —decía Einstein— es más importante que el conocimiento".*

... hipotéticos futuros escenarios de tanta o mucha mayor gravedad que el actual? Sí, una suerte de tormenta perfecta que generase un mal que, por expandirse amenazador de forma intensa e indiscriminada, obligase de nuevo a los gobiernos de todo el mundo a declarar el estado de alarma.

—¿Piensas en alguno en particular?

—En una devastadora conjunción de un puñado de hechos de alcance global. Entre ellos: las disfunciones de una democracia que es cuna de gobernantes miopes, el repunte de los nacionalismos y los populismos de todo signo, el estrés climático derivado del efecto invernadero y la explosiva tensión ciudadana alimentada por la decidida voluntad suicida de que la sociedad del bienestar no sea compartida.

—¡Uf!

—Algo, que de mantenerse el rumbo actual...

—Que es lo más probable.

—*"Las horas —como anunciaba el poeta— llegarán y nos hallarán instalados y dóciles"*.[6]

—Y no cabrá alegar estupor o sorpresa.

—De ahí que me dirija a responsables, docentes y estudiantes universitarios, tan esenciales a la hora de configurar un futuro sostenible, para que dejen de quejarse de lo exiguo de los medios que aún manejan y se apresuren a sacarles todo su provecho.

—¿Cómo?

—De eso me dispongo a conversar con Eurídice.

A bordo del *"Isla de Corisco"*.
En la Ría del Piedras, año uno tras la COVID-19.

Dr. Luis de la Rasilla
luisdelarasilla@gmail.com

---

[6] Massip i Fonollosa, Jesús; *Libre d'hores*, 1988.

¡VAMOS A ELLO, SR. MINISTRO!

A bordo del *"Isla de Corisco"*
Club Náutico Nuevo Portil, 28.11.20.

Querida Eurídice.

La idea de escribir *Eurídice y yo* surgió un día de mayo de 2020, en pleno apogeo de la pandemia de la COVID-19. Me encontraba en un varadero de Olhao, en el sur de Portugal. Tras una larga reparación, me disponía a botar el *"Isla de Corisco"*, el barco italiano, de 1958, que reconstruí hace casi treinta años.

En el agua, fondeado en la Ría Formosa, ya que los dos viejos motores *GM Detroit Diesel 71 6 Turbo* requerían una puesta a punto, tuve que concentrarme en la mecánica. El uno de julio, reabierta la frontera, navegué hacia levante y llegué a mi destino, donde sigo. Durante el verano, el ajetreo de familiares y amigos no propició el sosiego necesario para comenzar. Ahora, cuando se aproxima el invierno a esta ría espectacular que discurre hacia el Atlántico entre pinos, arenales y marismas, me pongo a ello.

**Años atrás, cuando las embarcaciones fondeaban en la
Ría del Piedras, entre pinos, arenales y marismas.**

—¿Dónde estás?

—En un puerto deportivo de la Ría del Piedras, entre el Rompido y el Portil.

—¿No fue allí dónde, durante la II Guerra Mundial, el Servicio de Inteligencia Naval británico puso en práctica su plan para que ciertos documentos secretos llegasen a manos alemanas con el falso mensaje de que Sicilia no sería el lugar del gran desembarco aliado en el sur de Europa?

—En efecto, Eurídice: aquí apareció, en la primavera de 1943, el famoso cadáver del mayor William Martin, el *"hombre que nunca existió"*, depositado en el mar por el submarino *"Seraph"*.

—Acabo de ver un reportaje en RTVE.

Espías de Guerra: El soldado que nunca existió. RTVE
Abre el *código QR* para acceder al vídeo (49:34).

—Aún recuerdo la gran impresión que me causó la película de 1956 que, de niño, vi con mi padre en un cine de Sevilla: *El hombre que nunca existió*, dirigida por Ronald Neame.

—¿El director de *Odessa*?

—Afirmativo. Continúo:

Había leído en *La Vanguardia* un artículo del ministro y profesor Manuel Castells titulado *Fin de un mundo*[7] y me decidí a escribirle. Y como coincidíamos en que la pandemia que nos asolaba *no era el fin del mundo,* sino sólo del que *habíamos vivido hasta ahora,* sentí curiosidad por saber si el que nos depararía el futuro sería el que tú y tus compañer@s necesitabais. Y consciente de que todos teníamos nuestro grado de responsabilidad le propuse que pensásemos en lo que podríamos aportar para asegurarlo. Sobre todo él que unía a su condición de prestigioso profesor universitario la de miembro del Gobierno de España.

El "*Isla de Corisco*".
Varadero *Días & Sabino*, Olhao, Portugal. Mayo de 2020.

¡Vamos a ello, Sr. Ministro!, le dije, al tiempo que me ofrecía a echarle una mano aportando unos cuantos párrafos para el inicio de la exposición de motivos y los tres primeros artículos que debería incluir en un nuevo Proyecto de Ley Orgánica de Universidades llamada a derogar la vigente de 6/2001, de 21 de diciembre. Eso sí, le advertí que aludían a medidas de choque expeditivas que suponían un ataque frontal al modelo docente de una institución caduca y, como la calificara el profesor Albiac a mediados de los noventa, "*cadavérica*".[8] Que se trataba de dar un brusco golpe de

---

[7] Castells, M.; *Fin de un mundo. La Vanguardia*, 04.04.2020.
[8] Albiac, G.; *La universidad cadavérica. El Mundo*, Madrid, 1994.

timón para aproarnos a un rumbo cierto hacia el futuro. Que entrañaban un quebranto irreversible a un privilegio ancestral. En fin, que asestaban un corte limpio de cizalla a la cadena monopolística que sustenta todo sistema universitario conocido. Y para afrontar el reto le rogué que, antes de nada, me permitiese balizar el pecio que nos ocupaba.

El *"Isla de Corisco"* fondeado en la Ría Formosa. Mayo de 2020.

—¿Pecio? Seguro que no le gustó el vocablo: todas sus acepciones aluden al naufragio.

—Y es que de eso se trataba: del anunciado hundimiento de una enseñanza, la universitaria, que juega un papel central en el desarrollo educativo, económico y social de la sociedad global.

—En efecto, de una Humanidad que, ¡ojo!, todos los observadores *acongo-confinados*...

—¿Cómo has dicho?

—*Acongo-confinados*.

—Brillante.

—Gracias... Que —te decía— coinciden en que se enfrenta a una crisis mundial.

—En efecto. *Las decisiones que tomen los ciudadanos y los gobiernos en las próximas semanas* —ha dicho Yubal Noah Harari— *moldearán el mundo en los próximos años.*[9] ¿Has leído algo de él?

—No, ni siquiera sé quién es.

—Atiende. Una crisis mundial que, según el profesor israelí, se enfrenta a *dos elecciones particularmente importantes.*

—¿Cuáles?

—Primera*: entre vigilancia totalitaria y empoderamiento ciudadano.* Y es que —nos recuerda— *la tecnología hace posible vigilar a todo el mundo todo el tiempo.* Y ya se ha comenzado a hacer con el coronavirus. Y se puede pasar —nos advierte— *de una vigilancia 'epidérmica' a una vigilancia 'hipodérmica'.*

—Aclara eso.

—*Hasta la fecha* —explica—, *cuando tocábamos la pantalla del móvil y clicábamos sobre un enlace, el gobierno quería saber sobre qué clicaba exactamente nuestro dedo. Sin embargo, con el coronavirus, el objeto de atención se desplaza. Ahora quiere saber la temperatura del dedo y la presión sanguínea bajo la piel.*

—¡Uf! ¡Qué tentación de la tecnología al poder!

—Pues toma nota, que puede ser el preludio de una deriva inquietante.

—¿Deriva inquietante?

—Sí, de la política que, hoy más que nunca, nos recuerda la imperiosa necesidad de reforzar el empoderamiento de los ciudadanos. Ya sabes, algo que sólo se logrará potenciando exponencialmente los procesos educativos y participativos.

—Ya. ¿Y la segunda elección?

---

[9] Harari, Y.N.; *El mundo después del coronavirus, La Vanguardia,* 05/04/2020.
https://www.lavanguardia.com/internacional/20200405/48285133216/yuval-harari-mundo-despues-coronavirus.html

—Entre *el aislamiento nacionalista y la solidaridad mundial*. Y, estupefacto, añade *no puede ser* que *una parálisis colectiva se haya apoderado de la comunidad internacional*.

—Se me ocurren otras disyuntivas.

—¿Cuáles?

—Entre la catástrofe medioambiental que se avecina y el desarrollo sostenible del planeta. O entre el igual y el desigual desarrollo de los seres humanos.

—¿Tienes clara la elección?

—Por supuesto: empoderamiento ciudadano, solidaridad mundial, sostenibilidad e igual desarrollo.

—Fácil prescripción, pero hercúlea tarea.

—Es la faena que incumbe a la futura ciudadanía.

—Diría que a la ecociudadanía, esto es, a los ciudadanos con actitud ecociudadana o ecociudadanos.

—¿Ecociudadanos?

—Sí, Eurídice, ciudadanos que, conscientes de la pertenencia a una sociedad sostenible y de responsabilidad global, obran en consecuencia y, en ejercicio de su plena autonomía de voluntad, deciden auto atribuirse legitimación plena para intervenir con conocimiento de causa y con independencia de su adscripción nacional, en cualesquiera asuntos públicos en pro del desarrollo humano de todos los habitantes del planeta, mediante la satisfacción de sus necesidades, sin comprometer las de las generaciones venideras.[10]

—Ciudadanía global, ¿no?

—En efecto. Algo que no podréis hacer los jóvenes sin disponer de útiles políticos de nueva generación.

—¿Qué tipo de útiles?

—También de eso quiero hablarte.

---

[10] Rasilla, L.; *Pasota o implicado. Construyendo la ecociudadanía del futuro.* http://www.proyectointersur.org/pasotaoimplicado.htm

ACRÓNIMO

A bordo del *"Isla de Corisco"*
Club Náutico Nuevo Portil, 29.11.20.

Querida Eurídice.

Tres fueron las cartas abiertas que le escribí al ministro: *El coronavirus y el fin de la universidad… que conocemos* (12.04.20); *Y yo erre que erre* (01.05.20) y *Liberemos a Eurídice* (11.05.20). Misiva ésta última que titulé *Desconfinemos al estudiante* hasta que reparé en que la tarea iba a ser, además de compleja, literalmente imposible, puesto que el Diccionario de la Lengua no reconoce el término *desconfinar*.
—Ya sí.
—No lo sabía.
—Lo acaba de incluir recientemente: *Levantar las medidas de confinamiento impuestas a una población, o a parte de ella, en un territorio u otro lugar.*

—Tomo nota, gracias. Te decía que al consultar en la página electrónica del diccionario el referido vocablo la respuesta era: *la palabra desconfinar no está en el Diccionario. La entrada que se muestra a continuación*

podría estar relacionada. Se refería a *"desconfiar"* que no me valía, así que me dije: si confinar, en la acepción que nos ocupa, es *recluir a alguien dentro de límites* probemos con su antónimo: *libertar, soltar, liberar.* ¿Valdría liberar, Sr. Ministro? Pues liberemos al estudiante de una vez por todas en vez de continuar dejándolo en la estacada. Ya sabe, *abandonarlo, dejándolo comprometido en un peligro o mal negocio.* Máxime, si tenemos presente la recomendación de Ortega en *Misión de la Universidad.*

—¿Que era?

—*La enseñanza en todo el mundo, obliga a que de 'nuevo' se centre la universidad en el estudiante, que la universidad vuelva a ser ante todo el estudiante y no el profesor, como lo fue en su hora más auténtica.*[11] Y, así las cosas, me dispuse a proseguir con mi cantinela: abundar en las bondades de un modelo de enseñanza superior de nueva generación, estructurado en torno al eje vertebrador del PDPCI.

—¿PDPCI?

—Sí, compañera.

—¿Y?

—Nada, por ahora retén esa sigla.

—*Pe, de, pe, ce, i;* apuntado.

—Sin embargo, llegado a este punto, tomé una decisión que te afecta.

—¿A mí?

—Sí, a ti y a tus compañer@s.

—¿Cuál?

—Cambiar de interlocutor. Así que le anuncié al ministro Castells que esa sería mi última carta. Y es que, tras algunas de las decisiones que adoptó en aquellas fechas, dejé de considerar útil continuar razonando

---

[11] Ortega y Gasset, *Misión de la Universidad*, 1930.
Disponible en: http://www.esi2.us.es/~fabio/mision.pdf

con quien, estaba seguro, ya había captado que mi propuesta conllevaría el fin de la universidad…

—¿El fin de la universidad?

—Eso es lo que, años antes, auguró mi amigo el Prof. Francisco José Martínez López, a la sazón rector de la Universidad de Huelva, tras detallarle en qué consistía el PDPCI. *Será el fin de la universidad…* a lo que yo añadí: que conocemos.

—Tendrás que explicármelo.

—Te decía que no tenía sentido continuar tratando de convencer a quien, con sus últimas decisiones ministeriales, estaba dando muestras de no parecer dispuesto a arrostrar el envite que suponía mi propuesta.

—¿Qué decisiones?

—Varias, aparte de esa farsa de *Conectad@s: la universidad en casa*. Por ejemplo, la propuesta de rebaja de las tasas académicas.[12]

—Esa supuso un alivio para muchos estudiantes.

—Pero no pasó de ser una medida coyuntural que nada tiene que ver, ni con la reducción sustancial de los costes estructurales de la enseñanza universitaria, ni con el aumento exponencial de calidad que conllevaría la docencia abierta de origen interuniversitario que propongo.

—Ya. ¿Alguna otra?

—El incremento hasta el veinticinco por ciento del reconocimiento en términos de créditos de la experiencia profesional o laboral y de las enseñanzas universitarias no oficiales.

—Eso sonaba bien.

—Pero no quebraba el principio de exclusividad mediante el que cada universidad asume en solitario el trinomio capacitación-evaluación-titulación que constitu-

---

12 Tomado de la noticia publicada en la *web* el Ministerio de Universidades el 07.05.20.

ye el eslabón esencial de la cadena de prácticas monopolísticas de la institución. Como tampoco lo hacía su
idea sobre la *"flexibilidad en los itinerarios"*, esto es, la
posibilidad de cursar *asignaturas de dos o más títulos
universitarios oficiales de grado, siempre y cuando sean
materias de formación básica y hasta un máximo de la
mitad de los créditos del Grado"*.

—Eso se me escapa.

—En su momento te lo explicaré.

—¿Y en cuanto a que los planes de estudio tengan en cuenta los *Objetivos de desarrollo sostenible* o
que incorporen la enseñanza del respeto a los derechos
fundamentales?

—Fuegos de artificios que, a menos que en los
actuales campus prosperase mi propuesta de *PAUTA/e
3.0,*[13] no pasarán de un nuevo intento, carente de eficacia práctica, de generar una nueva *"maría"*: potencial
carne fresca de carga docente a la que se lanzarán
hambrientos los docentes de las áreas de conocimiento
que se consideren concernidas.

—¿Pauta qué?

—A su debido tiempo, Eurídice.

—¿Y lo de repoblar con estudiantes la España rural y vaciada?

—Una idea brillante, pero absolutamente inviable
sin el efecto inductor del PDPCI. Por eso le rogué que se
abstuviese de continuar haciendo juegos malabares y,
aburrido de tanta ocurrencia vana, le espeté: *Sr. Ministro, a partir de ahora sólo trataré el futuro de la enseñanza superior con Eurídice.*

—¿Conmigo?

---

[13] Plataforma para la autoformación y la acción ecociudadanas, que los profesores Francisco José Martínez López, a la sazón rector de la Universidad de Huelva y Francisco Cruz Beltrán, catedrático de Sociología, no dudaron en apoyar hace una década (PAUTA/e UHU 3.0).

—Sí. Y no te puedes imaginar el motivo.

—Pero seguro que me lo vas a contar.

—Porque estaba convencido, y así se lo dije, que la viabilidad de mi propuesta…

—¿La del PDPCI de marras?

—Sí, claro… dependía esencialmente de ti.

—¿De mí? Como no te aclares compañero.

—*Sr. Ministro* —escribí—, *Eurídice será mi nueva musa. Liberarla, mi objetivo. Sólo me comunicaré con ella y no volveré la vista para mirarla hasta no alcanzar la meta. Eurídice está sola. Y ella, al igual que el inquietante porvenir que ya no puede confiar en el presente, tendrá que liberarse por sí misma. Ni hay un Orfeo valiente y gentil presto a descender a los infiernos con su lira, ni volveremos a ver al tracio abandonando con su amada el Hades, tras adormecer con su música a Cerbero, como el artista[14] lo reflejó en uno de los frescos de la Biblioteca de El Escorial.*

—Poético.

—Y es que tú, mi querida Eurídice, arquetipo de la nueva Eurídice universitari@ a la que tanto urge liberar, no eres mito, ni quimera. Sólo símbolo veraz y, sí, seductor y turbador acrónimo de estudiante universitari@, rehén inerme de una docencia insostenible carcomida por la endogamia. *Sí Sr. Ministro, Prof. Catells, la que imparten esas universidades caducas de las que usted es cabeza visible y parte.*

—Me han dicho piropos, pero ¿acrónimo?

—Seductor acrónimo.

—Y turbador.

—¿No te agrada?

---

[14] Pellegrino Tibaldi y sus colaboradores.

—Sí y No. ¿Por cierto, informaste a los representantes estudiantiles de las universidades españolas de las ideas contenidas en tus cartas al ministro?

—Claro, aunque no a todos. Ni tengo sus direcciones electrónicas, ni resulta fácil conseguirlas.

—Comprendo que es una tarea laboriosa, pero puedes recopilarlas si accedes al portal de las representaciones estudiantiles en las páginas electrónicas de las universidades.

—Sorprendentemente, muchas de ellas no facilitan la tarea. En todo caso, sí me dirigí a las principales organizaciones de representación estudiantil.

—¿Respuestas?

—Sólo una. La de la estudiante Carolina García Lucas, a la sazón, presidenta en funciones de la *Coordinadora de representantes de estudiantes de universidades públicas (CREUP)*, que representa a más de un millón de estudiantes. Aquí tienes el mensaje que le envié y su respuesta.

De: lrasilla@gmail.com
Para: presidencia@creup.es
13.05.20; 18:24 h.

Estimada Carolina
Considero que puede ser de interés para esa coordinadora mis tres recientes cartas abiertas al ministro Castells sobre *El coronavirus y el fin de la universidad… que conocemos*. En ellas planteo la aplicación del que denomino *Principio docente de plena competencia interuniversitaria*. Algo insólito que abriría la puerta a una nueva reivindicación estudiantil de gran calado y trascendencia. Las cartas y toda la documentación complementaria se pueden descargar de:
http://www.proyectointersur.org/cartasalministrocastells.html
Quedo a vuestra disposición.

Dr. Luis de la Rasilla. Director del Proyecto INTER/SUR
PARA LA INNOVACIÓN POLITICA.
www.proyectointersur.org

De: presidencia@creup.es
Para: lrasilla@gmail.com
19.05.20. 19:10 h.

Estimado Luis,
Muchas gracias por el envío de las cartas así como de la documentación. La tendremos en cuenta para trasladar al Ministerio. Reciba un cordial saludo.
Carolina García Lucas. Presidencia (e.f).

—En agradecimiento a su atención incluyo el vídeo (20.04.20) de la entrevista que el periódico universitario *Aula Magna* le hizo a Carolina.

Visionarlo abriendo el código QR[15]

—Me parece muy bien: lo veré. Y, ya puestos, dime ¿de qué va ese enigmático PDPCI?

—Cuando alguien me hace esa pregunta suelo pedirle su dirección electrónica.

—¿Para?

—Regalarle un librito que escribí hace unos años.

—¿Qué librito?

—No importa, en tu caso será diferente. ¿Has estado en Noruega?

—No. ¿Y eso que tiene que ver?

—Creo que si me acompañas a Bergen te resultaría mucho más ameno comprender el alcance absolutamente revolucionario de la aplicación del PDPCI. Teresa y Álvaro van a explicarlo en un congreso internacional sobre el futuro de la universidad que se celebra allí.

—¿Teresa y Álvaro?

—Los protagonistas de mi trilogía *Noticia de un amanecer fugaz*.

—¿Novelista?

—También.

—Déjame leerla.

—Descárgala desde el *código QR* de la portada.

---

[15] O, en su caso, el siguiente enlace: https://www.aulamagna.com.es/carolina-garcia-creup-expone-el-papel-de-los-estudiantes-en-la-crisis/

—Gracias por la novela y por la invitación a Noruega: me encantaría, pero recuerda que estamos confinados perimetralmente.

—En el espacio, Eurídice, sólo en el espacio, no en el tiempo.

—Además, debo hacerte una confesión.

—Adelante.

—Nunca viajo al extranjero sin Orfeo.

—Si quieres puedo convertir a Orfeo en un acrónimo que promocione mi propuesta de PDPCI.

—¿Lo harías por mí?

—Claro.

LA EDAD DEL OCIO

—Ya lo tengo, Eurídice.

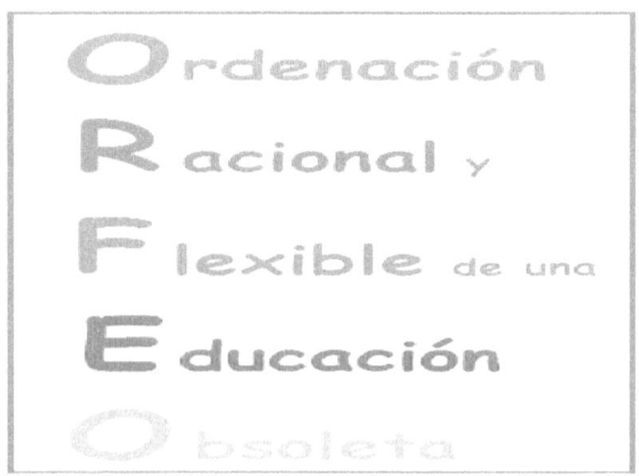

—¡Qué rápido!

—¿A Noruega, pues?

—Ahora, sí. Por cierto, dices que le ofreciste al ministro echarle una mano aportando unos cuantos párrafos para el inicio de la exposición de motivos y los tres primeros artículos de un futuro Proyecto de Ley Orgánica de Universidades. ¿Crees que el Gobierno los tendría en cuenta?

—No, claro que no.

—¿Que decían?

—Este es el texto que le remití.

PROYECTO DE LEY ORGÁNICA POR EL QUE SE DEROGA LA LEY ORGÁNICA 6/2001, DE 21 DE DICIEMBRE DE UNIVERSIDADES.

EXPOSICIÓN DE MOTIVOS

Si reconocemos que la institución universitaria ocupa un papel medular en el desarrollo educativo, cul-

tural, económico y social, clave de un empoderamiento ciudadano orientado a la construcción colectiva de una sociedad global democrática, crítica, culta y solidaria, es imprescindible reforzar su capacidad de liderazgo y dotar a sus estructuras de la mayor flexibilidad en el marco de un escenario mundial de enseñanza superior vertebrado y sostenible. No obstante, aunque ha experimentado en todo el mundo cambios profundos, aún se mantiene anclada al ancestral privilegio que la nutre y estructura: el derecho exclusivo de cada universidad a enseñar, evaluar y acreditar para el ejercicio profesional. Trinomio indiscutido, verdadera piedra angular en el que se ha sustentado desde sus orígenes todo sistema universitario conocido. Principio nuclear de un modelo monopolístico que, tras haber perdido todo su sentido en un planeta seriamente amenazado, pero inmerso en la sociedad de la información y el conocimiento, debe ser relevado por otro capaz de actuar *per se* cómo eficaz revulsivo de una docencia agotada.

En consecuencia, esta norma jurídica, se estructura en torno a un nuevo eje vertebrador: el principio docente de plena competencia interuniversitaria (PDPCI). Un precepto revolucionario destinado a forzar un inédito escenario de intensa coordinación interuniversitaria global que provea, en un contexto de creciente y deseable demanda mundial de educación, una potente oferta de enseñanza superior de máxima calidad, mínimo coste, notable flexibilidad y fácil acceso. Medida cuya aplicación inteligente y generalizada inducirá la liberación de cantidades ingentes de recursos humanos y materiales susceptibles de reasignarse, con criterios innovadores, entre los tres vértices del triángulo del conocimiento: docencia, investigación e innovación. Una deliberada vuelta de tuerca al ejercicio de la libre competencia en el ámbito universitario que dará paso a un inédito derecho de docentes y discentes. Derecho que alentará exponencialmente, salvaguardando la irrenunciable autonomía, su movilidad y, con ella, el competitivo desembarco de las INTERUNIVERSIDADES ABIERTAS y las AGENCIAS OFICIALES DE TITULACIÓN PROFESIONAL: las genuinas estrellas del venidero mercado de enseñanza superior, con sus más cualificados y flexibles programas docentes, esencialmente no presenciales, y sus atractivos, accesibles y mucho más sostenibles campus virtuales especializados. Campus que, lejos de acabar con la convivencia estudiantil y la irrenunciable relación presencial profesor-alumno, las modificará, revitalizándolas enormemente merced al nuevo modelo de presencialidad que generarán. Una presencialidad reducida, pero mucho más intensa, útil, plural, igualitaria y gratificante, asociada a la inevitable reconversión de los actuales campus en atractivos espacios y ambientes de convivencia y de enseñanza-aprendizaje complementarios de la gran oportunidad propiciada a la docencia virtual. Opción socialmente mucho más rentable por abrir sus puertas no sólo a sus exiguos destinatarios tradicionales, sino a innumerables usuarios potenciales hoy excluidos de las aulas universitarias...

TÍTULO PRELIMINAR
De los nuevos derechos universitarios

Artículo 1.
1. Se consagra con carácter general el derecho del alumnado a la libre elección, en cualquier tramo del itinerario formativo, de más de un centro académico para cursar, simultáneamente o no, cuantas materias, asignaturas o módulos formativos integren los planes de estudio de títulos, oficiales o no, disponibles en el mercado interuniversitario, en condiciones de equivalencia

homologada. Y ello con la consiguiente incorporación automática al expediente académico personal de todos los créditos obtenidos tras cursar en más de un centro de enseñanza superior los contenidos que den acceso a títulos oficiales de grado y de postgrado.

Artículo 2.
Los poderes públicos potenciarán la coordinación interuniversitaria alentando la creación de INTERUNIVERSIDADES ABIERTAS: instituciones de nuevo cuño, públicas y privadas, adecuadamente dimensionadas para el aprovechamiento de economías de escala en la utilización eficiente de todos los recursos tecnológicos disponibles para la programación interuniversitaria de la docencia y la ulterior comercialización de una oferta de enseñanza superior de máxima calidad, mínimo coste, notable flexibilidad y fácil acceso. Y todo ello sin detrimento del derecho de las universidades, públicas y privadas, que lo deseen, a proseguir, en ejercicio del principio constitucional de autonomía universitaria, con el desarrollo y actualización de sus tradicionales modelos docentes.

Artículo 3.
El Estado constituirá la AGENCIA ESPAÑOLA DE TITULACIÓN UNIVERSITARIA (TITULA), facultada para la expedición de cuantos títulos oficiales homologados se deriven de la actividad docente reglada impartida por las nuevas INTERUNIVERSIDADES inducidas por el principio docente de plena competencia interuniversitaria (PDPCI). Y ello, sin menoscabo, en su caso, de las competencias atribuidas por la presente Ley Orgánica a las Comunidades Autónomas en materia de titulación...

—Aludes a ideas que tendrás que explicarme.
—Por supuesto.

—¿Una pregunta personal?

—Dispara.

—¿A qué te dedicas, aparte de a la mitología, a los acrónimos, a los barcos, a escribir novelas y a redactar proyectos de leyes?

—Soy politólogo y, desde hace más de dos décadas, trabajo en un prototipo de herramienta política de nueva generación.

—¿No te basta con el partido político?

—No. Es un utillaje obsoleto y disfuncional, incapaz de afrontar la realidad cambiante de nuestros días. No sirve en el ámbito estatal y, aún menos, para afrontar la realidad global de la sociedad internacional contemporánea en el plano supraestatal.

—¿Y qué tienes?

—Algo.

—En ese terreno es mucho.

—Al menos dos cosas claras: las funciones que deberá desempeñar el prototipo en el que trabajo y su fuente energética.

—¿Fuente energética?

—Claro. Si fuese ingeniero y te hubiese dicho que trabajo en un prototipo de máquina-herramienta querrías saber para qué sirve y qué combustible utiliza.

—Pues respóndeme.

—Para posibilitar una alternativa radical a la democracia representativa al uso basada en el juego trucado de los partidos políticos.

—Ya veo: es lo que denominas útil político de nueva generación.

—Afirmativo.

—¿Y en cuanto al combustible?

—Autonomía y pluralismo. Autonomía, como antídoto de la dependencia política; pluralismo, en un contexto mundial diverso e intercultural.

—¿Y eso cómo se consigue?

—Asociando el aprendizaje y la participación políticas a vivencias que resulten atractivas.

—¿A cuáles?

—Al ocio, por ejemplo.

—Explícamelo.

—De momento retén el vocablo ocio y, durante el viaje al Mar del Norte, reflexiona sobre esta advertencia de John Maynard Keynes en *Essays in Persuasion:*

> *Así, por vez primera desde su creación, el hombre se enfrentará a su problema más real y permanente: cómo utilizar su independencia respecto a las preocupaciones económicas. No hay país, ni pueblo que pueda mirar sin temor a la edad del ocio y la abundancia. Es un terrible problema para la persona ordinaria que carece de habilidades especiales con las que ocupar su tiempo, especialmente si ha perdido sus raíces en la tierra, en las costumbres o en las entrañables convenciones de una sociedad tradicional.*

—La edad del ocio y la abundancia. ¡Qué maravilla! ¿Cuándo llegará?

—En ciertas circunstancias que puede que no se demoren demasiado.

—Dime.

—Piensa, Eurídice.

—¿Y yo?

—Tú a lo tuyo: toca la lira, compañero...

ENCUENTRO EN NORUEGA

Bergen, domingo, 15.07.12.

Es una fría mañana con nimbos de tormenta.

—¿Y Orfeo?
—Ensayando.
—Eurídice, mis amigos Tere y Álvaro.
—Encantada. ¿Sois pareja?
—Él no quiere.
—Es la hija de mi mejor amiga.
—¿Y vosotros? Me refiero al joven que desayunaba contigo.
—Lo fuimos, Tere, lo fuimos. Si yo te contase...

—Llegaron anoche. Eurídice tenía mucho interés en asistir al congreso sobre el futuro de la enseñanza superior para conocer de primera mano vuestra ponencia sobre *El fin de la universidad... que conocemos.* Tenían previsto hacerlo a principios de semana, pero la compañía aérea perdió las pertenencias de Orfeo y optaron por permanecer en Oslo hasta que apareciesen.

—Él no es nadie sin su lira —aclaró Eurídice.

—Se quedarán aquí para asistir al concierto en el Museo del compositor Edvard Grieg, donde Orfeo interpretará varias composiciones, entre otras, la Sonata para piano nº 14, op.27, nº 2 de Beethoven.

Reproducir utilizando el *código QR*

Tere, ya que no pudieron asistir te agradecería que le hicieses llegar a Eurídice la crónica de vuestra intervención.

—Por supuesto. ¿Quieres leer la crónica o el capítulo completo que estoy redactando *para Noticia de un amanecer fugaz*?

—El capítulo de tu novela, por favor.

—Teresa, —intervino Álvaro— Eurídice quiere hacer una excursión en barco a un *fiord*. ¿Y si avisamos a tu amiga Tarald para que la acompañe?

—Claro. Seguro que estará encantada.

Sevilla, ese mismo día, casi a medianoche.

Querida Eurídice. Acabo de llegar a mi casa de la *Pila del Pato*. Durante la espera en Londres y en el vuelo a Sevilla he terminado el inicio del capítulo sobre *El fin de la universidad… que conocemos.* Como incluye la primera parte de mi crónica sobre la presentación de nuestra ponencia me apresuro a enviártelo. Habrás comprobado que Tarald es muy divertida. Espero que hayáis disfrutado en la excursión al Fiord de Oster.
P.S. El primer párrafo lo ha redactado Álvaro.

Bergen, First Hotel Marin.

Tere hizo acto de presencia en el comedor con su acostumbrada naturalidad. Vestía un cálido pulóver de punto grueso del que sobresalía el holgado faldón de la camisa que, con una pincelada de desenfado, ocultaba la cintura del pantalón a juego. Este, de algodón, con bolsillos laterales y pliegues delanteros alisados, caía con garbo sobre unos zapatos Oxford de diseño clásico, con cordones de herretes brillantes, puntera redondeada, suela de goma y tacón ligeramente elevado; aquella, de popelín, mostraba un cuello Mao y unos puños dobles trabados con botones de nácar. Garbosa estampa dorada, blanca, negra, blanca y, de nuevo, negra sobre la lustrosa tarima de roble encerada.

—En la calle hace un frío que pela.
—¿Tienes preparado el equipaje?
—Sí.
—Acompáñame al salón. Un amigo quiere presentarnos a una mítica pareja.
—¿Ah sí? ¿A quiénes?
—A Orfeo y a Eurídice.
—¡Qué gracioso!...

Bergen

En los dos primeros vuelos de aquel domingo de mediados de julio acumularon casi tres horas de retraso. Ahora, en Stansted, aguardaban sus respectivos aviones a Sevilla y Faro. Todavía les quedaba algún tiempo antes de separarse y, por suerte, se acababa de despedir el tipo pelmazo que se arrimó a ellos en el hotel de Bergen para ahorrarse el transporte al aeropuerto. Contemplaron la posibilidad de darse un garbeo por Londres, pero el tejemaneje previo a las Olimpiadas lo desaconsejaba. Álvaro propuso una escapada en autobús de línea a alguno de los pueblos de los alrededores. ¿Por qué no subir al 301 y visitar Safron Walden, la población que disfruta de la mayor iglesia de Essex? ¿O ir en el número 7 a Stansted Mountfitchet y conocer su castillo del siglo XI? Tere alegó cansancio. Mejor así —pensó—, pues casi no había estado a solas con ella desde la excursión al Fiord de Oster y volvía a sentir el acuciante deseo de no compartirla con nadie. La cafetería Starbucks parecía un lugar confortable.

—Voy a por un café. ¿Qué te apetece, Teresa? ¿Tal vez ese zumo que tanto te gusta?

—¿Lo harías por mí en la vieja Inglaterra?

—No te quepa la menor duda.

Dado lo laboriosa que podría resultar su ejecución en aquellas circunstancias, se preguntó si se habría ofrecido a darle ese antojo a una chica así cuarenta años antes. Puede que, sorprendida, la empleada del Starbucks se llamase a andana, pero él acababa de comprobar que allí vendían toronjas. Se haría con una y le pediría que la añadiese al zumo de naranja mientras ella, divertida, observaría la escena desde su butaca. Dicho y hecho, mas sin haber imaginado que la camarera fuese *granaína* y tuviese la *mala follá* de comentar en voz alta un elocuente ¡*Ozú, qué hija tan caprichosa!*

Ella se puso a revisar una de sus crónicas. Él, resignado a su suerte, desplegó el periódico. Obama perdía la carrera por la recaudación de fondos, pero su relección era verosímil. Le importaba el devenir norteamericano, pero no hasta el punto de desatender la coqueta brega de los dedos de Tere con los tozudos tirabuzones rubios que acosaban su rostro.

—¿No te interesa?

—Nada.

—No me extraña.

—Que te he dicho que es de hoy.

—Hazme caso y compra la prensa en vez de estar al albur de la que halles al paso.

—Me nutro de las ediciones digitales y, además, ¿qué le reprochas a este *The Times?* ¿Acaso no es el parapeto ideal para observar a hurtadillas a una mujer hermosa? Déjame echar un vistazo.

—Ya conoces las reglas.

—Podrías hacer una excepción y dejar...

—¿Que la leas?

—No, que te siga mirando. Anda, muéstrame lo que llevas escrito de la crónica de nuestra ponencia.

—¿No te aburre?

—Disfruto escuchándote...

—Tienes suerte: ¡aparta el periódico y atiende!

LA CRÓNICA DE TERESA

El fin de la universidad... que conocemos.
Tere de Almeida.
Bergen, mediados de julio de 2012.

Aunque el inglés de Álvaro era más bien malo...

—¿Tanto?
—No te lo puedes imaginar.

...el texto de la comunicación, pulido entre ambos, era correcto. Para exponerlo de la manera más amena posible y, de paso, disimular sus desencuentros con el idioma, habíamos acordado ir intercalando nuestras intervenciones. Universidad de Bergen, Facultad de Derecho, Salón de Grados. No más de una treintena de asistentes en torno a la mesa que ocupábamos el profesor Harald Knudsen, director del seminario, y nosotros. Eran casi las ocho de la tarde y por los grandes ventanales penetraban los rayos del sol de aquel inacabable día del estío noruego. Álvaro tomó la palabra.

—¡Sería el fin de la Universidad! fue el rotundo y escueto comentario de un rector español cuando conoció el contenido de la ponencia que mi colega y yo nos disponemos a presentarles. Les avanzo que se trata de un ataque frontal al modelo docente de una institución caduca. El quebranto de un privilegio ancestral. Un corte limpio de cizalla en la cadena monopolística que sustenta todo sistema universitario conocido: el derecho exclusivo a enseñar, evaluar y acreditar para el ejercicio profesional. Y es que los ciudadanos que aspiramos a intervenir lo más directamente posible en una gobernanza

global sostenible debemos plantarnos ante una institución corroída y abusada por sus docentes en la que aspiran a labrar su futuro millones de estudiantes. Al menos, eso piensa esta joven radical que me acompaña.

Facultad de Derecho. Universidad de Bergen.

—¿Te gustó más lo de radical o lo de colega?

—Lo de abusada, que te lo sacaste de la manga sobre la marcha.

—¡Qué va! Había preparado por mi cuenta varias salidas del guion para impresionarte.

—¿Por qué abusada?

—Puede que no haya tenido sentido ese comentario en un contexto en el que debía referirme a la institución universitaria a escala global, pero constaba en mi publicación original ✑ centrada en el sistema español. Era de un cáustico artículo, titulado *La universidad cadavérica,* ✑ que publicó el profesor Gabriel Albiac, hace casi dos décadas, en el diario *El Mundo*.

—¡Vaya título!

—Denunciaba que ésta se vio de repente saturada por un profesorado sin garantías y, en un altísimo porcentaje, incompetente.

—No iba descaminado.

—Los universitarios actuales ignoráis que el Gobierno socialista, tras llegar al poder en los ochenta, saturó la universidad con docentes de cualificación dudosa y poco contrastada, que dejarían bloqueado el acceso a la docencia universitaria para varias generaciones.

—¿Qué hizo?

La Universidad cadavérica

La ley reformadora del sistema proporcionó a la Universidad española un triste entierro de tercera clase.

—Como denunciaba Albiac, convirtió a los no numerarios en titulares instantáneos y a los agregados en catedráticos *in situ*, con violación del derecho de aquellos profesores más antiguos que vieron cerrados sus concursos de traslado. Acordó una modificación del sistema de tribunales para garantizar la continuidad de lo que calificaba de *"mandarinato"* y propició que el control de los departamentos sobre las plazas fuese absoluto, la endogamia hermética y la *"corrupción irrebasable"*.

—De aquellos polvos estos lodos.

—En España, el docente universitario, excepciones aparte, ha estado y está a lo suyo: acceder al funcionariado y mendigar la prebenda a costa del sufrido alumnado y, por ende, del desarrollo del país. Y ello a pesar de que, como advirtiera Ortega, en *Misión de la Universidad,* ésta debe centrarse en el estudiante: *¡Qué vuelva a ser ante todo el estudiante y no el profesor, como lo fue en su hora más auténtica!*

—¿Tienes esa obra?

—Creo que está en el barco. 🗁

La pantalla se obscureció y aguardó a que reapareciese el texto que estaba leyendo.

—Teresa, diles de qué se trata

—De intervenir —comencé a leer un poco cortada— con precisión quirúrgica en el mercado de la educación superior. ¿Para? Forzar un inédito escenario de coordinación interuniversitaria que provea, en un contexto de demanda mundial creciente, una oferta de enseñanza de máxima calidad, mínimo coste, alta flexibilidad y fácil acceso. ¿Cómo? Estimulando, mediante la aplicación del principio docente de plena competencia interuniversitaria (PDPCI), repito, plena competencia interuniversitaria, el ejercicio de un nuevo derecho. ¿Cuál? El de libre elección, en cualquier tramo del itinerario formativo, de más de un centro académico para cursar, simultáneamente o no, cuantas materias, asignaturas o módulos formativos integran los planes de estudio de títulos disponibles en el mercado interuniversitario, en condiciones de equivalencia homologada. O dicho de otro modo, la incorporación automática al expediente académico personal de todos los créditos obtenidos tras cursar, en más de un centro de enseñanza superior, los contenidos que dan acceso a títulos oficiales de grado y de postgrado. ¿Y por qué todo esto? Muy sencillo: por el creciente sinsentido de que nuestras universidades, en plena irrupción de las tecnologías de la infocomunicación, se empeñen en ocupar el tiempo del alumnado im-

poniendo la asistencia a interminables horas de clase, infructuosas en muchas ocasiones. ¿Quieren un ejemplo?

—No esperaban ese comienzo a dúo.
—Para nada.

Álvaro les invitó a observar la diapositiva ultimada en Sevilla con el apoyo de Dani y se excusó por referirse a datos de la universidad española. En ella se indicaba que un estudiante de primer curso del grado de derecho debería asumir una carga de trabajo de 1.500 horas para obtener 60 créditos y, a continuación, extraía un conjunto de conclusiones que desarrolló al tiempo que yo las resaltaba con un puntero láser.

—Que no es lo tuyo.
—¿Qué querías que hiciese? Las pilas dejaban de hacer contacto en cuanto lo movías.

—Si el 40% tuviese carácter presencial permanecería 600 horas en el aula. Es decir, debería asistir a 15 clases semanales durante un año académico. Si la ratio media alumno/aula fuese 100, los más o menos 20.000 estudiantes que siguen el primer curso de dicho grado en las facultades de derecho de mi país tendrían que asistir a 120.000 horas de clase anualmente. Cantidad que superaría las 700.000 si consideramos los 120.000 matriculados anualmente en dicha titulación. Si la distancia media de ida y vuelta al campus fuese de 5 km y el tiempo empleado en el transporte 2 horas, cada alumno deberá recorrer en torno a 750 Km y dedicar a este absurdo menester un mínimo de 300 horas por curso.

Se detuvo unos para que pudiesen asimilar los datos y comenzó con sus habituales preguntas.

—¿Se hacen idea de la magnitud de las cifras si **consideràsemos a todos los universitarios del mundo? ¿Imaginan los ingentes recursos que esta práctica docente dilapida? En plena irrupción de las ICT...**

—Escribe las siglas en español: tecnologías de la información y la comunicación.

—De acuerdo, no me había dado cuenta Álvaro. —ella corrigió el texto y continuó.

—En plena irrupción de las TIC ¿tiene sentido que toda esa gente deba realizar diariamente el considerable esfuerzo de trasladarse desde sus domicilios a las aulas, convocados en exclusiva por unos profesores asignados de oficio a las mismas para nutrir la tradicional carga docente cautiva que vertebra el sistema de dotación de plazas de este modelo universitario?

—¿Acaso, le interrumpió uno de los asistentes, conoce otro que no sea el de las universidades abiertas o a distancia?

—Pues sí y de eso trata nuestra ponencia...

—Teresa, creo que ahora sí anuncian tu vuelo. ¡Enhorabuena! Me gusta el enfoque que le has dado.

—Gracias. Si la finalizo en el avión te la mandaré esta misma noche.

—Y no olvides enviársela a Eurídice.

—Lo haré, descuida.

Caminaron hacia la puerta de embarque. Él, feliz por haber acertado al traerla, no dejaba de alabarla; ella, convencida de que su dominio del inglés había sido el factor determinante, ufana tras haberle demostrado su capacidad y soltura para intervenir en público. Accedió cómodamente al avión de una popular línea aérea de bajo coste, ya que había abonado previamente dos suplementos: uno, para evitar la larga cola que suelen sufrir sus clientes; otro, para no tener que acabar con varias vestimentas superpuestas tras una épica brega pública para adelgazar su abultada maleta.

UNA DOCENCIA INEFICIENTE

Una vez en su asiento, y antes de que el personal de vuelo intentara venderle cualquier bagatela, se colocó los cascos y escuchó la grabación de la lectura-diálogo que acababa de compartir con Álvaro. Puede que resultase más amena —pensó— si intercalaba los comentarios. Volvió a oírla y se reafirmó en la idea. Claro que, en ausencia de éste, tendría que imaginárselos. En cuanto pudo reabrió el fichero y continúo redactando su crónica.

El fin de la universidad... que conocemos.
Tere de Almeida.
Vuelo Londres-Sevilla.

—Asistir a clase compensará o no en función de lo que se obtenga de ellas, interrumpió la elegante profesora danesa que tanto le gustaba a Álvaro.

—¡Qué guapa! Como Françoise d'Aubigny, la viuda de *Muerte en Verano*, era *tan hermosa que casi hacía daño mirarla*.
—Nunca me has dicho ese piropo.
—¿Seguro...? ¿Has leído algo de Black?
—*"El mar"* y *"El otro nombre de Laura*.

—Obviamente, Silge, —le respondió mirándola a los ojos— la opinión del alumno que invierte anualmente casi cien mil dólares para asistir a las clases presenciales impartidas en la Facultad de Derecho de Harvard probablemente será distinta de la del aspirante a jurista en cualquier universidad pública española, marroquí o turca. La cuestión estriba en si el coste para la so-

ciedad de esa educación presencial es una inversión razonable o un desdichado derroche. Y ello, entre otras cosas, dependerá de los resultados obtenidos y del carácter público o privado de la financiación requerida.

Álvaro me hizo un gesto para que aportase los datos que habíamos recopilado.

—El 30% abandona los estudios al cabo de dos cursos. El 70% emplea dos años adicionales para completar una titulación de cuatro. El contribuyente —expliqué, cada vez más segura de mí misma— aporta casi el 90% del coste de un sistema que atiende al 90% de unos universitarios que apenas pagan de sus bolsillos 900 de los 8.000 euros que cuesta cada uno de ellos anualmente.

—He aquí, continuó él, un caso claro de financiación pública de una docencia ineficiente, incapaz de producir la excelencia y estimular la creatividad que, por si esto no fuese bastante, constituye además una preocupante fuente de regresión social.

—¡Regresión social!, —exclamó Tarald con extrañeza—. No me lo imaginaba.

—Siento llevarte la contraria. En mi país la probabilidad de acceso a la educación superior de estudiantes con padres universitarios es casi cinco veces más alta que la de aquellos cuyos progenitores no tienen ese nivel académico.

—¿No crees, Tere, que la penetración de las TIC en la educación superior sería la alternativa a esa práctica tan habitual en la que el docente es el depositario del conocimiento y el alumno el encargado de almacenarlo y de repetirlo en los exámenes?

—¿Quién era ese tipo?

—Un siciliano que me invitó a carne de ballena en uno de los quioscos del mercado de pescado la tarde que regresamos del Osterfjord.

—Te gustó.

—Mucho, pero estaba casado.

—La carne de ballena, listilla.

—Exquisita, más no lo reconocí, dada mi previa perorata ecologista.

—Dr. Pelegrini, le respondí, si se refiere al recurso del profesor a las TIC para mejorar su docencia, más que una alternativa sería una exigencia ineludible.

Tras mi respuesta, deliberadamente formal, el profesor Knudsen, que intervenía por primera vez, apuntó que su utilización podría ser la última oportunidad de supervivencia de nuestras universidades.

—Estuviste bien al aprovechar su comentario para llevar el agua a nuestro molino.

—Cuando el profesor Díaz-Cueto y yo aludimos a medidas de choque más expeditivas no nos referimos tanto a aquellas orientadas a promover la utilización de las TIC en la enseñanza superior, como a introducir en el sistema universitario, mediante las oportunas reformas legislativas, un principio que induzca su implantación de facto. ¿Cómo es posible...?

—¿Aficionándote a intercalar preguntas?

—Lo aprendí en tus charlas de Tánger.

—¿Cómo es posible que, cuando nadie duda ya de la utilidad del principio de libre competencia y se aplican por doquier medidas antitrust orientadas a asegurar estructuras de mercado eficientes en todos los ámbitos,

aún no se haya activado una variante universitaria *ad hoc* para atajar de raíz las prácticas monopolistas en campo tan esencial como el de la educación superior?

—Ahora sólo te resta aprender a fraccionarlas. Podrías haber dicho ¿Alguien duda a estas alturas de las ventajas de aplicar el principio de libre competencia? ¿No se aplican por doquier medidas *antitrust* orientadas a asegurar estructuras de mercado eficientes en todos los ámbitos? Entonces ¿cómo no se ha activado aún una variante universitaria *ad hoc* para atajar de raíz las prácticas monopolistas en campo tan esencial como el de la educación superior?

—Lo tendré en cuenta. Por cierto, tendrías que haber visto la cara que pusiste cuando nos interpeló el Dr. Brown echándonos en cara aquello de que si lo que pretenden con su propuesta es incrementar el grado de competitividad de la universidad, les adelanto que estamos de acuerdo, pero no me parece una idea original. ¡Qué tipo tan impertinente!

—Cuando acabó el acto y me abandonaste le invité a una cerveza y nos quedamos charlando: me pareció inteligente y meticuloso.

—Puede, pero un pelín borde. Y que conste que no le abandoné. Usted, profesor, es quien me ha estado evitando por el absurdo temor de que la gente malinterprete nuestra relación. Usted se lo pierde.

—No insista, no deseo dañar su reputación.

—Si usted lo dice...

—La originalidad, dependerá del grado de competencia que se aspirase a alcanzar.

—Ni aunque fuese el máximo posible.

—En realidad desconozco que entiende el Dr. Brown por libre competencia en el ámbito de la docen-

cia universitaria, pero puede que estemos hablando de cosas muy distintas. ¿Nos da unos minutos para completar la explicación y luego valoramos el grado de originalidad? —Y, sin esperar su anuencia, Álvaro continúo dirigiéndose al auditorio— En España se han sugerido diversas medidas que van, desde profundizar en la evaluación de los docentes, hasta incorporar a prestigiosos profesores extranjeros a modo de lo que hacen los equipos de futbol, pasando por facilitar la fusión de las 50 universidades públicas en un número más razonable. Obviamente, la aplicación conjunta de estas y otras propuestas redundaría en una mayor competitividad del sistema universitario, pero el quid, como en la fábula de Esopo, es ¿quién le pone el cascabel al gato?

—¿*To put the little bell to the cat,* eh?

—¿No se dice así?

—Pues no; la expresión inglesa es *to bell the cat,* es decir *who is to bell the Cat?*

—Vale, pero ¿acaso no aproveché la oportunidad que me brindó Knudsen al recordarme que la moraleja era no buscar soluciones imposibles de realizar?

—De ahí, profesor Knudsen, nuestro afán por implantar una medida práctica que sea tan fácil de entender como capaz de llegar a concitar el respaldo de sus beneficiarios más directos: los consumidores de educación superior. Es decir, un alumnado universitario que, en la defensa de sus intereses, no escatime medios para informar y convencer de su utilidad a la sociedad a la que pertenece. La aceptación plena de este principio, su consolidación como un nuevo derecho básico de todo discente y su paulatina generalización modificarían drásticamente el actual juego de la oferta y la demanda en el ámbito global de la educación superior. Supondría tan demoledor revulsivo para una docencia presencial agotada que nos situaría pronto ante un inédito escenario de eficiencia y coordinación interuniversitaria desconocidas hasta ahora...

El autor en Bergen, julio de 2010.

LAS INTERUNIVERSIDADES

Querida Eurídice.

A pesar de las tres largas horas de vuelo en aquel avión que parecía un mercadillo de feria, no pude finalizar mi crónica. Al día siguiente, dedicado a que mi amiga Louise Al-Saud, que también había llegado la víspera, conociese Sevilla y a hacer algunas compras, no encontré ni el rato ni el sosiego que necesitaba. Tampoco el martes, ocupado en viajar a la casa familiar de la Playa de la Jara, darme un chapuzón y salir de macha por Sanlúcar de Barrameda para presentarle a la gente de mi pandilla. Ni el miércoles, que pasé la mañana durmiendo y, después de almorzar, cruzamos el Guadalquivir para hacer una pequeña incursión en Doñana. Hoy, por fin, aprovechando que mi madre y mi hermana Inés, ante el fuerte temporal de levante que desaconsejaba el baño, han llevado a Louise a conocer Jerez, el Puerto de Santa María y Cádiz, me he encerrado en mi cuarto y no saldré hasta concluirla.

El fin de la universidad... que conocemos.
Tere de Almeida.
Playa de La Jara (Sanlúcar de Barrameda).

En la mesa faltaba un vaso y el director, tras interesarse por el escenario universitario que nosotros preveíamos, se decidió a beber a morro de su botella de agua, yo saque a colación las interuniversidades abiertas y Álvaro desarrollo el concepto.

—Instituciones de nuevo cuño, públicas y privadas, dimensionadas adecuadamente para el aprovecha-

miento de economías de escala en la utilización eficiente de todos los recursos tecnológicos disponibles para la programación interuniversitaria de la docencia y la ulterior comercialización de una oferta de enseñanza superior de máxima calidad, mínimo coste, notable flexibilidad y fácil acceso. Corporaciones educativas dotadas de potentes campus virtuales de docencia especializada, que comenzarían a ganar terreno y acabarían forzando la remodelación radical de aquellas universidades convencionales que no hubiesen alcanzado aún el alto nivel de excelencia requerido para continuar manteniendo con éxito su oferta singular en el nuevo mercado interuniversitario de plena competencia.

Playa de la Jara, Sanlúcar de Barrameda (Cádiz).

—Me miraste horrorizada cuando añadí que podía explicarlo con cierto detenimiento.

—No era para menos: acababas de meterte en un jardín con ese triple rol de internauta, paciente y estudiante universitario que se te ocurrió sobre la marcha.

—Como te he dicho, había preparado algunas salidas del guion para impresionarte.

—Y lo conseguiste, ¡vive Dios!

—En efecto, como internauta podría elegir al proveedor de servicios de Internet; como paciente, puede que dispusiese del derecho a elegir médico especialista; sin embargo, como alumno de una universidad debería conformarse con la capacitación académica que ésta le dispensase en exclusiva.

—Lástima que te llevase la contraria.

—Ahora, con el Plan Bolonia, quien se matricula hoy en un centro de enseñanza superior para obtener un grado no necesita cursar en él todas las asignaturas de su plan de estudios. En Cataluña disponemos de diversas opciones: acogerse a un sistema de intercambio entre centros universitarios y cursar asignaturas en otra universidad; utilizar el Programa ERASMUS y hacerlo en una universidad europea; apoyarse, si el centro dispone de ellos, en otros programas de intercambio internacional. Incluso podría recurrir a los llamados campus virtuales y matricularse en determinadas asignaturas con docencia virtual y a distancia. Y, además, siempre está abierta la opción de trasladar su expediente académico a otra universidad, sea catalana o española, en la que, tras las oportunas convalidaciones, podría proseguir sus estudios en un centro superior distinto del inicial.

—Al menos encajó bien mi respuesta.
—Era una broma.
—Lo segundo puede, pero no lo primero. ¿Qué le respondí exactamente a Canseco?

—Ya saben que mi compatriota es un provocador. Aunque quiera hacernos creer que las opciones que ha mencionado quiebran el principio de exclusividad universitario, él sabe sobradamente que no es así.

—Podrías haber dicho *"break up"*.

—*"To crack"* es más preciso y culto.

—¿Tú crees? Y, ¡ah traidor!, qué cara más dura la tuya cuando el colega te retó a que te explicases y me pasaste el mochuelo.

—Sabía que los harías mucho mejor.

—Y así fue.

—A primera vista pudiese pensarse que el Dr. Canseco tiene razón, pero lo cierto es que cada universidad continúa asumiendo básicamente en solitario la triple tarea representada por el trinomio capacitación-evaluación-titulación, puesto que impartir y evaluar la docencia de todas y cada una de las materias, asignaturas o módulos formativos de un plan de estudio y expedir el correspondiente título son los eslabones esenciales de la cadena de prácticas monopolísticas de cualquier universidad. Cadena —añadí, recuperando la confianza— que, lejos de debilitarse, se refuerza con la presencia, cuasi cosmética aún, de esa especie de eslabón-comodín que, como acontece en el espacio europeo de educación superior, sólo tolera la incorporación al expediente de unos escasos créditos obtenidos en una universidad colaboradora en condiciones muy restrictivas.

—Observarías que te respaldé recalcando que los sistemas universitarios funcionan en todo el mundo en un régimen de práctica monopolista. Por cierto, Tarald no cesa de hacer méritos para que la invite a nuestra expedición a los Andes, la Amazonía y el Pacífico.

—Le sugerí que te preguntase si la aplicación del principio docente de plena competencia interuniversitaria induciría un nuevo modelo.

—Y se lo agradecí antes de responderle que contribuiría significativamente a estimular el diseño y comercialización, pública y privada, de fórmulas originales de enseñanza-aprendizaje.

—Sé sincero, te bloqueaste porque no esperabas la pregunta y tuve que echarte un capote apostillando que no sólo remediarían el anómalo, ineficaz y oneroso funcionamiento generalizado de la actual universidad, sino que mejorarían exponencialmente, en un contexto de creciente demanda mundial de educación, su capacidad para facilitar el acceso a una enseñanza superior de mayor calidad y menor coste, con lo que ello comporta en una época de crisis global como la que padecemos.

Mientras respondíamos, Knudsen bajó una persiana para evitar que los rayos de sol impidiesen ver la pantalla. Camino de su asiento volvió a intervenir.

—Es obvio, señorita de Almeida, que brindar al alumnado la posibilidad de cursar en no importa qué universidad cualquiera de las materias que integran el título al que aspiran es permitirle optimizar su elección académica. Es indudable que los *MOOC* promovidos por *Coursera, Udacity, Venture-Lab* o *EdX*, desarrollados por Harvard y el MIT, están potenciando la enseñanza *online*. No obstante, me reservo el derecho de dudar hasta que reflexione sobre lo que nos proponen.

Algunos de los presentes quisieron saber el significado de la sigla citada y Knudsen volvió a levantarse para escribir en la pizarra *Massive Open On-Line Courses*. Él se sentó y mi amiga Tarald volvió a la carga con una oportuna ocurrencia: diría que, en términos gastronómicos, lo que proponen es pasar del menú a la carta.

—La noruega te lo puso fácil; bastaba que leyeses el ejemplo que habíamos preparado.

—Y se ganó una plaza en la expedición.

—¿Lo decidiste en ese momento?

—Tú ya lo habías hecho y era cuestión de tiempo que me lo pidieses. Además, Dani no deja de recordarme que necesitamos un buen operador de cámara.

—Que él sabrá aprovechar...

Así que, con la seguridad que da el disponer del texto escrito, Álvaro le respondió:

—Pensemos en un estudiante, residente en Almonte, que desea cursar el grado de derecho. Almonte, como sabe nuestra amiga Tarald, que ha pasado allí unos meses fotografiando y anidando aves con la Sociedad Española de Ornitología, es una población de Andalucía, cercana al Parque Nacional de Doñana, que no dispone de universidad, pero que se encuentra a medio camino entre dos capitales cercanas y bien comunicadas en las que sí podría hacerlo: Huelva y Sevilla. Lo más probable es que se viese obligado a optar por trasladarse a estudiar a una de ellas a sabiendas de que el centro universitario de acogida asumiría la triple tarea de capacitarle, evaluar su aprovechamiento y, en su caso, expedirle el correspondiente título. ¿No resultaría mucho más adecuado disponer de una enseñanza superior a la carta, como acaba de decir Tarald, en la que nuestro estudiante andaluz y, claro, el conjunto de los más de los 12 millones que aspiran a un título académico en el espacio europeo de educación superior, pudiesen optar al mismo sin necesidad de verse constreñidos por la exclusividad inherente al referido trinomio capacitación-evaluación-titulación? Esto es, que dispusiesen de la posibilidad legal de escoger libremente, a lo largo de todo su itinerario formativo, los mejores centros para atender la enseñanza específica y superar la evaluación de cada una de las asignaturas homologadas de sus planes de estudio oficiales.

¿TITULA?

Eurídice, aquí tienes el resto del capítulo. ¡Enhorabuena a los dos! Ya me he enterado, todos los medios de comunicación del mundo se han hecho eco, del clamoroso éxito de Orfeo en su reaparición en Bergen. No te imaginas el inmenso honor que ha representado conocerte, conoceros. Un beso.

El fin de la universidad… que conocemos.
Tere de Almeida.
Playa de La Jara (Sanlúcar de Barrameda).

Observé algunas caras dubitativas y decidí intervenir para reforzar el razonamiento de Álvaro.

—Si se diese tal contingencia nuestro estudiante de Almonte habría dispuesto de un amplio abanico de opciones susceptible de reportarle un sinnúmero de ventajas. Por ejemplo, podría haber adoptado la siguiente triple decisión: matricularse en algunas de las asignaturas del primer curso del grado de derecho en la Universidad de Huelva (UHU) y trasladarse dos días por semana a su campus para asistir a las clases presenciales de las mismas, inscribirse en filosofía del derecho en la Universidad Pablo de Olavide (UPO) y desplazarse un día a Sevilla y cursar las restantes asignaturas en una *open university*, en este caso la UNED, y permanecer el resto del tiempo en su pueblo.

—¡Qué complicación! —exclamó Brown.

—No necesariamente, —el inglés había hecho el comentario dirigiéndose a Álvaro, pero le respondí yo— puesto que los créditos obtenidos tras superar las correspondientes evaluaciones en esas dos universidades

colaboradoras se incorporarían de oficio a su expediente académico. Un expediente académico que gestionaría, y cobraría por ello, la universidad de acogida inicial. En todo caso, ese sería un primer avance, manifiestamente mejorable, de las innumerables opciones de enseñanza a la carta que el principio docente de plena competencia interuniversitaria podría a disposición del consumidor de educación superior.

—Pero la elección del alumno —indicó uno de los asistentes belgas— podría no responder necesariamente a criterios de calidad. Tal vez primara el menor nivel de exigencia.

—Pudiese ser pero, antes o después, el mercado impondría la calidad. —Álvaro, improvisando.

—¿Se imaginan —pregunté— qué habría sucedido si, como es de esperar, hubiese actuado de manera similar la generalidad del alumnado, de esa y otras titulaciones, matriculados en la UHU como universidad de acogida? No parece descabellado afirmar que se habría resentido la demanda de docencia presencial en aquellas materias en las que la oferta externa ofreciese mejores condiciones de calidad y/o precio. En esas circunstancias la UHU, como las demás universidades de características similares, se habría visto compelida a reestructurar su oferta académica tradicional. —Iba adquiriendo soltura y, emulando a Álvaro, hasta me atreví a inquirir si sabrían decirme cómo.

—Reasignando parte creciente de sus recursos humanos y materiales a esos programas interuniversitarios de docencia virtual especializada que proponen.

—Así es, profesor Knudsen, se trataría de programas que serían exponentes del proceso de institucionalización de la cooperación interuniversitaria, inducida por el PDPCI que proponemos, previa al desembarco de las interuniversidades abiertas.

—La renuncia —apostilló Álvaro—, salvo por parte de aquellas escasas universidades de excelencia máxima, al principio de exclusividad que mantiene operativo el tradicional funcionamiento monopolista de la educación superior supondría un acicate para la institucionalización de una plena y eficiente cooperación interuniversitaria.

—¿Y eso que conllevaría? —Brown, de nuevo.

—La aparición de los campus virtuales especializados en nuevas modalidades de docencia electrónica o *e.Learning*.

—Que también —apuntó alguien, demostrando que había captado un matiz esencial— deberían desenvolverse en condiciones de plena competencia.

—Por supuesto. Un nuevo sistema —volví a intervenir— más económico y eficiente que dejaría de estar condicionado por la capacidad de construir aulas de ladrillo y pagar a profesores, acometería la restructuración funcional y física de la gran mayoría de los actuales centros y departamentos universitarios y la drástica reorganización del actual desempeño de la actividad docente e investigadora. En el nuevo escenario no monopolístico el alumnado que reuniese los requisitos legales exigidos para aspirar a una determinada titulación universitaria dispondría de una amplísima horquilla de posibilidades enmarcadas entre estas opciones extremas.

La diapositiva volvía a resistirse. El encargado se había ausentado un momento y su ayudante de fortuna no atinaba con la tecla adecuada.

—Álvaro —le rogué— ayuda a Magrethe.

Dejó de beber para acudir solícito en socorro de la rubia, pero no le dio tiempo. Canseco ya estaba en ello y la diapositiva apareció de inmediato.

—Está en español, disculpad. Traduzco. Opción una: acogerse al sistema tradicional puro, que seguiría vigente, aunque sometido a la poderosa competencia de las nuevas interuniversidades abiertas, para cursar sus estudios siguiendo el plan o menú exclusivo proporcionado por un único centro de educación superior. Opción dos: recurrir a la vía interuniversitaria que, dentro de un plan de estudios homologado, le permitiría matricularse en las materias que lo configuran, pudiendo escoger éstas de entre la nueva oferta disponible.

—Pensemos en las ventajas e inconvenientes de esta segunda opción. ¿Quién comienza? —Álvaro y varios respondieron de inmediato.

—Reducción substancial del número de desplazamientos diarios —indicó uno de los chicos alemanes que iba de ecologista— con las consiguientes ventajas personales: comodidad, aprovechamiento y diversificación del uso del tiempo, evitación de gastos y riesgos asociados al transporte, etc.

—Yo —la novia austríaca del ecologista— valoría los impactos socio-económicos debidos a la minimización de las infraestructuras requeridas por la docencia convencional, la reducción del consumo energético, etc.

—Probablemente —apuntó Knudsen— el abaratamiento de la enseñanza universitaria. El recurso a potentes plataformas *e-Learning* permitiría sustanciales reducciones de las tasas.

—No sólo eso. En California —añadí—, donde se ha reducido recientemente el presupuesto de educación superior en torno a mil millones de dólares, se ha abierto un gran debate sobre la educación *on line*. Me consta que el equipo del senador demócrata por Sacramento y presidente del Senado del Estado, Darrel Steinberg, prepara una iniciativa para que las universidades convaliden cursos de realizados fuera de sus campus.

—¿Cómo lo sabías? No lo habías comentado.

—Stanley, un amigo alumno de la UCLA, al que le conté que iba a participar en un debate en Noruega sobre el futuro de la universidad, me envió esa mañana varias notas de prensa.

—Es muy interesante. Esa legislación abriría las compuertas para el progresivo desarrollo del principio docente de plena competencia interuniversitaria. Conocía ese debate, las reticencias de las universidades en torno al riesgo de merma de la calidad y la búsqueda de mecanismos correctores que refuercen los procesos de acreditación, la supervisión de las pruebas de evaluación o el marchamo aprobatorio del Consejo Americano de Educación, pero desconocía este proyecto.

—No te hagas ilusiones. Stanley dice que sólo podrán beneficiarse aquellos estudiantes que no puedan acceder a cursos convencionales por estar completos o su universidad no les ofrezca cursos *on line*. El problema que tienen allí es que miles de estudiantes están en listas de espera y que un alto porcentaje de los matriculados no pueden finalizar sus estudios en los años previstos por las dificultades para cursar determinadas materias obligatorias.

—En todo caso me parece una noticia excelente. Es comprensible que el legislador muestre inicialmente sus cautelas, pero abierto el melón nada detendrá el proceso y pronto entrarán a saco las interuniversidades abiertas. No pierdas el contacto y mantenme informado.

—¿Se dan cuenta —Brown volvió al ataque— de que nos proponen una universidad que erradica algo tan esencial como es la convivencia en las aulas?

—¿Destacaríais —Álvaro a los mandos— alguna ventaja más o pasamos a enumerar los inconvenientes como propone el colega británico?

—El reforzamiento de la investigación, dado que se produciría una notable liberación de recursos humanos y materiales asignados a la docencia —comentó el ponente danés que tanta importancia había atribuido a esta faceta esencial de la universidad durante la sesión de la mañana.

—Gracias a la imperiosa calidad de una enseñanza sometida a tan intensa competencia, puede que mejoraran sustancialmente los índices globales de rendimiento académico. ¿Qué estudiante sensato insistiría en seguir asistiendo rutinariamente a la tan generalizada clase presencial actual de ínfima calidad, si pudiese alcanzar sus metas en mejores condiciones de enseñanza-aprendizaje, comodidad, precio, etc.?

Tras la intervención del representante estudiantil de la Facultad de Derecho de Bergen se hizo el silencio y Álvaro pasó a responder a Brown.

—Nuestro modelo, lejos de erradicar la convivencia, como usted apunta, la incrementaría, la diversificaría y la extendería gracias a la proliferación en los campus de lo que mi colega denomina ambientes de convivencia y aprendizaje complementarios.

—¿Ambientes de qué?

—De convivencia y de aprendizaje complementarios —repetí, recalcando cada palabra—. Estamos convencidos de que la substitución de las actuales clases presenciales por otras modalidades de docencia virtual conllevaría una inevitable restructuración funcional y física de los centros y departamentos universitarios y la drástica reorganización del actual desempeño de la actividad docente e investigadora. La docencia se vería obligada, como antes se ha apuntado —aproveché para explayarme, pues esa constituía la parte esencial de mi aportación a la ponencia original de Álvaro—, se vería obligada a desarrollarse en el ámbito de una intensa y eficiente cooperación interuniversitaria. El quehacer docente de un nuevo profesorado obligado a reconvertirse no sólo debería nutrir el diseño y la ejecución de la oferta académica virtual de las nuevas interuniversidades, sino afrontar también los retos, hoy inéditos, asociados a la creación de tales ambientes en las áreas espaciales de influencia de los actuales campus.

—¿Cómo? —quiso saber Knudsen.

—Pues mediante la activación de atractivas plataformas de enseñanza-aprendizaje *ad hoc* en respuesta a nuevas demandas, tanto de los exiguos destinatarios tradicionales, como de otros muchísimos usuarios potenciales hoy excluidos de las aulas universitarias. Pensemos en los programas de prácticas presenciales, de preparación y actualización profesional, de adquisición de competencias socialmente esenciales; de educación permanente o a lo largo de toda la vida; en la implantación de modelos de *EpC*...

—¿*EpC*?

—Disculpe, profesor Knudsen, *EpC* son las siglas españolas de educación para la ciudadanía. Una materia o asignatura implantada en el ámbito de la enseñanza no universitaria por el anterior Gobierno socialista español, que fue objeto de un controvertido debate en mi país. Algunos autores, aun considerando la predisposición del profesorado universitario a incorporar este tipo de enseñanzas de carácter transversal, algo que pongo en duda, reconocen la carencia de modelos apropiados para incorporar pacíficamente este tipo de docencia en la universidad. Creo —proseguí— que nuestros campus universitarios, gracias a una radical readaptación de sus cometidos tradicionales y a la activa y enriquecedora presencia de nuevos y diversificados beneficiarios de innovadoras modalidades de extensión de la ciencia y de la cultura universitaria, lejos de desaparecer, se revitalizarían enormemente, estimulando, incluso, la diseminación de otros más pequeños y funcionales. De ese modo nuestro aspirante a jurista de Almonte dispondría ahora de una insospechada gama de posibilidades en este idílico escenario. Déjenme que mencione entre ellas una posible alternativa que pueda que sorprenda por insospechada y futurista, pero que no debiera descartarse. Sería el gran actor que acompañaría a las interuniversidades abiertas: las agencias de titulación universitaria de libre acceso como *TITULA*.

—¿Ti..., qué? —Brown.

—*TITULA*, — siglas de titulación universitaria de libre acceso —trató, sin éxito, de aclarar Álvaro en español con la frustrada esperanza de que yo, que a fin de cuentas era la inventora, improvisara el acrónimo en lengua inglesa.

—Instituciones —aclaré— que dispondrían del derecho a acreditar para el ejercicio profesional.

—Explíquese —me pidió Brown.

—Agencias, públicas o privadas, de expedición de títulos que, de existir, permitirían al estudiante de nuestro anterior ejemplo, optar por matricularse en el grado de derecho en una de ellas, sea mundial, europea, estatal o regional, y elegir lo que corresponda de entre una amplia gama de materias asignaturas o módulos formativos de gran calidad ofertados por campus virtuales, sean de *la Interuniversidad Global Abierta*, de la *Interuniversidad Andaluza (iUA)* o de cualquier otra interuniversidad oficialmente homologada que se hubiese creado al amparo del principio docente de plena competencia que proponemos. Además, para completar su formación, podría desplazarse a los campus universitarios de convivencia y aprendizaje de las vecinas ciudades de Huelva y Sevilla para participar en aquellos programas complementarios que hubiese elegido.

—Habías cogido carrerilla, Knudsen miraba el reloj y aún faltaba la exposición del modelo de PAUTA/e.
—Mejor así, que no lo habrían entendido. Además no lo tenías en la chuleta.

Se acababa el tiempo y no habíamos podido desarrollar todo el contenido de la ponencia. Álvaro concluyó nuestra intervención.

—En nuestra modesta opinión estamos convencidos de que ese será el futuro, seguro que aún muy lejano, de la institución universitaria. En todo caso, y con esto concluimos, no hay que ser muy perspicaz para saber que a esta propuesta provocadora y, por supuesto, necesitada, de reflexión y debate colectivos, se opondrán de plano los responsables gubernamentales, los dirigentes universitarios y una gran mayoría del profesorado. Su viabilidad, pues, dependerá en gran medida de la actitud que adopten los propios estudiantes, sus representantes, sus asociaciones y redes virtuales y de su capacidad para movilizarse y convencer a la sociedad de su mucho menor coste y utilidad. No en vano sería el fin de la universidad... que conocemos.

SIGUE LA PAUTA

A bordo del *"Isla de Corisco"*
Club Náutico Nuevo Portil, 01.12.20.

Querida Eurídice.

Acabo de leer en el *Washington Post* que el Fiscal General de Estados Unidos, William P. Barr, ha declarado que no ha visto ningún fraude que pueda afectar al resultado de las elecciones. Creo que, aunque los funcionarios del Departamento de Justicia hayan dicho durante semanas que no había evidencia para sustentar las afirmaciones del presidente Trump, su declaración pública de hoy es particularmente significativa. Sin duda una excelente noticia.

Barr says he has seen no fraud that could affect election result

Te reitero mis disculpas por no haberme quedado más tiempo en Bergen, pero me alegra saber que, como me cuentas en tu último mensaje, has estado acompañada por Tarald. Celebro que te interesase el texto enviado por Teresa, aunque comprendo que te hayan surgido dudas sobre la plasmación práctica del PDPCI. He tomado buena nota y he preparado un plan para que puedas reflexionar sobre las soluciones prácticas que propongo y la hoja de ruta, particularmente de tu colectivo, para materializarlas lo antes posible. Sé que, acostumbrada a la universidad que conoces, no resulta fácil imaginar cómo serán esos futuros campus transformados en espacios y ambientes de convivencia y de enseñanza-aprendizaje, complementarios de la docencia virtual. Obviamente no puedes concebir que lleguen a albergar un tipo de plataforma como la PAUTA/e, mencionada por Tere y por la que sientes curiosidad.

¿Qué hacemos? Tenía dos opciones: tratar de explicártelo o animarte a que lo fueras descubriendo por ti misma. Lo consulté con ella y ya sé que has aceptado su propuesta de viajar con Tarald a Ecuador para incorporaros a la Expedición a los Andes, la Amazonía y el Pacífico. Celebro tu decisión; conocerás a gente de tu edad y lo pasarás muy bien. De momento no os acompañaré, pero puede que lo haga más adelante. Aprovechemos que nuestros gobernantes, ni pueden poner límites a nuestra imaginación, ni confinarnos, al menos por ahora, en el tiempo. Ya me contarás. Buen viaje a la Amazonía ecuatoriana.

P.D. En Quito, no dejéis de subir al Cerro Panecillo, a los pies del Pichincha. Merece la pena recrearse con la visión de la luminosa retícula geométrica del casco histórico con sus tejados rojos y sus muros encalados. Descended luego hasta la iglesia de la Compañía, la más bella de América latina, con su frontón de medio punto partido, sus seis columnas salomónicas y los frescos que lucen en la bóveda de oro de esa capilla Sixtina americana a casi tres mil metros de altura.

A orillas del Upano, Ecuador.

Entre unas cosas y otras se había hecho de noche y la luz larga del *Land Rover* conducido por Tere alumbró el flamante cartel anunciador del Centro Amazónico para la Ecociudadanía. Giró a la izquierda y rodó unos centenares de metros hasta que, poco antes de alcanzar el puente colgante que lleva a un cercano poblado *shuar*, tomó el camino que daba acceso a un área de cuidado césped, palmerales y cabañas de madera, entre las que destacaba una casona asomada a la quebrada horadada por las caudalosas aguas que fluyen desde la cordillera occidental de los Andes hacia el Amazonas. De planta cuadrada, izada sobre pilares y rodeada por una espaciosa galería, evocaba las casas de verano que la *Rio Tinto Company* construyó en la playa onubense de Punta Umbría, a finales del siglo XIX.

Casa construida por la *Rio Tinto Company* en Punta Umbría a finales de siglo XIX. Foto publicada por la Casa Museo de los Ingleses en Punta Umbría (Huelva).

Eurídice y Tarald acababan de llegar al destino final de la expedición: un insólito campus enclavado en un valle sub-andino a los pies de las cordilleras del Kutukú y El Cóndor. Aquellas doce hectáreas de palmerales, a poco más de quinientos metros de altitud, en una zona de clima tropical húmedo, a un tiro de piedra de Macas ✂ y con la Amazonía inmensa por delante, era un emplazamiento idóneo para apostar por acercar al presente la utopía.

Al día siguiente, el viernes 21 de septiembre de 2012, tras la sugerente noche amazónica, Eurídice se sumó a las actividades del CAE. A los participantes les repartieron un documento titulado *Sigue la PAUTA: Guía del participante* 🗁 y acordaron reunirse en la casona después del almuerzo. Todos lo agradecieron; lucía un sol espléndido y la mañana invitaba a sentarse a leer y a cambiar impresiones en los bancos recién instalados en el bello mirador sobre el Upano.

Puente colgante sobre el Upano junto al CAE.

Les sorprendió que el texto advirtiese que tan peculiar plataforma no era una actividad académica al uso. Que insistiese en que no se considerasen alumnas o alumnos, sino ciudadanas o ciudadanos dispuestos a pasar de espectadores a protagonistas de su propio aprendizaje. Que asegurase que la experiencia les proporcionaría las condiciones de autonomía y pluralismo que exige la implicación eficaz y con criterio en la promoción inteligente de un mundo mejor. En fin, que les anunciase que estaban a punto de embarcarse en una apasionante aventura colectiva, en un proceso interactivo mediante el que, a medida que adquiriesen los conocimientos, los valores, las competencias y la experiencia para ejercer el republicanismo y perseverar en su práctica, cobrarían conciencia de su pertenencia a la sociedad sostenible y de responsabilidad global. Republicanismo, ya sabes, de *res pública*, que es distinta de *res privata* o cosa privada y de *res institutionale* o cosa institucional. El republicanismo concibe la sociedad civil como una profundización en la democracia a través del protagonismo de los ciudadanos.[16]

—Lo primero —indicó Ayman, el ponente, al reanudarse la sesión de trabajo— es tratar de la constitución de los que denominamos equipos de intervención ecociudadana.
—¿Equipos de...?
—Intervención ecociudadana, Eurídice.

Mercedes, en nombre de un grupo de mujeres, entre ellas algunas maestras ecuatorianas, varias estudiantes catalanas, además de Yadira, Ruth y la alumna de César, presionó el pulsador negro de su araña haciendo que el televisor mostrase la foto de una veintena de jóvenes de ambos sexos que lucían camisetas negras con la leyenda *Sigue la PAUTA.* Y luego otra, ahora de espaldas, en las que, también en blanco, se hacía men-

---

[16] Concepto, pues, que no presupone la forma de Estado. De hecho, y aprovechando que el Upano pasa por el CAE, me place confesar que, dado el modelo de jefatura del Estado establecido en la Constitución, me siento muy bien representado por el rey Felipe VI.

ción de la carrera que estudiaban y del curso en el que estaban matriculadas.

—Me parece que el grupo que proponéis da a entender que la PAUTA sólo está abierta al alumnado universitario —apuntó Naylea.

—¿Y no es así?

—No, Claudia.

—¿Me estás diciendo que también puede incorporarse gente ajena a la universidad?

—Así es. Para constituir esos equipos no bastará con ponerse de acuerdo con los estudiantes de tu clase, sino que habrá que moverse de lo lindo para satisfacer ciertos requisitos de heterogeneidad: gente de diversas titulaciones y cursos, profesores...

—¿Profesores? —interrumpió Olivia.

—¿Por qué no? Os recuerdo que nuestra plataforma sólo tiene sentido si surge y se desenvuelve en el seno de la sociedad civil. Una sociedad civil emergente, capaz de auto organizar colectivamente su propia formación libre y solidaria para reforzar su exiguo papel en los asuntos públicos y propiciar, frente a tantos obstáculos, su propio rearme. Y, por supuesto, trabajadores, profesionales, jubilados, inmigrantes, desempleados, etc. Los equipos de intervención constituidos en el seno de una PAUTA/e 3.0 deben ser plurales.

—¿Y en que campus encontraremos amas de casa o fontaneros dispuestos a sumarse? Tu propuesta es absolutamente ilusoria.

—No te digo que no, Olivia, pero dejará de serlo en cuanto opere el PDPCI del que hemos estado hablando estos días, surjan las interuniversidades abiertas y la realidad imponga nuevas reglas de juego a unas universidades convencionales que se verán abocadas a transformar sus campus en atractivos espacios de convivencia y aprendizaje abiertos a toda la sociedad.

—Fantaseas como tu amigo Dani.

—Sólo cuando viajamos hacia el futuro.

—Qué es lo que no cesáis de hacer.

—Porque aspiramos a alcanzar una sociedad de ecociudadanos dotados de espíritu crítico y rebelde a toda forma de dominación y adoctrinamiento ideológico. Una ecociudadanía que trabaja codo con codo para forjar una democracia cada vez más participativa y directa.

—Bien, soñemos que acaba de comenzar ese curso imaginario en una universidad inverosímil y hemos logrado formar uno de esos equipos de intervención y ¿luego qué?

—Elije un tema.

—Consumo.

—Andrés ¿tienes el vídeo de *Consumir*?

—¿Consumir?

—Acrónimo, Nuria, de consumo saludable, útil, moderado, inteligente y responsable. Uno de los soportes especializados de esta plataforma.

—No

—¿Y el de *Prevenirlos*?

—No, sólo el de Pro Derechos Humanos.

—¡Lástima! Pues aquellos os iban a divertir y el de Idriss Awat os va a entristecer, aunque resultará muy ilustrativo de lo que se pretende con estos equipos de intervención ecociudadana.

EL CASO IDRISS AWAT

Mientras el ingeniero localizaba el vídeo, Ayman aprovechó para buscar en su comunicador las referencias a este soporte.

—Frente al actual modelo de universidad convencional —comenzó a explicar— en el que la enseñanza de los Derechos Humanos, en los contados planes de estudio en los que se incluye y siempre con enfoque descriptivo y finalidad memorística, la inclusión de plataformas tipo PAUTA/e 3.0 brindarían un escenario inusitado. ¿Os lo imagináis?
—Seguro que tú si —apostilló Canseco.

Ayman les animó a imaginar lo inimaginable: docentes de diversas áreas de conocimiento debatiendo cómo enfocar la enseñanza-aprendizaje en ese nuevo ámbito de cooperación interdisciplinaria; llegando a acuerdos para elaborar conjuntamente materiales didácticos; articulando horarios compatibles con tan inusual modalidad de docencia; renunciando a la sacrosanta carga docente, ganada a pulso en los inconfesables tejemanejes de los procesos de elaboración de planes de estudios, para dar entrada en sus cotos privados a colegas de otras áreas de conocimiento y, lo que ya era rizar el rizo, a los que, por no serlo, calificarían de usurpadores e intrusos.

—¿Qué quieres decir? —preguntó el profesor catalán molesto ante tamaña carga de profundidad lanzada hacia su estamento.
—Que la docencia de los Derechos Humanos es a todas luces inviable sin incorporar a los actores de la

sociedad civil comprometidos con la acción directa en la materia: los integrantes de las ONG y de los organismos internacionales que trabajan sobre el terreno.

—Supongamos, lo que es mucho suponer, que la universidad accediese a que en esos nuevos espacios ¿cómo los llamáis?...

—*ACACOS* o ambientes de convivencia y aprendizaje complementarios —se adelantó Julia.

—Supongamos, decía, que tengan cabida plataformas como la que proponéis, que aspiran a revolucionar los actuales campus. En ese caso, que creo que no veré, ¿cómo se concretaría esa docencia transversal de los Derechos Humanos que propone vuestra PAUTA?

—Pues mediante la estrecha colaboración docente, interdisciplinaria y plurifuncional, entre diversos especialistas. De una parte, se programaría la enseñanza teórica de los múltiples aspectos de los DH, desde sus fundamentos éticos y su regulación jurídico-constitucional, hasta los vigentes sistemas de protección en los planos universal y regional; de otra, la enseñanza práctica. La primera, acordada e impartida por académicos; la segunda, por expertos que trabajan sobre el terreno, sea en organismos internacionales, sea en organizaciones no gubernamentales internacionales y locales.

—Explica esto último —sugirió Eurídice, cada vez más interesada en una materia ausente de su plan de estudio de astrofísica.

—Atended, que lo vamos a hacer con la ayuda del vídeo de una de las actividades de la PAUTA/*e* piloto que grabamos hace unos meses en la Universidad de Huelva. ¡Acción, Andrés!

Una treintena de asistentes, reunidos en una de las aulas de la Escuela de Trabajo Social, sita en el Cam-

pus del Carmen, aguardaban a que el profesor Francisco Cruz tomase la palabra.

—Cuando la PAUTA/e UHU 3.0 se active 🗁 plenamente en nuestra universidad —comenzó a decir tras esperar pacientemente a que los presentes tomasen asiento— sesiones como estas serán habituales a principio de cada curso académico. Una vez conocido el programa de actividades de carácter teórico del que el coordinador del soporte os ha hablado en la sesión anterior, corresponde el turno a los representantes de la Asociación Pro-Derechos Humanos de Andalucía ✄ que se han brindado a tutelar el trabajo práctico de vuestro grupo de intervención ecociudadana. Clara Arduán, a la que algunos ya conocéis, tiene la palabra.

—Gracias, pero creo que será mejor que comience nuestro invitado. Seguro que su testimonio os ayudará a que os pongáis las pilas.

El chico negro, menudito, de expresivos ojos y largas rastas de tonalidad rojiza, que tomaba asiento en la mesa dispuesta en el escenario, se levantó, caminó con aplomo hacia el atril y ajustó el micrófono

—Me llamo Idriss Awat. Tengo veinte años y pertenezco a la etnia *dajo*. Nací en una pequeña población del departamento de Dar Sila, al este de la República del Chad, pero cuando apenas tenía catorce me vi obligado a huir de mi país. Clara me ha pedido que os cuente por qué lo hice.

El silencio era sepulcral.

—Algunos años antes, en 2003 —continuó—, habían comenzado los ataques de los *yanyawid* contra las comunidades del este de mi país. Al principio consistían en frecuentes incursiones a escala reducida con el propósito de robar ganado. Solían matar a los pastores que se resistían, pero no atacaban a los moradores de las poblaciones. Poco a poco, sin embargo, las incursiones se hicieron más frecuentes y comenzaron los asaltos, la quema, el saqueo y los asesinatos. Los que no morían huían aterrorizados. Una mañana de abril de 2007 los *yanyawid* asaltaron mi poblado y mataron a muchas personas. Mis tres hermanos mayores y yo, ocultos tras la vegetación, presenciamos aterrados el asesinato a machetazos de mis padres y vimos cómo se llevaban a rastras a mi única hermana tras ser violada por varios milicianos. El pavor nos hizo salir corriendo y en la huida perdimos el contacto. Yo, cuando me encontré sólo, decidí seguir a un grupo que, a pesar de los conflictos y de los disturbios que seguían asolando la zona, optó como mal menor por adentrarse en la región de Darfur, donde pude subsistir gracias a la ayuda humanitaria. Como no quiero cansaros os diré que me las ingenié para llegar al norte de Marruecos, cruzar a Ceuta y, gracias a la oficina del ACNUR en Madrid, vivir en un piso tutelado, hacerme mecánico naval y obtener vuestra nacionalidad. Hace seis meses que trabajo en el puerto de Huelva y colaboro activamente con la Asociación Pro DH de Andalucía, que son quienes me han invitado a este acto. Desde entonces no he vuelto a saber nada de mi hermana Kedigui y de mis hermanos Ibni, Ngarlegy y Adam...

Idriss, como solía ocurrirle cuando recordaba aquella aciaga efeméride, no pudo contener la emoción. Balbuceó una disculpa, abandonó el atril y regresó a la mesa. Clara se apresuró a levantarse para abrazarle, mientras los presentes le dedicaban una sentida ovación. Tras esta escena se detuvo la filmación.

—¿Y qué pasó? —quisieron saber varios, Eurídice entre ellos.

—Nada que yo sepa pues, cómo es fácil suponer, ni el soporte *Pro Derechos Humanos,* ni el equipo de intervención que aparece en el vídeo, devorados por la implacable vorágine de clases, exámenes y demás zarandajas, llegaron a funcionar.

—Pero ¿Idriss les pediría algo?

—Por supuesto. Cuando el chico se repuso volvió al atril. Se disculpó y, como ahora veréis, formuló una petición muy escueta.

El Prof. Francisco Cruz (en proa), el autor (de espaldas, con Gaspariño), el Prof. M. Hamzaaoui (primero derecha). Sánlucar de Guadiana, Cursos de Verano de Doñana.

La reproducción prosiguió.

—Llevo años tratando de saber si viven y quiero pediros que me ayudéis a encontrarlos. Ella os va a explicar cómo podréis hacerlo.

Clara Arduán activó el micrófono y comenzó a desmenuzar desde su asiento el plan que la APDHA había preparado para el trabajo práctico del equipo de intervención que tenía delante. Les habló de los refugiados, de la reunificación familiar y de los procedimientos que, en colaboración con la Cruz Roja y otras organizaciones humanitarias, se seguían al efecto. Y, sobre todo, les comunicó que la tarea asignada al equipo de intervención consistía en mover cielos y tierra para ayudar a Idriss Awat a recuperar a su familia. Un quehacer complejo que tendrían que llevar a cabo siguiendo una determinada metodología que ella y otros expertos les irían explicando y, ¡ojo!, de cuyo resultado deberían informar al finalizar el curso en una especie de rendición de cuentas/evaluación de las actividades de intervención ecociudadana acometidas por el equipo durante el curso académico.

—¿Os imagináis? —Intervino Julia—. Cientos, miles, decenas de miles de participantes, universitarios o no, integrados en equipos de intervención ecociudadana en el seno de soportes permanentes especializados en materia de Derechos Humanos, de educación ambiental, de cooperación al desarrollo, de consumo responsable, de empleo y autoempleo, de interculturalismo y de cuánto se os ocurra, prestos aprender y a actuar. No me cabe la menor duda de que habréis captado la formidable diferencia que existe entre este modo de enfocar la enseñanza-aprendizaje de los DH y la habitual en las actuales aulas de nuestras universidades.

EMPODÉRATE, EMPODÉRAME

Ginebra, 15.01.2013.

Querida Eurídice.

No debiera sorprenderte que hoy me encuentre en Ginebra. Insisto en que nos pueden confinar en el espacio, pero no, todavía, en el tiempo. Y digo bien: aún no en el tiempo. Recalco esto, ya que no me ha pasado inadvertido que en tu último mensaje hayas tratado de reafirmar con juvenil entusiasmo esta aseveración con la locución adverbial *nunca jamás*. ¿Qué te hace estar tan segura de que eso será siempre así? ¿No te acuerdas de nuestra conversación paseando por el puerto de Bergen? Una cosa es que tú creas tener claro la respuesta a la disyuntiva entre *vigilancia totalitaria y empoderamiento ciudadano* que planteaba Yubal Noah Harari y otra muy distinta cómo lograr que tal empoderamiento sea real y, esto es clave, generalizado. Hacerlo posible entre los jóvenes es el *leitmotiv* de *Eurídice y yo*. Y es que el empoderamiento ecociudadano, el proceso personal que parte de la toma de conciencia de la realidad, arranca con la motivación para mejorar la sociedad, se nutre de información veraz, crece con la capacitación crítica permanente y se manifiesta en el ejercicio responsable, individual y/o colectivo, de la ecociudadanía, es el antídoto a la perversa tentación que la tecnología es para el poder.

Cosa distinta es que lo que llamo ejercicio responsable individual y/o colectivo de la ecociudadanía, es decir el objetivo último del empoderamiento ecociudadano, tenga que vincularse a una determinada estructura asociativo-decisional de carácter convencional desde la que hacerlo efectivo. ¿Qué quiero decir? Lo entenderás cuando te familiarices con el funcionamiento del prototipo de herramienta política de nueva generación en el que trabajo y descubras el asociacionismo blando y la participación a la carta que propicia. Modalidades inéditas de asociacionismo y de participación que revitalizarán sustancialmente los procesos de empoderamiento. Dejémoslo aquí y volvamos a Ginebra.

Y es que en esta ciudad, en cuyo Instituto de Estudios Europeos estudié a mediados de los 70, se desarrolla hoy, un gélido martes de invierno, un episodio clave de *Despierta la libélula*, la tercera parte de *Noticia de un amanecer fugaz*, que Tere y yo tratamos de finalizar. Atiende:

Desde el Aeropuerto de Cointrin se desplazó en taxi a la *Place de Bel-Air*. Entró en su banco. Se identificó para acceder a su caja de seguridad. Retiró los dos sobres lacrados idénticos que había depositado allí un año antes y los guardó en su cartera de piel de cocodrilo. Feliz por quitarse un peso de encima, firmó la cancelación y abonó en efectivo la cantidad adeudada. Y todo a tiempo de llegar a la cita que el notario le había concertado con un alto directivo de la entidad financiera.

Ginebra, un gélido martes de enero de 2013.

Desde el Aeropuerto de Cointrin se desplazó en taxi a la Place de Bel-Air. Entró en su banco. Se identificó para acceder a su caja de seguridad. Retiró los dos sobres lacrados que había depositado allí antes del verano y los guardó en su cartera de piel de cocodrilo. Feliz por quitarse un peso de encima, firmó la cancelación y abonó en efectivo la cantidad adeudada. Y todo a tiempo de

llegar puntualmente a la cita que el notario le había concertado con un alto directivo en el sexto piso de la entidad financiera.

—Buenos días, señorita. Creo que trae algo para mí —le dijo en español un caballero, de mediana edad, alto y distinguido, que caminaba hacia ella.

—Si es usted quien me ha citado y es un sobre lo que espera, aquí lo tengo.

—Gracias —le dijo tras presentarse— y, por favor, disculpe que no la atienda en mi despacho como es debido, pero mi director me ha citado de improviso. No obstante, si está fatigada del viaje y desea tomar algo puedo acompañarla y encargarle a mi secretaria que la atienda. No creo que me demore más de diez minutos.

—No se preocupe, tengo una cita para almorzar en el Hotel d'Anglaterra.

—Podría acercarla en mi coche.

—Iré paseando, muchas gracias.

Se estrecharon la mano y él, disculpándose una vez más, la invitó a que entrase en el ascensor.

—¿No baja? —tratando de retener la puerta.

—Hágalo usted. Subiré a pie.

Descendió. Atravesó el imponente vestíbulo de mármol y, a punto de salir a la calle, apareció él: la persona que jamás imaginó que pudiese encontrarse en aquel lugar.

—No digas nada y confía en mí. Entra en ese lavabo y entrégale el sobre que guardas en la cartera a la joven de rasgos asiáticos que encontrarás retocándose el maquillaje. Sal con naturalidad. Cruza la calle, tuerce a la izquierda, camina junto a la barandilla del río hasta llegar al puente y cruza a la *Place de l'Ile.* Anula tu cita para almorzar y aguarda la llegada de dos caballeros. Vestirán de paisano, se identificarán como miembros del *Département fédéral de justice et pólice* y te pedirán que lo hagas tú. Hazlo mostrando extrañeza. Abre la cartera para sacar tú DNI, insisto, tu DNI, en ningún caso tu pasaporte diplomático, de manera que ellos puedan observar que el sobre que buscan no se encuentra en su interior. Se disculparán y se marcharán. Olvida tus citas de hoy en la ciudad. Apaga tu móvil hasta nueva orden. No comentes lo ocurrido con nadie, ni utilices tus tarjetas de crédito. Toma un taxi al aeropuerto. Dirígete al mostrador de America Airlines y aguarda instrucciones. Todo irá bien.

  —¿Pero...?
  —¡Ya!

  Tratando de mantenerse serena siguió a pie juntillas sus instrucciones. Lo que acababa de acaecer durante tan heladora mañana de invierno y lo que hubiese podido derivarse de haber portado aquel documento en aquel pequeño islote del Ródano se había fraguado al margen de ella algunas semanas antes. Menos mal que, en esta ocasión, tampoco faltó a la cita ese azar de azahar que tanto la mimaba...
"Identifíquese", Despierta la libélula.

Te seguiré contando, pero ahora regresemos a lo nuestro. No me sorprende la impresión que, como cuentas en tu mensaje, te produjo la arribada a Macas, la capital de la provincia de Morona-Santiago. Ciertamente resulta impactante para quienes, como es tu caso, visitan una zona tropical por primera vez. El paisaje selvático en el que se adentra el ruidoso avión de hélice procedente de Quito; la ola de pegajosa calidez que bate al viajero al asomarse, aún aletargado, a la escalerilla; el azaroso hallazgo de inéditas fragancias que le acosan; el chismoso donaire de la gente que puebla la terminal; la variopinta tonalidad de sus atuendos… y, como bien dices, *la delectación frente a lo desconocido que, ante el asombro, espolea la fantasía y aviva la locuacidad. Y de repente, ese toque de placidez que se aprecia al asumirse instintivamente que el flamante lance impone una muda de ritmo.* Es inquietante, en efecto, el periplo por la mítica carretera del Oriente que concluye con el pasmo que produce descubrir el recóndito campus del CAE levantado con mimo a orillas del Upano.

Celebro que valores tan positivamente los ejercicios colectivos de intervención ecociudadana que, como irás viendo, apenas son la punta del iceberg que constituyen las plataformas para la autoformación y la acción ecociudadanas o PAUTA/e 3.0.

Aunque en el campamento amazónico hablaréis de esa plataforma en los próximos días, déjame avanzarte dos ideas. Primera, se trata de un ámbito, marco, plataforma o soporte vehicular *ad hoc* cuya función inicial, repito, cuya función inicial, fíjate bien, es posibilitar el proceso de experimentación y puesta a punto de mi prototipo de herramienta política de nueva generación. De hecho, cabría decir, permíteme la comparación, ya que eres astrofísica, que es al mismo lo que el poderoso acelerador de partículas europeo, construido en los alrededores de Ginebra, para recrear las condiciones que dieron lugar al origen del Universo, es a la Física de partículas. Segundo, aunque una PAUTA/e 3.0 podría activarse en múltiples contextos el universitario es el más apropiado y prioritario. Y cuando digo activar me refiero a la decisión político-educativa, fruto de una deliberada alianza estratégica entre una universidad pública —o varias— y los actores de la sociedad civil del entorno —

en especial, las ONG y los movimientos políticos y sociales— para su puesta en funcionamiento y continuidad.

Te sugiero que reflexiones y trates de responder a estas cuestiones: ¿Crees que forma parte de la función social de la institución universitaria contribuir activamente a incrementar el nivel de cultura política de sus miembros y de la sociedad de su entorno? ¿Debe coadyuvar a desarrollar en la ciudadanía hábitos de interés, aprendizaje y participación en relación con los asuntos públicos? ¿Es o no un sinsentido que las universidades, que se dotan de todo tipo de plataformas —deportivas, culturales, infocomunicativas, etc— no incorporen soportes específicos de enseñanza-aprendizaje y ejercicio de la participación política? ¿Crees que se prestarían a colaborar de consuno con la sociedad civil organizada en la activación, ejecución y mantenimiento, en condiciones de autonomía, pluralismo y calidad, de este tipo de plataformas *ad hoc* de enseñanza/aprendizaje cívico y de participación creciente en la gobernanza y en la defensa de la *res publica* mundial? Y de hacerlo ¿tendrían capacidad para acometer esta función social? ¿Qué papel les correspondería asumir? ¿Cómo tendrían que actuar? ¿O deberemos resignarnos a que la formación ciudadana en valores democráticos no sea prioritaria, ni rija las preocupaciones y las decisiones cotidianas de nuestros centros de enseñanza superior?

UNA PRIORIDAD OLVIDADA

Eurídice, creo que la siguiente referencia te ayudará a dar respuestas a mis preguntas.

El Prof. Joaquim Prats, catedrático de didáctica de las ciencias sociales de la Universidad de Barcelona, se preguntaba hace unos años:[17] *¿Existe un planteamiento explícito asumido y transformado en acciones en las universidades sobre la misión de educar en los valores democráticos?* Y respondía *no existe, pero debería existir.* Y más adelante: *Se puede afirmar que la formación ciudadana en valores democráticos no es prioritaria, ni rige las preocupaciones y decisiones cotidianas de nuestras universidades, aunque existe una sensibilidad que impregna, de manera transversal, el ambiente intelectual de la comunidad académica. Y la principal dificultad radica* —¡ojo, que ésta es la clave!— *en que no existe un modelo claro de intervención... (que) no puede ser el convencional de clases o asignaturas.* Completamente de acuerdo si lo que quiere decir es que no procede implantar una asignatura como lo fue la *"política"* en la universidad franquista o una hipotética versión universitaria de *"educación para la ciudadanía"*. ¿Y qué hacemos entonces? Sí, Eurídice, ahora, cuando la incultura política generalizada se transforma ante nuestros ojos atónitos en el caldo de cultivo de los populismos de todo signo que amenazan el progreso.

¿Y si lo hubiese? ¿Y si la PAUTA/e 3.0 pudiese servir como modelo de partida? De hecho, se lo pregun-

---

[17] Prats, J.; *EpC en la universidad*, Escuela, núm. 3897, 10.03.2011. http://www.proyectointersur.org/interuniversidadandaluzaes/documentacion/epcenlauniversidad.pdf

té a Prats, al que no conozco personalmente, cuando le remití el texto en el que le explicaba qué era y cómo funcionaba una PAUTA/e 3.0. Probablemente ni siquiera se molestó en leer mi propuesta, lo que no sería extraño, ya que suele ser práctica en la academia española ignorar al entrometido que osa inmiscuirse en área de conocimiento ajena. Y, aunque no llegase a contestarme, no es descabellado imaginar que, dadas las características de los actuales sistemas de enseñanza superior vigentes, me atrevería a decir, en todo el mundo, la habría considerado inviable. Y así es, a menos que las universidades, por operar en la enseñanza superior el PDPCI, se viesen abocadas a transformar sus campus en nuevos espacios de convivencia y aprendizaje complementarios enriquecidos por la presencia de nuevos y diversificados actores y programas. He aquí un primer obstáculo para la activación de este tipo de plataformas en el ámbito de los actuales sistemas universitarios.

Y dicho esto me gustaría que leyeses el diálogo que mantuve hace algunos años con dos chicas participantes en la PAUTA/e UHU 3.0, ya sabes la pauta piloto que, el Prof. Francisco Cruz y yo tratamos de activar en la Universidad de Huelva con el apoyo del entonces rector Francisco José Martínez López. Tuvo lugar en el Hotel Continental durante uno de los encuentros de presentación y coordinación que mantuvimos en el ámbito del soporte ALANDALUS 3.0, pero antes mira como describe Teresa la llegada del grupo a la ciudad de Tánger en *Noticia de un amanecer fugaz*.

Tánger, Estación Marítima.

Los participantes en la PAUTA/e UHU 3.0. acababan de desembarcar del ferri de Algeciras.

—Como la PAUTA no es una agencia de viajes y vosotros no sois turistas descartad que venga un autobús a recogernos. Dos o tres taxis transportarán nuestros equipajes y entraremos en la vieja ciudad internacional paseando por la antigua Medina. Nuestro hotel es aquel edificio que se ve en lo alto. Sí, allí enfrente, junto a las palmeras. ¿De acuerdo?

Francisco J. Martínez López
Rector de la UHU, 2005-2013.

Francisco Cruz Beltrán. Director
PAUTA/e UHU 3.0, curso 08-09.

Dicho y hecho. Los taxistas ya le conocían. Álvaro y Ayman solventaron el trato en un abrir y cerrar de ojos. Siempre iban al Continental. Un hotel, construido en el año 1865 frente al puerto y a espaldas del barrio de Dar Barud, en el que habían recalado desde miembros de la Familia Real británica, hasta los Rolling Stone, pasando por Churchill, Gaudí, Emilio Castelar, Pío Baroja,

Jacinto Benavente, Somerset Maugham, Paul Bowles y Hemingway, entre otros.

—*El cielo protector*, de Bertolucci —explicaba Dani—, muestra escenas rodadas en su interior.

—La he visto —afirmó una de las chicas que caminaba a su lado—. ¿Con John Malkovich, verdad?

—Y Debra Winger e, incluso, el propio Bowles, autor de la novela que la inspira y al que, dicho sea de paso, no le gustó la puesta en escena... Una excelente cinta sobre el sentido de la vida, con una impresionante fotografía de Vittorio Storaro, aunque Bertolucci —concluyó Dani, rematando su alarde de erudición cinematográfica— no pudo conseguir que la interpretasen William Hurt, Melanie Griffith y Dennis Quaid. En fin —como nos recordaba Goytisolo— *"la atracción de lo vedado es un ingrediente esencial del mito tangerino creado en primer lugar por el cine y luego por la literatura"*...

En la terraza del hotel charlábamos Marta, estudiante de empresariales, Blanca, de filología, y yo.

—Esta mañana, cuando nos contabas las dificultades que plantea la activación de una PAUTA en la universidad, decías que su viabilidad no dependía sólo de la buena disposición de ésta y recalcabas la importancia de que las organizaciones no gubernamentales se implicasen. Mi pregunta es ¿por qué no iban a asumir ese reto?

—Blanca, considera que muchas ONG tendrían que introducir cambios en sus hábitos de actuación.

—¿Cuáles?

—Tendrían que adaptarse a un nuevo rol de naturaleza esencialmente docente.

**El grupo en la recepción del Hotel Continental.
Soporte ALANDALUS 3.0. (PAUTA/e UHU 3.0.)**

—No creo que ese fuese un impedimento si disponen de los medios para reclutar voluntarios y contratar personal especializado.

—Además, no descartes los previsibles efectos multiplicadores de tales plataformas.

—Explícate, Marta.

—De una parte, se supone que contribuirían muy notablemente a empoderar a gente, a mucha más gente que se sentirían crecientemente motivada a implicarse voluntariamente en sus actividades. De otra, el impacto favorable de la PAUTA en el empleo y en el autoempleo en su área de influencia facilitaría la contratación de personal especializado.

—¿A qué se refería esa chica con el impacto de la PAUTA en el empleo y en el autoempleo?

—Duda lógica, Eurídice, puesto que no tienes una visión de conjunto del funcionamiento de este tipo de plataformas. De momento, la dejaremos en espera.

—Bien visto, Marta, en cuanto al previsible incremento de personal voluntario y contratado. Ahora bien ¿qué me dirías con respecto a la disposición de las ONG a democratizar los mecanismos asociativo-decisionales contemplados en sus estatutos fundacionales para asumir la creciente demanda de personas deseosas, no sólo de inscribirse como miembros o socios de pleno derecho, sino también de participar más activamente en el gobierno y gestión de las mismas?

Grupo de la PAUTA/e UHU 3.0 en la terraza del Continental.

—¿Quieres decir hasta qué punto estarían dispuestos a compartir, como alguien apuntó esta mañana, *sus privilegios no gubernamentales*?
—Exáctamente, Blanca.

VERANO DE 1492
A modo de introductor lógico.

Querida Eurídice.

Hoy, desde Tánger. Me hago cargo de que para responder a la pregunta que tan bien sintetizó Blanca en la terraza del hotel Continental, necesitas algunos datos que te faltan. Creo que, por ahora, sería mejor que dejases a un lado la PAUTA y te adentrases en el modelo de participación fraccionada que es donde esta plataforma cobra su sentido. Así narró Teresa la ocasión en la que quiso saber de qué iba el MPF.

Tánger, Hotel El Minzah, 14.04.12; 23:30 h.

Inaugurado en los años treinta por el aristócrata inglés Lord Bute, está situado en un emplazamiento privilegiado, entre la vieja y la nueva villa, desde el que se domina la bahía, el puerto, la medina, el cabo Malabata y la costa española. Su renombre le viene de la época dorada de la ciudad, tras adquirir estatuto internacional en 1925. Y es que cuando el solícito portero, ataviado a la antigua usanza, franquea la puerta de El Minzah se accede al delicioso oasis de paz, lujo y frescor que libera al instante del barullo del Gran Zoco... En el patio central el pianista interpretaba *Mi way*.

—Bueno, soy todo tuyo, pregunta.
—*¿Eme-pe-efe?*
—Por ahora sólo eso: MPF.
—¿Sólo?
—Necesitaría una breve introducción.
—Adelante.

—El caso, Teresa, es que no resulta sencillo exponer en qué consiste y cómo opera en la práctica el *eme-pe-efe* por el que me acabas de preguntar. Y, mucho menos, cómo podrá implementarse y generalizarse su uso en el futuro. He comprobado que suele ser un fiasco tratar de explicarlo sin adoptar determinadas cautelas pedagógicas. No solo corro el riesgo de que no se capte el auténtico sentido y la dimensión temporal, necesariamente incierta, de mi propuesta, sino de quedar como una mezcla nada académica de charlatán o visionario. De ahí que sea necesario disponer de lo que podríamos llamar un introductor lógico...

Se trataba, Eurídice, de llamar la atención sobre las trabas enormes que debe sortear una idea innovadora, de las que llamo de nueva generación, antes de hacerse realidad. Álvaro era partidario de que el material didáctico explicativo del MPF se iniciara con un introductor lógico de lectura amena y sugerente. Un texto que estimulase la curiosidad, avivase la alta dosis de imaginación que requiere la inevitable inmersión en un contexto espacio-temporal tan impreciso, incierto y desconocido y activase la capacidad creativa. Dani, Andrés y Ayman, que fueron los encargados, expusieron, ciertamente de manera fantasiosa, pero amena, el largo y penoso proceso que llevó al descubrimiento y puesta en marcha del motor de combustión interna o de explosión.

Quito, Hostal de Santa Bárbara, 03.08.12; 09:30 h.

Tras el desayuno criollo, con humitas de maíz y empanadas verdes, todos se sentaron en torno a la gran mesa de madera de caoba del salón del hostal para dar comienzo a la primera sesión de trabajo...

—¿Quién empieza tú o yo?

—Tú, Andrés. Él —aclaró, Dani— es el auténtico Erich von Däniken del grupo. Yo, como sabéis, trabajo con Tarald en la vertiente audiovisual de nuestro proyecto. ¡Adelante!

A escasas leguas de Palos de la Frontera, en un alcor arenoso conocido como Peña de Saturno, se alza el Monasterio de Santa María de la Rábida. A sus pies, los ríos Tinto y Odiel confluyen en la espléndida ría que los escolta hacia el Atlántico. Entorno bello, apacible y sosegado, apenas alterado por el inusitado trajín de su puerto, en el que los franciscanos, para celebrar la partida de las tres naves que apuestan por arribar a las Indias navegando proa al oeste, han organizado un curso sobre *El transporte en los albores de un nuevo siglo*.

Corre el tórrido verano de 1492. Se han debatido temas de tan rabiosa actualidad como la lentitud del transporte terrestre, su creciente inseguridad o la moderna construcción de puentes y calzadas. Hemos atendido las enseñanzas de reconocidos expertos. Gozado, incluso, del raro privilegio de conocer en persona al insigne marino que, acompañado de Martín Alonso Pinzón, nos ha referido su ambicioso proyecto. Y justo es reconocer que la firme convicción, optimismo y determinación que se desprende del rostro del más intrépido y ambicioso de los navegantes presagia el inminente éxito de una de las más arriesgadas e inciertas aventuras de la historia. En ese contexto de agitación, estimulados por el gigantesco e insólito espectáculo de la utopía que pugna por hacerse realidad, era previsible que la charla anunciada despertase en todos un gran interés. A las cuatro de la tarde aguardábamos a un ponente que, según Fray Juan Pérez, había cabalgado desde tierras de Aragón hasta la ciudad reconquistada para recabar el respaldo de Isabel y Fernando. Nadie sabía a ciencia cierta si su caballería le haría llegar a tiempo.

Así fue, nos cuenta Teresa, cómo comenzó Andrés la narración titulada *Del Curso de Verano de la Rábida de 1492 a la Exposición Universal de París de 1889.*

—Dani, Ayman y yo creemos que lo más adecuado para situaros en el contexto de la idea revolucionaria que nos propone Álvaro es acometer un viaje al pasado que nos ayude a recordar el futuro. Continúo.

Sudoroso y polvoriento, nuestro conferenciante descabalgó de su fatigada montura en aquella improvisada sede de la futura Universidad Hispanoamericana de Santa María de La Rábida. Bebió agua del botijo que le ofreció Cantó y, sin más prolegómenos, se dirigió a nosotros para espetarnos que iba a contarnos algo absolutamente fantástico y misterioso. ¿Qué? Los principios básicos del funcionamiento de un ingenio de combustión interna o de explosión que revolucionará el modelo de transporte conocido. Se autoproclamó inventor y futurólogo. Y, con sorna delatora de su reciente fracaso en la nueva Corte granadina, añadió: y contador de cuentos. Y sin arredrarse lo más mínimo, con el aplomo de todos los visionarios, entró en materia recordándonos que el hombre, tras verse obligado a ser nómada, pudo establecerse. Que construyó sendas y caminos para comunicarse e intercambiar productos que se transportaban a la espalda de porteadores y a lomos de las bestias. Que con la invención de la rueda pudieron circular los carros por caminos y calzadas, acarreando, a la escasa velocidad propia de la tracción animal, cantidades ingentes de mercancías. Que los avances en la construcción naval y en las técnicas de navegación mejoraron el transporte marítimo y estimularon los esfuerzos de los más intrépidos a aventurarse en busca de alternativas.

Monasterio de Santa María de la Rábida.
Grabado de José Luis Rodríguez.

—Y todo esto, como siempre ha sido, seguirá así durante mucho tiempo, a menos que lográsemos construir un ingenio capaz de transformar en movimiento una determinada forma de fuerza o energía de la que deseo hablaros. Y es que para cambiar el mundo necesitamos de los saberes y de la energía. ¿Saberes? Poco a poco aprendemos a poner orden en los conocimientos adquiridos gracias al tanteo de múltiples opciones. Nos afanamos en transmitir lo aprendido para simplificar el laborioso aprendizaje. Con teorías predecimos acontecimientos confiando en que los hechos no las invaliden y en que otras nuevas brotarán de nuestras mentes si eso sucediese. ¿Energía? ¿Se puede comprender la historia del ser humano sin tener en cuenta la energía? Nuestros antepasados necesitaron más y más energía y nunca dejó de aumentar su cantidad y calidad. Y es que sin energía no hay vida, ni cultura, ni progreso. Sólo el saber, unido a la creatividad, posibilita la aplicación útil de energía, de innovadoras energías, a prodigiosos ingenios susceptibles de transformar nuestras civilizaciones. Así, mientras en la antigua Grecia se abría paso la especulación filosófica racional y

los hombres libres se interrogaban sobre el mundo y la vida, a partir de Arquímedes tuvo gran auge el estudio y el uso de los útiles y las herramientas. 'Dadme un punto de apoyo, gritó el gran genio matemático, y moveré el mundo', anunciando así la ley de la palanca que tantos quebraderos de cabeza dio al ejército romano en la Segunda Guerra Púnica. De hecho, en la Mecánica de Herón de Alejandría (150 a.C.) ya se describían la polea y la palanca.

Tras este breve prólogo nuestro conferenciante entró en materia, no sin antes advertir que se trataba de una ardua tarea colectiva y que sólo estaba a su alcance referirnos —y esto lo recalcó— *los principios básicos en los que se inspira el funcionamiento de su artefacto de combustión interna.*

—*Si tuviésemos* —prosiguió, tras beber agua del botijo— *una férrea voluntad y nos afanásemos con ingenio podríamos cambiar radicalmente el modelo de transporte conocido. ¿Cómo? Aplicándonos conjuntamente a la construcción de una fabulosa máquina mecánica capaz de revolucionar nuestro mundo. ¿En cuánto tiempo? Dependerá de nuestra capacidad para llevar a cabo una adecuada estrategia para su desarrollo. ¿De qué se trata? Pues, nada más y nada menos, que de hacer posible que en el interior de un determinado artilugio metálico se produzcan unas rítmicas explosiones sucesivas que acumulen la presión necesaria para accionar un potente dispositivo capaz de generar un movimiento de rotación. Y os aseguro que no es una tarea imposible.*

Nos recordó que desde que se trae la pólvora de China se viene utilizando la combustión en los cañones para impulsar los proyectiles.

—*Una vez conocido el principio básico de su funcionamiento ¿qué necesitaríamos? En esencia, sólo dispo-*

ner de la fuente de energía apropiada, diseñar el ingenio, construirlo y acoplarlo al carro o la nave que deseemos propulsar. Para ello haría falta extraer de ciertas rocas, que se encuentran en los lechos geológicos continentales o marinos, un aceite o petroleum y someterlo a determinadas operaciones de destilación y refino para obtener, en las cantidades precisas, un líquido volátil e inflamable. Se trata de un producto que se conoce desde la prehistoria. La Biblia lo llama betún o asfalto. Así, en el Génesis, capítulo 11, versículo 3, ya se afirma que el asfalto se usó para amalgamar los ladrillos de la torre de Babel y, también, capítulo IV, versículo 10, que los reyes de Sodoma y Gomorra fueron derrotados al caer en pozos de asfalto en el valle de Siddim. Se conocen afloraciones naturales del llamado asfalto o betún de Judea y es utilizado desde antaño para calafatear las naves. Luego introduciríamos ese combustible líquido, mezclándolo cuidadosamente con aire, en un conjunto bien lubricado de recipientes metálicos cilíndricos de gran resistencia, a los que ajustaremos varios pistones de similar forma, como si fuesen tubos huecos en cuyo interior se desplazasen unos émbolos. A continuación, ensamblaríamos convenientemente varias piezas de hierro o bielas acopladas a un eje en forma de doble codo. Y, por fin, provocaríamos la combustión de la dosificada mezcla mediante la acción de una bujía. Una bujía sí, pero no de sebo, cera blanca, estearina, esperma de ballena u otra materia grasa al uso, sino de otros materiales consistentes y de forma especial, atravesada por un pabilo metálico incombustible capaz de provocar chispas intermitentes en uno de sus extremos, como si fuesen partículas encendidas que saltasen de la lumbre o del hierro herido por el pedernal. De ese modo estaríamos en condiciones de provocar una rítmica cadena de explosiones en el interior del artefacto que generaría un acompa-

sado movimiento de vaivén en los émbolos o pistones. De ahí el nombre de artefacto de combustión interna.

Nuestro hombre hizo una indicación para que llenasen su botijo en la fuente y Marta le cedió el suyo.

—El juego de ese formidable conjunto articulado de bielas y eje de doble codo lo transformaría en un movimiento de rotación continuo que, mediante el oportuno mecanismo de transmisión, accionaría las ruedas de los carruajes. O, en su caso, un robusto artefacto de bronce macizo montado al efecto en una sólida varilla de hierro que atraviese el casco y se apoye en el codaste, por delante del timón, constituido por un conjunto de aletas helicoidales que, al girar, empujarían el fluido ambiente produciendo una fuerza de reacción capaz de propulsar la embarcación que lo poseyese. De esta guisa el transporte de personas y de mercancías ya no necesitaría la fuerza bruta de los hombres y de los animales de carga. Las galeras no contratarían remeros y las naves se harían a la mar sin aguardar a que un fuerte viento portante hinchase su trapo. Todo dependería ya del líquido volátil e inflamable que se suministrase al artefacto de combustión interna cuyos principios de funcionamiento acabo de narrar. Y lo más importante: el desarrollo del principio que está en la base del funcionamiento de este artefacto mecánico dará paso verosímilmente a otros más sofisticados que posibilitarán nuevos sistemas de transporte más veloces y con más capacidad. Puede que, a no tardar, el imparable ingenio humano logre que este artilugio genere un movimiento que imite el aleteo de las aves y construya grandes y raudos pájaros que transporten personas y cargas por encima de las montañas, los desiertos y los mares. Todo ello obligará a los hombres a extraer de los lechos geológicos continentales o marinos cantidades ingentes de ese aceite o petroleum. Conclusión: la exploración y posesión *de los territorios en los que abunden esas rocas, la fabricación de artilugios para su extracción y refino, la instalación de campamentos de almacenamiento y la organización de redes para su transporte y distribución condicionarán el futuro en mucha mayor medida que lo han hecho hasta ahora las especias o los metales preciosos.*

—¿Alguna sugerencia? ¿Podría valer?

—Por supuesto. Seguro que esta historia fantástica —apuntó Álvaro— dará mucho juego…

¿NO SE PUDO PREVER?

Querida Eurídice.

Ya que estos amigos acaban de embarcarnos en una máquina del tiempo da rienda suelta a tu imaginación y trata de adentrarte en el ambiente de aquella fantástica sesión académica de finales del siglo XV. ¿Cuál habría sido tu reacción? ¿Qué hubieses objetado? ¿Qué preguntas planteado ante idea tan inverosímil? ¿Cómo te hubiese respondido tan visionario ponente? Francamente ¿habrías concedido algún viso de verosimilitud a tamaña disertación? ¿No se trataba de un plan, proyecto, doctrina o sistema optimista que aparece como irrealizable en el momento de su formulación? Ellos respondieron que era una absoluta utopía, aunque Teresa no estuvo de acuerdo. Atiende.

—Tere, ¿crees que habría sido posible?

—Por supuesto.

—Explícate —Todos parecían sorprendidos.

—Quiero decir que aunque, a todas luces, resultaba inviable poner en práctica idea tan peregrina, al menos se podría haber acordado que merecía la pena acometer su desarrollo de inmediato. ¿Acaso no se trataba de una propuesta que, de llegar a plasmarse, revolucionaría el mundo?

—Pero si era imposible —Marta, convencida.

—¿Acaso pensáis que debe despreciarse una idea genial por el mero hecho de que parezca inviable en el momento de su formulación?

—Una cosa es que algo se antoje inviable y otra que lo sea.

—Marta, el sino de todas las ideas que se adelantan a su tiempo es parecer irrealizables.

—Precisamente por eso, por anteceder a su tiempo. Tú lo has dicho.

—Esa, y no te enfades Marta, es la típica respuesta de quiénes desconocen las inmensas posibilidades de la creatividad humana.

—Tomemos buena nota —terció Álvaro— de lo que apunta Teresa. Es una idea-fuerza sobre la que os invito a reflexionar...

—Parece obvio que en aquella época nuestro conferenciante ni siquiera hubiese podido pasar como digno predecesor de Julio Verne. No sólo faltaban más de tres siglos para que naciese en Nantes el autor de *De la Tierra a la Luna*, sino que apenas comenzaba la lenta andadura de las máquinas herramientas que requeriría la construcción de su ingenio.

—Tarald tiene razón. Si bien es cierto que las herramientas habían prolongado la mano del hombre desde la más remota antigüedad, todavía las operaciones de torneado y taladro, por ejemplo, precisaban de una de las manos para producir el movimiento de rotación. —Andrés se ajustó las gafas y continuó leyendo el texto que había preparado con Ayman y Dani.

Es verdad que ya se usaba el "arco de violín" y, desde mediados del siglo XIII, el torno de pedal y pértiga flexible accionado con el pie permitía tener las manos libres para el manejo de la herramienta de torneado, pero ni el propio Leonardo da Vinci había podido construir, por falta de medios, los tornos que dibujó en su Codice Atlántico. A finales de la Edad Media comenzaba a utilizarse la máquina afiladora, el taladro de arco, el berbiquí y el torno de giro continuo, que trabajan con deficientes herramientas de acero al carbono. Se usaban martillos de forja y rudimentarias barrenadoras de cañones acciona-

das por ruedas hidráulicas y transmisiones de engranajes de madera. Se iniciaba la fabricación de engranajes metálicos, sobre todo de latón, aplicados a instrumentos de astronomía y relojes mecánicos y el propio Da Vinci dedicaba mucho tiempo a calcular relaciones de engranajes y formas ideales de dientes. Tal vez, pudo pensarse que ya se daban todas las condiciones para un fuerte desarrollo, pero no era así. La realidad es que el desarrollo tecnológico sería prácticamente nulo hasta mediados del siglo XVII. Tornear el hierro, pongamos por caso, suponía una gran dificultad. El reverendo Plumier, en su obra L'Art de tourner, escrita en 1693, advierte que se encuentran pocos hombres capaces de hacerlo. Y aunque Pascal enunciase el principio de la prensa hidráulica en 1650, en su Tratado del equilibrio de los líquidos, habrá que aguardar hasta que Bramanch patentase su invención en Londres en 1770 y a que Cavé, en 1840, iniciase la fabricación de prensas hidráulicas de elevadas presiones...

—Decididamente —Marta volvió a la carga— aún no era posible construir el ingenioso artefacto de combustión interna del que tan pronta y privilegiada noticia tuvimos en vísperas del descubrimiento de América...
—Continúa, Dani.

Acabamos de llegar desde las bulliciosas y calurosas tierras de Palos y Moguer al lejano futuro de la Inglaterra decimonónica para asistir, en el invierno de 1712, a la instalación de la primera máquina atmosférica en una mina de carbón próxima a Dudley (Staffordshire). Allí, su inventor, el ferretero Thomas Newcomen, acompañado del ingeniero John Cawley, se dispone a mostrarnos una decisiva aplicación práctica del principio de la conversión de la energía térmica en mecánica, del calor en trabajo.

Si introducimos en un cilindro vapor a presión procedente de una caldera se produce la elevación de un émbolo que, por medio de un balancín, accionará una bomba en un sentido. Si, a continuación, cerramos la entrada de vapor e inyectamos agua fría se hará un gran vacío en el cilindro capaz de moverlo en sentido opuesto, volviendo a repetirse el ciclo. Así, al utilizar estas máquinas como bombas de achique, resolveremos el engorroso problema de las inundaciones de las minas de carbón.

La que nos muestran dispone de un cilindro de 21 pulgadas de diámetro y casi 8 pies de largo. Trabaja a 12 golpes por minuto y eleva 10 galones de agua. Medida de capacidad —aclaró Dani, levantando la vista del texto— *usada en Gran Bretaña, de algo más de 4,5 litros, y en América del Norte, donde equivale a 3,8 escasos. Lo hace desde una profundidad de 156 pies. Medida de longitud que* —precisó— *corresponde a 28 cm aproximadamente en Castilla. Y ello gracias a que ejerce 5.5 caballos de potencia. Unidad de medida que expresa la potencia necesaria para levantar 75 kilos a un metro en un segundo.*

—No presumas, Dani, que te los acabas de empollar para impresionarnos.

—Este menda, Tarald...

—¿Qué es menda? No te entiendo, Dani.

—Pronombre personal coloquial. Se utiliza con el verbo en tercera persona. Te decía que este menda, el que habla, yo, lo sabe de memoria desde que iba al colegio en Ronda. Y si no pregúntale a *Boliche*.

—Claro, claro, si tú lo dices...

Eurídice, ¿habrías deducido de las sabias palabras del ferretero Thomas Newcomen, como sabes, uno de los padres de la Revolución Industrial, que a partir de ahí se podrían desarrollar las bases para el empleo futuro de las máquinas de vapor para mover maquinaria industrial, barcos y locomotoras? ¿Había diferencias entre aquella conferencia del verano del 92, en los aledaños del Monasterio de la Rábida, y esta experiencia en los fríos y desapacibles campos del West Midlands de principios del siglo XVIII? Escucha a Dani.

La conferencia de Newcomen nos habría resultado mucho más convincente. Y es que años antes, en 1690, Denis Papin ya había dado a conocer, con el experimento de su famosa marmita, el principio fundamental de este ingenio al desarrollar su idea de mover un pistón en el interior de un cilindro, mediante la presión atmosférica generada gracias al vacío parcial producido por la condensación del vapor. Savery había registrado su patente original en 1698 cubriendo todas las máquinas que extrajesen agua utilizando el fuego. El fundamento de la revolución industrial que se avecinaba era sólido y eso que James Watt aún tardaría más de cincuenta años en añadir a la máquina de vapor un condensador separado y no resolvería hasta 1780 el problema de asegurar el necesario ajuste y hermetismo entre pistón y cilindro... Y lo hizo gracias a una mandriladora.

Tu amiga Tarald, que no se había topado con ese vocablo en su concienzudo aprendizaje del español, no dudó en preguntar, sin imaginarse la guasona respuesta del rondeño.

—¿Mandriladora?
—Una máquina para mandrilar.
—Supongo, pero...
—Perforar el metal con un mandril.
—¿Mandril?

—Mono africano omnívoro, de hocico alargado y perruno, nariz y nalgas rojizas, que vive formando grupos muy numerosos.

—Ya, y...

—Instrumento utilizado para agrandar los agujeros en las piezas de metal. Pieza cilíndrica, de madera o metal, para sujetar lo que se quiere tornear.

—¡Ya te vale, Dani!

Una mandriladora, decía, de mayor precisión cuyo error máximo era el espesor de una moneda de seis peniques en un diámetro de 72 pulgadas. Ya sabéis, medida inglesa de longitud equivalente a 25,4 mm. Y, aun así, debería transcurrir todo el siglo XIX para construir la gran variedad de tipos de máquinas-herramienta que exigía el mecanizado de todas las piezas metálicas de los nuevos productos que se iban a desarrollar. Ejemplo al canto: sin el primer cepillo puente práctico de uso industrial, fabricado en 1817 por Richard Roberts, no se habrían podido planear planchas de hierro para sustituir el cincelado y, por supuesto, no resultaría posible taladrar las cada vez más gruesas piezas de acero hasta que el suizo Martignon inventase la broca helicoidal en 1860.

Eurídice, en este punto Dani anunció que era el momento de volar al innovador París de finales del XIX para asistir, el día tres de marzo de 1889, a la inauguración de la Exposición Universal.

Y no sólo hemos viajado a la capital de Francia para admirar la flamante torre de hierro que acaba de levantar el ingeniero Eiffel o *"adquirir alfombras turcas"*, como cuenta García Márquez, en *Amor en los tiempos del cólera*, que hizo el doctor Juvenal Urbino, sino para asistir a la primera presentación al gran público de un artilugio, el automóvil, que ya trabaja gracias a un ingenio de combustión interna o de explosión cuyo principio de funcionamiento nos va a resultar muy familiar. El hecho es que, casi cuatro siglos después, comprobamos que han comenzado a hacerse realidad las aplicaciones de aquel ingenio del que nos diera tan temprana noticia la preclara visión del sagaz conferenciante de nuestro inolvidable curso de verano de La Rábida.

—Por cierto, Tarald, Julio Verne ya había cumplido sesenta años, aunque aún no había publicado *El Castillo de los Cárpatos*, ni *La Esfinge de los Hielos*, que dedicaría a Edgar Allan Poe
—Si tú lo dices, Dani.

Allí estaba hecho realidad nuestro viejo ingenio de combustión interna. Aunque varios inventores del siglo XVII, entre ellos Christiaan Huygens, hubiesen ensayado con motores en que el pistón era accionado por la explosión de una carga de pólvora dentro del cilindro, hubo que aguardar hasta mediados del siglo XIX para que tuviesen lugar los primeros experimentos serios del motor de combustión interna. De hecho, en 1841, Luigi De Cristoforis construyó e hizo funcionar en Italia un motor atmosférico alimentado con petróleo. Experimentos que, antes de caer en el olvido, serían retomados años más tarde por Barsanti y Matteucci. Entretanto, el belga Étienne Lenoir ya había promovido en Francia una inteligente campaña publicitaria para vender un motor de explosión basado en una patente de 1860 y Gottlieb Daimler construido, en 1886, el primer automóvil propulsado por un motor de combustión interna.

—¿No lo construyó antes Karl Benz?
—Eso es lo que yo tenía entendido, pero me respondieron que ante la duda se podía afirmar sin riesgo a equivocarse que los primeros automóviles con motor de

gasolina fueron desarrollados casi al mismo tiempo por ingenieros alemanes.

Como ves, ¡he aquí, expuesta en un santiamén, la historia del motor de explosión o de combustión interna! Y estas, Eurídice, fueron algunas de sus preguntas: ¿El indiscutible efecto que tuvo la presentación en París del automóvil fue suficiente para que el ser humano alcanzase a imaginar la revolución que se avecinaba en el transporte? ¿Para comenzar a planificar las ciudades y la vida cotidiana en función de ese nuevo avance científico-técnico? ¿Para prever todas las consecuencias que tendría tan poderoso estímulo de un modelo energético basado en el petróleo?

—Me temo que no.

Cabría alegar que, aunque el 27 de agosto de 1859 Edwin Laurentine Drake perforase, cerca de Titusville (Pensilvania), el primer pozo petrolífero y, desde 1798, se conociese la producción en serie, introducida en la producción normalizada de mosquetes por Eli Whitney, aún faltaba algún tiempo para que el legendario Henry Ford combinase, en su fábrica de Highland Park, la producción normalizada de piezas de precisión y la fabricación en cadenas de montaje; y, claro, para que, en

vísperas de la Gran Guerra, circulasen en el mundo más de un millón de vehículos que usaban gasolina.

—¿Crees, realmente, que era tan difícil prever que el consumo de petróleo adelantaría rápidamente al del carbón? ¿Qué a mediados del siglo veinte habría cien millones de automóviles y que, en una sola década se consumiría casi la misma cantidad de petróleo que en los cien años anteriores? ¿Qué en los albores del siglo XXI circularían más de quinientos millones de vehículos de motor o qué el efecto invernadero amenazaría gravemente la climatología del planeta, mientras daba sus últimas boqueadas el modelo energético basado en los combustibles fósiles?

—El hecho es que ha sucedido y hoy constituye un serio motivo de preocupación.

EL ANTIPARTIDISTA

Matalascañas, julio de 2002.
Cursos de Verano de Doñana.

Querida Eurídice.

Ya hemos llegado a nuestro destino. Estamos sentados frente al mar bajo una carpa de lona blanca, en butacas blancas, sobre el cuidado césped que cubre una de las grandes masas de arena que conforman el espectacular sistema de dunas estables del Asperillo. Entre la desembocadura de la ría de Huelva y el Guadalquivir, en la zona litoral del Parque Nacional de Doñana, a escasa distancia de esa playa virgen de la que arrancan las famosas dunas móviles. Desde tan soberbia atalaya, a treinta metros sobre la orilla, sólo se divisa algún que otro milano que interpone la libertad de su elegante planeo entre nosotros y la inmensidad del Atlántico. Apenas sopla la leve brisa que anuncia el viento de poniente. El océano es una balsa azul en la que pesqueros de vivos colores laboran con sus redes de cerco entre surcos de espuma evanescentes.

—¿Y se puede saber qué hacemos aquí? Este trajín, este discurrir por el tiempo, me está volviendo loca. No sé cómo lo haces, ¿acaso utilizando agujeros de gusano, recurriendo a los gigantescos cilindros giratorios de Tipler, mediante la cuerda cósmica de Gott, vórtices de luz coherente, el núcleo atómico pesado o el entrelazamiento cuántico?
—Te veo muy puesta.
—Te recuerdo que estudio astrofísica.

—Pues échale un vistazo a esto que escribí hace algunos años:

Quito, Hostal de Santa Bárbara, agosto de 2012.

Nuestra concepción sobre la naturaleza del tiempo ha ido cambiando. Hasta comienzos del siglo XX se creía en un tiempo absoluto. No obstante, el descubrimiento de que la velocidad de la luz era la misma para todo observador, sin importar cómo se estuviese moviendo, condujo a la teoría de la relatividad que nos obligó a abandonar la idea de un tiempo absoluto. Cuando se pretendió unificar la gravedad con la mecánica cuántica hubo que incorporar la idea de *"tiempo imaginario"*. Un tiempo indistinguible de las direcciones espaciales. Si se avanza hacia el norte, también se puede invertir el rumbo y dirigirse hacia el sur. De la misma forma, si uno puede ir hacia adelante en el *"tiempo imaginario"*, igual se debería poder retornar. Lo que sugiere que no debe haber ninguna diferencia significativa entre ambas direcciones del *"tiempo imaginario"*. Sin embargo, en el *"tiempo real"* la hay, y muy grande, entre las direcciones hacia adelante y hacia atrás. ¿De dónde, pues, proviene esa divergencia entre el pasado y el porvenir? ¿Por qué recordamos el primero y no el segundo? ¿Llegaremos alguna vez a recordar el futuro?

Aunque las leyes de la ciencia no distingan entre ambas direcciones no sucede así en la vida ordinaria. Nos es dado ver la secuencia en la que un plato cae desde la mesa al suelo y se hace añicos, pero no aquella en la que éste se recompone y retorna a su posición inicial, a menos que se rebobine la proyección de la caída previamente filmada. La explicación habitual es que lo impide esa ley de la termodinámica, la segunda, que establece que la cantidad de entropía del universo tiende a

incrementarse en el tiempo o, dicho de otro modo, que en cualquier sistema cerrado el desorden siempre aumenta con el paso de éste. El plato encima de la mesa es exponente de un estado de orden elevado, mientras que roto en el suelo lo es de desorden. De ahí que se pueda ir desde el plato intacto, situado en la mesa en el pasado, hasta el plato roto, esparcido en el suelo en el futuro, mas no al revés. Qué el transcurso del tiempo, nos explica Hawking, aumente el desorden o la entropía es un ejemplo de lo que se denomina una flecha del tiempo. Esto es, algo que distingue el pasado del futuro proporcionándole dirección al tiempo. Al menos, hay tres flechas del tiempo diferentes. La flecha termodinámica, que es la dirección en la que el desorden o la entropía aumentan. La flecha psicológica, que es la dirección en la que nosotros sentimos que el tiempo transcurre y nos permite recordar el pasado y no el futuro. En fin, la flecha cosmológica, que es la dirección en la que el universo se expande en vez de contraerse.

—Pero ¿qué sucedería, Eurídice, si el universo dejase de expandirse y comenzase a constreñirse invirtiendo el sentido orden-desorden?

—La flecha termodinámica también lo haría y la flecha psicológica apuntaría hacia atrás. En esa nueva fase contractiva viviríamos unas vidas alucinantes.

—¿Se te ocurre algún ejemplo?

—A bote pronto pienso que se agudizarían afecciones como la eyaculación precoz o adicciones como la embriaguez, mientras otros padecimientos, como la alopecia, la disfunción eréctil y el estreñimiento, quedarían resueltos, éste último de inmediato.

—O, se me acaba de ocurrir, se abrirían paso técnicas de participación política alternativas a la actual democracia representativa que padecemos, puesto que aún resultaría más absurdo, si cabe, confiar en aquellos cuyos incumplimientos precederían a sus promesas.

—Y sobre todo, la vida dejaría de finalizar con la siniestra imagen de *rigor mortis*, para hacerlo, tras nueve plácidos meses en el confortable vientre materno, con un merecido *gaudĭum mortis* de risueña y picarona complicidad con el fecundo orgasmo, al menos, de nuestro padre.

—*Touché*.

—Y ahora explícame qué nos trae aquí. En el capítulo pasado asistíamos a un insólito curso de verano en vísperas del descubrimiento de América.

—Participar en otro.

—¿Sobre qué?

—Esta crónica te lo aclarará.

Carpa-aula frente al mar de los Cursos de Verano de Doñana.

El antipartidista,[18]

"Como el nombre de un hipotético periódico o libelo, tan siglo XIX y tan moderno, al mismo tiempo. El antipartidismo en una doble acepción: moderada, en primer término; porque el profesor Soriano, catedrático de filosofía del derecho de la Universidad Pablo de Olavide de

---

[18] De la Rasilla, I.; *El antipartidista*. Crónicas de los Cursos de verano de Doñana, julio, 2002. http://www.ignaciodelarasilla.es

*Sevilla, no postula una democracia completamente direc-
ta, sino parcial. Radical —en el segundo caso— dado que
no dudaría —saca uno la impresión al escucharle— en
suscribir, en un arrebato de pesimismo antropológico, la
frase de Shakespeare en Julio César: "Grita ¡Devastación! y
suelta a los perros de la... política" ("guerra" en el original). Y es que frente al callejón sin salida del actual modelo de democracia representativa, que propicia una democracia exclusiva y excluyente, secuestrada y sistemáticamente hecha el objeto de abusos deshonestos por parte
de esas máquinas de marketing ideológico que son los
partidos políticos; frente a la figura del resabiado merca-
chifle del pasteleo, encorbatado animal burlesco que re-
corre los pasillos del Parlamento haciendo de la política el
desconsuelo de los justos; frente a la gélida conjura del
nuevo y viejo patriciado, controlador absoluto del pensa-
miento público, persuadido de su inoponible superioridad
ante la apatía estulta y materialista de la mayoría de los
ciudadanos y frente, incluso, al despreciativo sofisma del
intelectual con piel de cordero... el decano Soriano pro-
pugna una democracia protagonizada por los ciudadanos
en la que la política no siga siendo, como decía Heidegger
del Hombre, "un ser de lejanías".*

Muy al contrario, Soriano parece estar, a pesar de todo, aplicando el concepto, también Heideggeriano, del "Dasein" (el ser del aquí y el ahora) cuando preconiza la siempre —el tiempo muere y nace a cada instante— posible reducción de la democracia representativa a sus justos límites; el siempre posible aumento de las condiciones de accesibilidad ciudadana y de las esferas de actuación de los procedimientos de democracia semidirecta de las constituciones democráticas y la siempre posible introducción progresiva de la democracia directa aprovechando los avances de las tecnologías de la infocomunicación.

En definitiva, para que la democracia no continúe siendo "... un cuento narrado por un idiota lleno de sonido y furia que no significa nada" ("Life is a tale told by an idiot full of sound and fury meaning nothing") como exclamaba, refiriéndose a la vida, el desesperadamente lúcido Hamlet en el último acto, más vale ir prestando oídos a lo que dicen y escriben los autores. Para empezar vayan leyendo el libro y reflexionen. Sí, reflexionen y... háganlo despacio. La libertad, la dignidad y la vergüenza les van en ello".

¿DE QUÉ DEMOCRACIA HABLAMOS?

Seguimos en esta preciosa playa del sur de España. Atiende, Eurídice: lo que nos cuenta Teresa te ayudará a entender de qué democracia hablamos.

Matalascañas, julio de 2002.
Cursos de Verano de Doñana.

—*Democracia vergonzante y ciudadanos de perfil* es un libro amargo y ácido 🖅 salido de un profundo descontento con la realidad política circundante y de una serie de reflexiones, espaciadas en el tiempo, en la que mucho ha tenido que ver la experiencia institucional de los autores. [19] También —continuó Soriano— es un libro abierto a la esperanza, un libro del ciudadano y para el ciudadano, un revulsivo de la vida política de nuestro entorno y una apelación al protagonismo ciudadano, a una democracia ciudadana.

Prof. Ramón Soriano.

---

[19] Soriano, R.; Rasilla, L.; *Democracia vergonzante y ciudadanos de perfil.* Editorial Comares, 2002, Granada. Hay una versión revisada y actualizada de esta obra. Soriano, R.; *Democracia vergonzante: Males y remedios para una democracia obsoleta.* Ed. Última Línea, 2014.

—Dado que democracia es el poder de los ciudadanos ¿no es una expresión redundante?

—Su objeción, Tere, es válida, sólo teóricamente, porque no tiene en cuenta los dos planos, formal y material, de la realidad del poder y de su ejercicio por la ciudadanía.

—¿Se refiere a una democracia distinta?

—Sí, porque a pesar de que su nombre implica el poder de los ciudadanos, sin embargo éstos están ausentes de ese modelo político. La nuestra no es realmente una democracia de los ciudadanos, sino a lo sumo, de quienes les representan o dicen representarles. La democracia ciudadana es algo más que la democracia al uso pues va más allá de la democracia de las constituciones de las sociedades avanzadas que consagran el estado de derecho: la democracia representativa, actualmente consolidada en los países democráticos, que para muchos resume el ideal de la democracia.

—¿Y qué es entonces?

—La suma de las democracias representativa, directa y participativa. Tres tipos de democracia que no están en el mismo plano. La democracia representativa es una democracia exclusiva y excluyente, configurada por los partidos, los únicos que llenan la escena política en la actualidad. Los instrumentos de democracia directa son mera demagogia, porque son escasos e impracticables. Una democracia ciudadana comporta poner en su sitio a ambos modelos de democracia: quitar a la representativa la exclusiva de la acción política y otorgar a la directa la eficacia de la que carecen en los textos constitucionales.

—¿Y cuál es su propuesta? —preguntó, impaciente, un chico desgarbado que, absorto ante el faenar de los pesqueros, parecía ausente.

3 TIPOS DE DEMOCRACIA

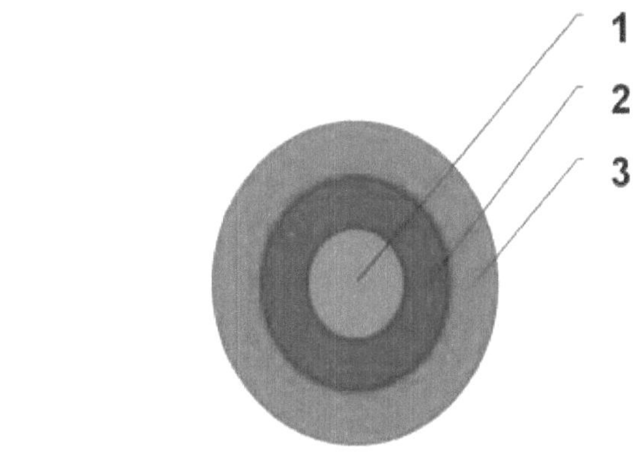

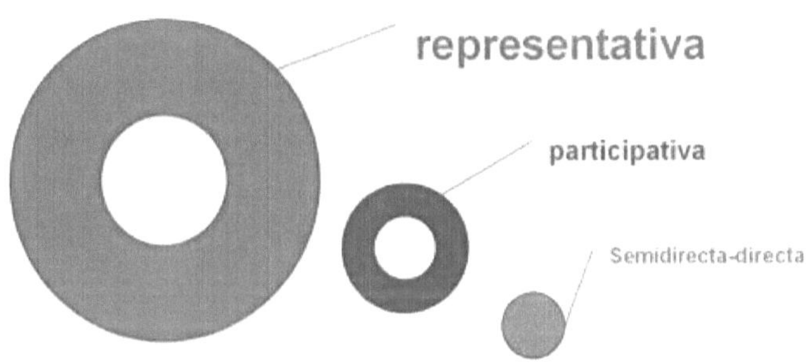

—De entrada, la reducción de la democracia representativa a sus justos límites.

—¿Qué límites? —insistió Tere.

—Varios. Para empezar, que no toda la acción política se desarrolle a través de los representantes de los ciudadanos. La democracia representativa debe, por una parte, permitir las modificaciones y reformas que hemos propuesto tras un análisis crítico de las instituciones democráticas 🗁 y, a continuación, admitir nuevos escenarios de la acción política para modelos emergentes: la democracia directa y la democracia participativa. También debe propiciar el aumento de las condiciones de la accesibilidad ciudadana y de las esferas de actua-

143

ción de los procedimientos de democracia semidirecta caracterizados por su desuso e ineficacia.

—¿Y le parece realista proponer el fin de la democracia representativa?

—En absoluto, Pablo. ¿Se llama Pablo, verdad? —El chico asiente sin dejar de mirar a los pesqueros, ni de acariciar el lomo de *Boliche,* tumbado entre él y María y siempre alerta—. El camino de la democracia representativa no debe llevar a su desaparición inmediata, sino a su reducción progresiva en la medida en que los ciudadanos asuman su protagonismo al margen de los partidos y la tecnología permita la deliberación y toma directa de decisiones políticas sin intermediarios.

—Vaya, que la democracia debe ser directa.

—Siempre que sea posible, Pablo. Una democracia ciudadana y sin líderes; excepcionalmente, democracia representativa.

—¿Y eso es viable? —quiso saber Naylea.

—El avance tecnológico permite que hoy y, sobre todo mañana, la democracia directa sea posible en unas condiciones óptimas impensables hace veinte años. —La alusión a la tecnología pareció inquietar a la audiencia que se enzarzó en una cascada de comentarios.

—Ya sabe, profesor, que hay quienes no hacen concesiones en este campo y mantienen que, de momento, no hay alternativa a la democracia representativa, al parlamentarismo. Piensan que cualquier otro planteamiento tiene un componente utópico, que acaba siendo reaccionario, en la medida en que presupone un retroceso efectivo en la forma civilizada de organización del poder. —Irene recordó el comentario de su profesor de derecho político y ex-rector de la Hispalense.

—Es exagerado e incierto; admitiría que otros planteamientos, como una moderada democracia directa acompañando a la representativa, fuera utópica, pero no precisamente reaccionaria...

—La ciudadanía pasa —comentó Irene.

—¡Eso cambiará con los avances tecnológicos!

—Opino como María —indicó Dani.

—El aprovechamiento de la tecnología y de la informática —continuó Soriano— contribuirán a la progresiva introducción de la democracia directa, de modo que los ciudadanos decidan sin necesidad de intermediarios sobre los asuntos políticos importantes. Y ello, sin menoscabo de una democracia representativa para los asuntos ordinarios, la formulación de propuestas y la discusión y deliberación sobre toda clase de asuntos. Aún no nos damos cuenta de hasta qué punto puede influir en la viabilidad de una democracia directa el futuro desarrollo tecnológico, pero sí podemos advertir que hace poco tiempo no sospechábamos el actual alcance de las redes informáticas.

—Dejadme que traduzca una breve cita de Benjamin Barber que viene al caso —indicó Ignacio, abriendo *A Passion for Democracy*.

"El problema no reside en la tecnología, sino en la resistencia de quienes ocupan poder y autoridad. ¿Por qué no debería la política, reforzada por la tecnología, producir la misma incivilidad y cinismo que caracteriza la política de las más viejas tecnologías, la radio y la televisión, por ejemplo? ¿Por qué deberíamos esperar que las tecnologías tengan una apariencia muy diferente de la sociedad y de la economía del mundo que la produce y la pone en funcionamiento? Cualesquiera sean las implicaciones abstractas de la tecnología, ésta continuará reflejando las premisas y los objetivos de la sociedad. Eso es precisamente lo que la soberanía significa: la política gobierna la técnica, y la sociedad y la cultura siempre triunfan sobre la tecnolo-

gía. Los fines condicionan los medios y la tecnología no es más que una palabra atractiva para referirse a ellos. Es más probable que las nuevas telecomunicaciones tengan más posibilidades de limitarse a reflejar y a engordar nuestras actuales instituciones socioeconómicas y actitudes políticas que de alterarlas y mejorarlas. ¿Hay alguna razón para pensar que una sociedad dominada por la defensa a ultranza del beneficio y los intereses privados evitará qué las nuevas tecnologías persigan el beneficio o se constituyan conforme a un espíritu público más desarrollado que el de la sociedad en su conjunto?".

—Dedicaré el tiempo que resta a reflexionar sobre las tres críticas habituales a la democracia directa: los ciudadanos no tienen la formación conveniente para participar en los asuntos públicos, carecen del estímulo o del interés pertinente y no disponen del tiempo necesario. ¿Qué se les ocurre? —Varios quisieron hablar—. Vayamos por orden; falta de formación.

—Eso tiene arreglo, pues la formación y la educación se extienden cada vez más a las capas sociales.

—Ese argumento, Aicha, se volvería contra los propios representantes que deciden sobre asuntos que ignoran o apenas conocen—Siempre se ha utilizado por las clases dominantes contra el sufragio femenino, los jurados populares, etc. Además, todo proceso de decisión —continuó Pablo— debería conllevar un debate con intervención de expertos para que los ciudadanos formen su opinión antes de decidir.

—Es contradictorio —precisó Soriano— impedir que el ciudadano decida en asuntos públicos, cuando se le permite elegir a sus representantes conforme a los programas políticos. Pareja dificultad reside en elegir al mejor representante y comprender los programas políticos que en tomar una decisión política.

—Por cierto, Ramón ¿qué opinas —Ignacio, que había sido su alumno, era el único que le tuteaba— de las afirmaciones de Sartori, el paladín actual de esta crítica, cuando argumenta que los ciudadanos carecen de *"formación y competencia cognitiva para votar los asuntos públicos, porque se necesita —dice— información política y además competencia para decidir políticamente"*?

—Además de lo dicho, hay otra réplica a la opinión de ese autor más general, situada en el plano epistemológico: una réplica a una democracia de expertos por la imposibilidad material de una verdad política. Si es imposible alcanzar la verdad política, ¿qué sentido tienen los expertos?

—Están más próximos a ella que el público desinformado. —Apuntó la chica con el pelo teñido de rojo sentada en la zona soleada de la carpa.

—Pero esa objeción no salva mi segundo argumento: la política es cuestión de interés y no de ciencia, y nadie mejor que uno mismo puede decidir acerca de su interés. Los expertos, hipotéticamente conocedores de la verdad política, siempre podrán valerse de ella a favor de sus intereses y en contra de los míos, y si es necesario me engañarán diciendo que para eso son expertos, que la verdad política está en otro lugar. ¿Quién decide, pues? —De nuevo una cascada de comentarios prácticamente inaudibles—. ¿Y en relación con la falta de estímulos y de tiempo? ¿Qué opinan? ¿No creen que es un hecho constatado que la experiencia participativa contiene un efecto reduplicador?

—¿Qué quiere decir? —Aicha.

—Qué quien participa desea seguir haciéndolo, porque se siente ciudadano. Miren, la defensora de la democracia directa, Carole Pateman, en un libro ya antiguo y muy citado, *Participation and democratic theory*, pronunciaba una frase decisiva *"aprendemos a participar participando"*. Por otro lado, la tecnología concede cada vez más tiempo a las personas, que es completada con una jornada de trabajo que disminuye poco a poco; el ciudadano pasa cada vez más tiempo con los medios de comunicación, ante la televisión o el ordenador. ¿Por qué no va a participar en una teledemocracia? Las redes permiten que todos puedan intervenir y con facilidad, en la distancia y en distintos momentos, sin estar sometidos a condiciones de tiempo y espacio; uno puede recibir información o propuestas y dar su opinión cuando lo crea conveniente; la discusión política puede ser sustraída a esas exigencias tradicionales...

¿PARTICIPACIÓN... QUÉ?

A bordo del *"Isla de Corisco".*
Club Náutico Nuevo Portil, 06.12.20.
Día de la Constitución Española.

Querida Eurídice.

Debo comenzar agradeciendo tu paciencia y pidiendo disculpas por el rollo que te largué ayer. Olvidé decirte que, confinado a bordo, llevaba ya algún tiempo sin hablar con nadie. Llegaste y quisiste que te explicase mi modelo de participación fraccionada. Mi locuacidad se descontroló: te prometo que la próxima vez compareceré "hablado". Y como ya no tiene remedio, he decidido reconvertir mi extenso y aburrido monólogo en una suerte de diálogo entre ambos para facilitar tu tarea, si algún día decides informar a tus colegas. Gracias por alabar tanto al *"Isla de Corisco".* La próxima vez que subas a bordo, hazlo con Orfeo: será un honor conocerle y navegar con vosotros. Ahora toca ser prudentes, ya ves lo que cuenta hoy *Le Monde*: casi 66 millones de infectados en el mundo es un verdadero drama.

Covid-19: les pays se préparent à des fêtes de fin d'année à l'ombre de la pandémie

Plus de 65,8 millions de cas ont été officiellement diagnostiqués dans le monde depuis l'apparition de la maladie, fin décembre.

—Fraccionada, aunque también participación sucesiva, desagregativo-agregativa o por impulsos complementarios.

—Definición.

—Técnica asociativo-decisional de nueva generación para la autoformación y la acción políticas.

—Objeto.

—Dar un vuelco insólito a toda democracia conocida, abriendo vías insospechadas para el ejercicio directo de una democracia ecociudadana.

—Un momento, un momento. ¿Qué es lo que me vas a contar?

—Primero: qué es y cómo funciona mi modelo de participación fraccionada o MPF. Segundo: cómo es la herramienta o útil político de nueva generación que posibilita el funcionamiento del MPF y las funciones inéditas que desempeña. Tercero: la estrategia general que he diseñado para la experimentación y el desarrollo cooperativo, tanto del modelo, como de la herramienta.

—Seguro que le has puesto nombre.

—Instancia de participación fraccionada (IPF).

—¿Me lo contarías en dos palabras?
—No, pero puedo avanzarte una síntesis.
—Soy todo oídos.

El modelo de participación fraccionada o MPF es una técnica asociativo-decisional de nueva generación para la autoformación y la acción políticas en el horizonte de una democracia eco-ciudana directa. Resulta de la concatenación interactiva de un conjunto de principios —operacionales, motivadores, modulares e instrumentales— que actúan en el seno de un proceso sui géneris —el proceso D+A o proceso desagregativo-agregativo— que opera en tres tiempos: fraccionamiento, conversión y agrupación. Técnica asociativo-decisional que, por la interacción de las modalidades de asociacionismo y de participación extremadamente flexibles que propicia y la incorporación explícita de componentes cívicos o republicanos en los hábitos placenteros de los seres humanos, asociados a su creciente movilidad real o virtual, inspira un instrumento político de nueva generación. Se trata de la instancia de participación fraccionada o IPF: prototipo genérico de instrumento político de nueva generación, autónomo, plural, autoinstructivo, virtual e interactivo, para el asociacionismo blando y la participación a la carta, capaz de desencadenar un quíntuple y permanente efecto de autofinanciación, autoregulación, autoexpansión, autorenovación y autogeneración, susceptible de uso individual y colectivo, por un número potencialmente ilimitado de usuarios.

—Me temo que necesitaré algo más detallado. Continúa: su fundamento.

—La concatenación interactiva de un conjunto de principios que denomino principios PF.

—¿Principios PF?

—De momento: operacionales, motivadores, modulares e instrumentales.

—¿Un proceso sui géneris?

—De desagregación-agregación o proceso D+A.

—¿Me lo vas a explicar?

—Con una anécdota —*El sabio y la cancela del jardín*— y dos supuestos —*La cadena de envasado y el grupo ecologista* y *El cajero automático y la ONG*— que permiten una primera aproximación al mismo. Proceso que constituye la base del MPF.

—Adelante.

—*El sabio y la cancela del jardín.*

—Cuéntamela.

—Hace muchos años vivía un famoso físico amigo de recibir visitas en su casa de campo. No era necesario anunciarse, ya que siempre se era bienvenido por el mero hecho de abrir con decisión la pesada cancela que franqueaba el acceso al frondoso jardín. Eso sí, asegurándose de dejarla bien cerrada.

—Normal.

—Salvo que resultaba imposible hacerlo si no se realizaba previamente el considerable esfuerzo de abrirla de par en par. Aunque este inconveniente no dejara de sorprender al visitante, a nadie se le ocurría comentar tan nimio asunto con el célebre anfitrión.

—Yo se lo habría dicho.

—Eso hizo un día una alumna que, más voluntariosa que avispada, se ofreció a echar un vistazo a la cancela y tratar de repararla.

—¿Y cómo reaccionó el sabio?

—Su respuesta no se hizo esperar: *es usted muy amable, pero como estudiante de física debería haber considerado la posibilidad de que el exceso de recorrido de la cancela tenga alguna explicación lógica. Y, en efecto, la tiene, ya que su movimiento proporciona la fuerza motriz que acciona el sistema mecánico que dispuse hace años para extraer del pozo el agua que uso para regar el jardín.*

—Sagaz y práctico.

—Que de ese modo brindaba a quienes le visitaban la oportunidad de colaborar en el riego de su jardín. Mediante un rudimentario mecanismo o "herramienta", posibilitaba que los sucesivos esfuerzos de los visitantes para abrir y cerrar la pesada cancela se transformasen en "impulsos" útiles que, al agregarse, generaban la "acción" de...

—Regar el jardín.

—Esta anécdota, Eurídice, pone de relieve las notas o rasgos básicos del proceso D+A: es un proceso de dos tiempos —desagregación y agregación—; emplea un útil o mecanismo de inducción y soporte —la noria articulada con la cancela del jardín—; responde a una deliberada intencionalidad —extraer agua del pozo—; y tiene naturaleza colaborativa. ¿De acuerdo?

—Sí.

—Sigamos con la cadena de envasado y el grupo ecologista. El proceso de desagregación-agregación también opera en la cadena de envasado de una fábrica de refrescos y en la práctica cotidiana de una combativa asociación ecologista que llamaré *Ojo con el Guadiana.*

—¿Cómo lo hace?

—Una cadena de envasado es, como sabes, una máquina, herramienta o instrumento integrado por un conjunto de mecanismos que, a lo largo del recorrido de una cinta transportadora, posibilita que se lleven a cabo automáticamente diversas tareas sucesivas previamente programadas: limpieza, enjuague, suministro de componentes, taponado, etiquetado… *Ojo con el Guadiana*, por su parte, es una ONG que para afrontar cualquiera de los problemas ambientales del río Guadiana debe realizar un conjunto de tareas que se llevan a cabo mediante un mecanismo instrumental.

—¿Qué mecanismo?

—Un mecanismo de carácter asociativo-decisional y naturaleza jurídico-política.

—¿Quieres decir un colectivo o asociación de personas regulado por unos estatutos que determinan los fines, la estructura organizativa, el procedimiento de toma de decisiones, etc.?

—Así es. Ahora bien, las tareas o acciones concretas propias de la actuación pública de este tipo de colectivos tienen en común la realización de una serie de pasos: observación, detección del problema ambiental, búsqueda de información, realización de estudios, identificación de responsables, formación de la voluntad de sus miembros, adopción de decisiones mediante votación, denuncia ante los medios de comunicación, fiscalía, tribunales de justicia, etc. Tareas o acciones que, una vez acordadas…

—Son ejecutadas por todos o algunos de los miembros de la ONG.

—No obstante, si comparamos el proceso D+A, que acaece en la anécdota de la cancela del sabio, con los de la cadena de envasado y el grupo ecologista, vemos que en estos dos últimos son más complejos, ya que incorporan una quinta nota o rasgo nuevo: la heterogeneidad.

—¿Quieres decir que las actividades propias de la cadena de envasado y el quehacer de los ecologistas se componen de múltiples acciones de naturaleza diversa que quiebran la homogeneidad propia de la idéntica y repetitiva tarea de sacar agua del pozo?

—Exacto. Pasemos al segundo supuesto: el cajero automático y la ONG. ¿Qué sabes del primero?

—Que ha sido programado por una entidad crediticia para brindar al usuario un variado conjunto de operaciones bancarias: reintegros e ingresos de efectivo, recargas telefónicas, transferencias, ingresos, emisión de múltiples órdenes, etc., que pueden ser realizadas por quiénes dispongan de determinados documentos de identificación magnética.

—¿Y del segundo?

—Nada.

GUADIANA EDUCA

—Te lo contaré. Se trata de una ONG española —la llamaremos *Guadiana educa*— que opera en el tramo hispano-luso del río Guadiana y que: a) se rige por unos estatutos sociales inscritos en el registro de asociaciones; b) desarrolla un programa de educación ambiental para universitarios, basado en la organización de aulas náuticas que incorporan unos ejercicios de I+C.

—¿I+C?

—Iniciativa y control, ejercicios de observatorio de iniciativa y control (I+C).

—¿Para?

—Que los participantes en sus aulas náuticas desarrolladas en el río Guadiana se habitúen a desempeñar la función ciudadana de iniciativa y control (I+C). Basta con esto, pero volveremos sobre ello.

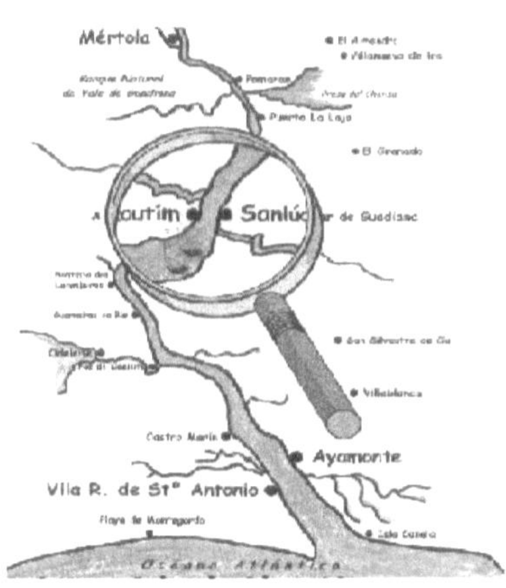

—Ok. Continúa.

—Conocemos el funcionamiento del cajero, pero ¿cómo organiza una ONG como *Guadiana educa* sus ejercicios de observatorio de I+C?

—Entiendo que realizando una labor previa de programación, similar a la que llevó a cabo el grupo ecologista *Ojo con el Guadiana*, lo que les permitiría disponer de una lista ordenada de tareas o potenciales acciones a emprender.

—¿Y quiénes las ejecutarían?

—Me imagino que sus socios y/o colaboradores y voluntarios habituales.

—Pues no.

—¿Entonces?

—En vez de asignar la ejecución de estas tareas o acciones a sus propios socios y/o colaboradores y voluntarios habituales, como suelen hacer este tipo de asociaciones, *Guadiana educa* opta por fragmentar este quehacer participativo.

El *"Isla de Corisco"* río arriba.
Aula náutica en el Guadiana. Proyecto INTER/SUR.

—Explícate.

—Descomponerlo o desagregarlo en sub-tareas o sub-acciones.

—¿Para?

—Que sus monitores propongan a los participantes en sus aulas náuticas la realización de las mismas a modo de *o-por-tu-ni-da-des-de-par-ti-ci-pa-ción*. Y ahora, si te apetece, analicemos el proceder de la ONG *Guadiana Educa*.

—Vale.

—Imagina que activan un observatorio de I+C.

—Me has hablado de ejercicios de observatorio de I+C, pero no aún no sé qué entiendes por observatorios de I+C. En realidad sólo me has dicho que I+C significa iniciativa y control.

—Te explico: observatorio de I+C es un soporte o plataforma virtual *ad hoc* para el ejercicio, individual o colectivo, de las funciones de iniciativa y control mediante la técnica asociativo-decisional de la participación fraccionada. Y ejercicio de observatorio de I+C es un tipo de actividad programada para el desempeño de la función de iniciativa y control en el seno de un observatorio de I+C.

—Entiendo. Lo que quieres decir es que *Guadiana educa* ha puesto en marcha un observatorio de I+C. ¿Se dice así?

—Sí, activado, creado, puesto en marcha.

—Y se dispone a organizar una serie de aulas náuticas sucesivas.

—En concreto, tres aulas que incluyen ejercicios de observatorio de I+C centrados en el proyecto de construcción de un puente, transfronterizo entre España y Portugal. Una controvertida decisión política, ya que sus ventajas socioeconómicas son inseparables del impacto ambiental de la obra en un espacio natural protegido. Analicémoslas una a una.

—Adelante.

—En la primera, el monitor presentará el primer ejercicio de observatorio de I+C. Para ello expondrá en qué consiste la obra y los problemas asociados a la misma y propondrá diversas actividades a realizar por los participantes durante el recorrido en barco: tomar fotografías, debatir sobre los posibles pros y contras de la construcción del puente y accesos, sugerir alternativas, etc. Esto es, el monitor brindará a los participantes un conjunto de *"oportunidades de participación"* en relación con un asunto de interés público. En la segunda, no olvides que son aulas náuticas sucesivas...

—Ya, ya.

—En la segunda, digo, informará a los nuevos participantes.

—¿Tienen que ser nuevos?

—No necesariamente, pero sería lo normal, dado que *Guadiana educa* comercializa sus aulas náuticas como actividades turísticas o, mejor dicho, civeturísticas.

—¿Civeturística? Primera vez que lo oigo.

—Es una variante del civeocio en el ámbito específico de la actividad turística.

—¿Civeocio?

—De *cive*, del latín *civicus,* de *civis* relativo al ciudadano y ocio del latín *otium,* modalidad genérica de ocupación del tiempo libre orientada a implementar, en mayor o menor grado, la instrucción, y el ejercicio del civismo.

—Bien, digamos que llegan nuevos turistas o civeturistas y se encuentran inmersos en un ejercicio de observatorio ya iniciado.

—Correcto. Entonces el monitor les informa sintéticamente de lo realizado en el anterior y les propone llevar a cabo nuevas acciones.

—¿Por ejemplo?

—Completar el reportaje fotográfico iniciado en el aula náutica anterior, colaborar en el mantenimiento de una página electrónica para potenciar el debate sobre el referido proyecto de puente, etc.

—Me imagino que a los participantes se les pueden ocurrir otras acciones.

—Claro. En una de las aulas que organicé sobre el asunto del puente.

—¿Pero se trata de un asunto real?

—Sí, ya te hablaré de él. Te decía que en aquella ocasión alguien propuso traducir al español algunos textos enviados por las autoridades portuguesas y recabar más información sobre los insistentes rumores que apuntan al nexo entre el puente, sus accesos por la parte española y una operación urbanística especulativa apadrinada por las autoridades municipales en terrenos ribereños protegidos.

—Probablemente eso avivaría el debate entre los participantes.

—Sí. Además, en aquella ocasión, se puso de relieve cierto desacuerdo.

—Lógico.

El autor con un grupo de estudiantes de la Universidad Autónoma de Madrid durante un ejercicio de observatorio de I+C en el Bajo Guadiana, a bordo del *"Isla de Corisco*.

—Sin embargo, todos coincidieron en la necesidad de solicitar a las Administraciones española y portuguesa más información al amparo de la legislación vigente. Continuemos con el supuesto. En la tercera, el monitor aludiría a la divergencia producida y repartiría copias de los artículos publicados en defensa de las diversas posiciones. Puede que tuviese que anunciar la falta de respuesta de las Administraciones y que algún participante propusiera presentar una queja por ese motivo al Defensor del Pueblo Español y/o al *Provedor de Justiçia* de Portugal. Quizás los participantes en esta tercera edición del ejercicio de observatorio de I+C, aunque discrepen sobre el fondo del asunto, estén de acuerdo en que no debe pasarse por alto el —eventual, pero no infrecuente— incumplimiento gubernamental de la normativa de acceso a la información ambiental y decidan firmar conjuntamente textos de quejas o denuncias. Y así una y otra vez a medida que continúen los ejercicios de observatorio de I+C en las subsiguientes aulas náuticas organizadas por *Guadiana Educa.*

—Voy comprendiendo.

—Podemos concluir que este quehacer colectivo de observación, información, reflexión, debate y acción es el resultado del aprovechamiento por los sucesivos participantes en las aulas náuticas de las numerosas "oportunidades de participación" que los monitores les han brindado.

—En realidad es como si *Guadiana Educa* hubiese puesto en marcha la cinta transportadora, asegurando que no falten "oportunidades de participación", ni que la periódica intervención de los grupos de participantes deje de aportar nuevos "impulsos", individuales y colectivos, susceptibles de agregarse para generar "acciones".

—En efecto, chica lista. Lo esencial es que, al abrirse y cerrarse la cancela, los cangilones recojan y viertan el agua; que los envases vacíos se transformen en botellas de chispeante refresco…, esto es, que en los ejercicios de observatorio de I+C de las aulas náuticas opere ese proceso D+A.

—¿Y no cabría reprocharle a tu modelo que tiene un carácter netamente individualista?

—En absoluto. Un potencial actor de la participación fraccionada que se encuentre ante una oportunidad PF podrá actuar a sabiendas de que su aprovechamiento —impulso PF—, aunque constituya per se un acto político individual, nutrirá un proceso agregativo o cooperativo de largo alcance. De ahí que, pese a ser cierto que la participación fraccionada posibilita, potenciándolo adrede, el ejercicio individual de la acción política, no quepa concluir que fomente el individualismo.

—Entiendo.

—Es más, aunque las acciones PF constituyan por naturaleza actos políticos singulares, en su origen puede haber impulsos PF colectivos.

—¿Por ejemplo?

—Sería el supuesto de aquellos impulsos PF aportados por colectivos ciudadanos que recurran al MPF. En cualquier caso, sean individuales o colectivos, singulares o plurales, respondan a intereses particulares o generales, espontáneos o deliberados, los impulsos PF y las acciones PF nunca serán esfuerzos aislados dado el carácter sucesivo, interrelacionado, cooperativo y, en suma, democrático y plural del proceso D+A. Por si te quedan dudas, añado el relato de Tere en *Noticia de un amanecer fugaz*. **lee+ (4 pp.) pág. 293**

—Le echaré un vistazo, pero cuéntame. ¿No decías que el supuesto de *Guadiana educa* se inspira en hechos reales?

—En efecto. Como te he dicho, este supuesto evoca el, llamaremos, incidente del Puente de Pomarao.

A la derecha el puente transfronterizo de Pomarao,
construido justo en la confluencia del río Chanza
con el Guadiana, inaugurado el 26.02.09.
A la izquierda el paso entre España y Portugal, existente desde
los años setenta, sobre el muro de contención de la Presa del Chanza.

www.proyectointersur.org

Monolito de información y denuncia que puede verse en Google Maps.

En la ocasión se desechó, sin fundamento técnico alguno, utilizar el paso ya existente por el muro de contención de la Presa del Chanza para, como se puede apreciar en la foto, construir un absurdo puente, con su correspondiente vía de acceso a través de un espacio protegido, a 100 metros. ✄ Tropelía ambiental que, y esto no debe olvidarse, se hizo con el apoyo expreso de los Gobiernos socialistas central y autonómico, así como de Izquierda Unida, en la ocasión representada por el Sr. Camacho, alcalde de Bollullos del Condado y miembro de la Diputación Provincial de Huelva. Y ello a pesar de la opinión contraria de las principales organizaciones ecologistas españolas (*Greenpeace,* ✄ *WWW/Adena,* ✄ *SEO/Bird Life,* ✄ *Ecologistas en Acción* ✄ y *Amigos de la Tierra* ✄) expresada en una carta conjunta dirigida a la ministra Cristina Narbona.[20] ✄ 🗁

---

[20] Carta dirigida a la ministra Cristina Narbona, de fecha 20.09.2007, firmada por *WWF/Adena* (Juan Carlos del Olmo, Secretario G.), *SEO/ Bird-Life* (Alejandro Sánchez, Director), *Greenpeace* (Juan López de Uralde, Director), *Ecologistas en Acción* (Theo Oberhuber, Coordinador G.) y *Amigos de la Tierra* (Lilianne Spendeler, Secretaria General).
lee+ (2 p.) pág. 299

UN PROCESO DE TRES TIEMPOS

A bordo del *"Isla de Corisco"*
Club Náutico Nuevo Portil, 08.12.20.
Día de la Inmaculada Concepción.

Querida Eurídice.

Me dices que te extrañó que encabezase mi último mensaje recordando que en esa fecha se celebraba el Día de la Constitución. Y basas tu asombro en mi autoría, junto con el Prof. Ramón Soriano, de *Democracia vergonzante y ciudadanos de perfil*, que propone su reforma. Déjame explicártelo.

Cierto que se trata de una severa crítica, pero si lees la obra o, al menos, le echas una ojeada al índice, *lee+ (4 pp.) pág. 301* observarás que nuestro objetivo era denunciar que el tipo de democracia representativa que establece, en detrimento de la participativa y la directa, dejase de ser el único modelo de democracia en nuestro país. Esto, que comparto plenamente, decía Soriano en una síntesis del libro que tituló *Puntos para la regeneración de la democracia representativa española*.[21]

"Es necesario que la democracia representativa deje de ser el único modelo de democracia existente, lo que comporta que los partidos políticos no llenen toda la escena política de nuestro país; un proceso de cambio político que

---

[21] Soriano, R.; *Puntos para la regeneración de la democracia representativa española*. Síntesis de la primera parte *"Crítica de las Instituciones Democráticas"* (capítulos 1 a 12 de Democracia Vergonzante...). Sevilla, octubre, 2003.

culmine en el complemento de este modelo representativo con los otros modelos de una democracia directa y una democracia participativa, es decir, con instrumentos de expresión política directa de la voluntad popular (democracia directa) y con la constitución y funcionamiento de colectivos sociales participativos y vertebradores de la vida política del país, al margen (pero junto a) los partidos políticos".

Algo, y esto quiero recalcarlo, en lo que no están interesados ninguno de los representantes de los partidos políticos, pertenezcan o no a *"la casta"*. Y es que todos ellos tienen en común el no querer compartir la democracia con los ciudadanos. O como dice —continúo con la cita— Soriano:

> *"Este punto final de la confluencia de una pluralidad de modelos democráticos, armónicos, en paralelo, con competencias definidas de cada uno, donde la representación, la voluntad popular y la participación ciudadana aúnen sus esfuerzos hacia una definitiva democracia verdaderamente ciudadana, necesita pasar previamente por un proceso de regeneración de la democracia representativa; difícil y complejo proceso, porque los actores de la misma, nuestros políticos, con seguridad se opondrán a una serie de cambios que les resten protagonismo y les quiten el monopolio de la política que actualmente disfrutan".*

Además, la crítica a la Constitución no implica su incumplimiento, como tampoco lo hace el hecho de que, como te han contado, en un acto académico en la

Universidad de Huelva prometiese la Constitución empleando la fórmula *"por imperativo legal"*. Sé que muchos de los presentes, como ahora tú, no entendieron un gesto con el que sólo pretendía ser coherente con mis críticas a la misma. Era un modo de decir que la cumpliría, pero que yo continuaría trabajando por reformarla en los términos indicados en nuestro libro. Siempre la he cumplido y lo seguiré haciendo mientras esté en vigor. Por imperativo legal, ciertamente, y porque voté a favor de su aprobación el seis de diciembre de 1978. No tengas ninguna duda, como tampoco de que no es una contradicción qué, dados estos antecedentes, ondee una gran bandera de España en el mástil del *Isla de Corisco*: es la bandera de mi país y no deseo que sea monopolizada por nadie. Y ahora, si te parece, continuaré reconvirtiendo en diálogo mi extenso y aburrido monólogo del domingo.

**El *"Isla de Corisco"* en el Club Náutico Nuevo Portil.
El Portil (Cartaya, Huelva), diciembre de 2020.**

—Vamos a ello.

—En el conjunto de dispositivos coordinados por el programa informático del cajero automático y en la propia ONG *Guadiana Educa*, con sus ejercicios de observatorio de I+C, aparece un nuevo rasgo que se suma a la citada nota de heterogeneidad.

—¿Su carácter abierto a un número indeterminado de usuarios?

—Potencialmente ilimitado.

—Ya.

—En efecto, se trata de un rasgo que incrementa sensiblemente la complejidad del proceso D+A. Un proceso que, en realidad, opera en tres tiempos: fraccionamiento, conversión y agrupación. Fraccionamiento: el quehacer participativo se desagrega fraccionándose en oportunidades de participación fraccionada. Conversión: las oportunidades PF se convierten en impulsos de participación fraccionada. Agrupación: los impulsos PF proceden a agruparse, complementándose, en acciones PF.

PROCESO D+A

FRACCIONAMIENTO
El quehacer participativo se
desagrega fraccionándose en
OPORTUNIDADES PF

CONVERSIÓN
Las oportunidades PF se convierten en
IMPULSOS PF

AGRUPACIÓN
Los impulsos PF se agrupan,
complementándose, en
ACCIONES PF

—Véanoslo con algo más de detalle. El fraccionamiento del quehacer participativo, como acabamos de ver en los ejercicios de observatorio de I+C de *Guadiana Educa,* constituye la actividad inicial o primer tiempo del proceso D+A consistente en descomponer adrede en "oportunidades de participación" el potencial desarrollo de un determinado quehacer de interés público para compartir su ejecución entre un número abierto de actores llamados a cooperar sucesivamente.

—Ejemplos de oportunidades PF.

—Las que los monitores han brindado sucesivamente a los participantes en las aulas náuticas.

—Vale. Segundo tiempo.

—Éstos aprovechan las sucesivas oportunidades PF y las convierten en impulsos PF.

—Ejemplos de impulsos PF.

—Redactar y fundamentar una queja, aportar a la misma una información o un argumento relevante, localizar la dirección postal de la institución destinataria, imprimir, firmar, franquear y certificar el escrito, etc.

—Tercer tiempo.

—Los sucesivos impulsos PF se agrupan, complementándose, para generar acciones PF.

—Ejemplo.

—La presentación de una queja razonada ante el Defensor del Pueblo. Como ves, cuando alguien se encuentra ante oportunidades PF puede actuar a sabiendas de que su impulso PF constituye una decisión cooperativa —ya sea expresa o tácita— apta para agregarse a otros impulsos PF en el seno de un proceso colectivo permanente en pro de un interés público. En definitiva, lo que llamo participación fraccionada, participación sucesiva, desagregativo-agregativa o por impulsos complementarios.

—Un momento. En los ejercicios de I+C de *Guadiana Educa* hemos visto que pueden surgir posturas discrepantes e, incluso, antagónicas. En tales casos los impulsos PF resultantes también lo serían. ¿En esas situaciones hay proceder a votar para que los impulsos PF pasen por el tamiz democrático habitual? Es decir, ¿deberán ser sometidos a votación para que el colectivo respalde conjuntamente sólo aquellos que obtengan el apoyo mayoritario?

—No. Los participantes únicamente tendrán que limitarse a aportar cuantos impulsos PF estimen convenientes a sabiendas de que éstos se agruparán a otros impulsos PF complementarios —anteriores o posteriores, individuales o colectivos— para generar acciones PF.

—¿Acciones PF que, al ser generadas por impulsos PF diferentes, también lo serán?

—Correcto. En el seno del proceso D+A no se contempla la votación como modalidad de tamiz democrático ya que, por definición, no se rechaza o descarta ningún impulso PF por minoritario, discrepante o antagónico que sea.

—¿Entonces?

—Se limita a permitir que éstos se agrupen complementariamente en acciones PF.

—Este es un rasgo diferenciador clave.

—En efecto, todos los impulsos PF son válidos y aprovechables y, por tanto, potencialmente aptos para agruparse complementariamente y generar acciones PF que abren nuevas vías o direcciones en el proceso D+A del quehacer participativo. Son las oportunidades, impulsos y acciones PF direccionales. ¿Te atreverías a hacer un balance de lo que ya sabemos?

—Yo diría que el proceso D+A está basado en una voluntad cooperativa autónoma, tanto expresa como tácita; tiene componentes heterogéneos; está al alcance de un número indeterminado de destinatarios y opera en tres tiempos: fraccionamiento, conversión y agrupación.

—Y algo más: es un proceso interactivo, su carácter público asegura su apertura y transparencia, y requiere la presencia de un determinado soporte *ad hoc*, sea el cajero automático o, en el último supuesto, el ejercicio de observatorio de I+C.

—De acuerdo.

ALGO MÁS

—Hay algo más, Eurídice.

—Cuenta.

—En el proceso D+A no sólo interviene el principio de desagregación-agregación. Este es el inspirador, pero operan otros principios que actúan concatenados.

—¿Cuántos? ¿Cuáles?

—Cuatro: operacionales, motivadores, modulares e instrumentales.

PROCESO DE
DESAGREGACIÓN-AGREGACIÓN

PRINCIPIOS OPERACIONALES

PRINCIPIOS MOTIVADORES

PRINCIPIOS MODULADORES

PRINCIPIOS INSTRUMENTALES

—Desglósalos.

—Operacionales: de cooperación, complementariedad, publicidad y conectividad.

—¿Motivadores?

— De afectación directa y de ecociudadanía.

—¿Moduladores?

—De aquiescencia pactada, de cohabitación cooperativa, de rol variable, de liderazgo abierto, de confidencialidad opcional.

—¿Instrumentales?

—De ecociveocio y de ecociveturismo.

—Descríbelos. Someramente, *por fa.*

PROCESO DE
DESAGREGACIÓN-AGREGACIÓN

PRINCIPIO INSPIRADOR
**Principio de desagregación-
agregación**

PRINCIPIOS OPERACIONALES
Principio de cooperación
Principio de complementariedad
Principio de publicidad
Principio de conectividad

PRINCIPIOS MOTIVADORES
Principio de afectación directa
Principio de ecociudadanía

PRINCIPIOS MODULADORES
Principio de aquiescencia pactada
Principio de cohabitación cooperativa
Principio de rol variable
Principio de liderazgo abierto
Principio de confidencialidad opcional

PRINCIPIOS INSTRUMENTALES
Principio de ecociveocio
Principio de ecociveturismo

—Principios operacionales. El principio de cooperación aporta el inequívoco carácter cooperativo o colaborativo, expreso o tácito, del proceso D+A. El de complementariedad asegura que los impulsos PF, al agruparse para producir acciones PF, lo hagan complementándose y, de este modo, posibilitar el carácter unidireccional, discrepante e, incluso, antagónico de éstas. El de publicidad garantiza la transparencia permanente del proceso D+A. Y el de conectividad alude al imprescindible recurso a las tecnologías de la infocomunicación y a su libre acceso.

—Ya van cuatro.

—Principios motivadores: el de afectación directa, o de incumbencia opera cuando la motivación del quehacer participativo con respecto a una situación o asunto determinado deriva esencialmente de la previa consciencia de cierto grado de afectación directa o de incumbencia personal. Circunstancia esta que constituye un factor motivacional esencial del ejercicio del derecho de participación política. Por su parte, el principio de ecociudadanía, o de autoatribución de legitimidad participativa, es responsable de la incorporación de la dimensión planetaria de la ciudadanía y del conjunto de las funciones inherentes a su ejercicio. Su aportación es exponente de la voluntad de incorporar al utillaje político derivado del mismo las exigencias propias de la nueva democracia ecociudadana o mundial que está en el horizonte de esta iniciativa de ingeniería político-social.

—Un ejemplo.

—Supongamos que se aproximan las elecciones al Parlamento Europeo. ¿Condiciona la nacionalidad el ejercicio del derecho de sufragio activo y pasivo de los residentes en la Unión Europea? ¿Se encontrarían todos los residentes en la U.E. en situación de igualdad jurídica ante ese concreto ejercicio del derecho de participación política?[22] Decididamente no. Y es que, como ha

---

[22] Véase la iniciativa *Cede tu voto: Comparte ciudadanía, comparte democracia*, 2004. Propuesta de acción ecociudadana promovida por INTER/SUR, consistente en compartir el derecho de sufragio activo en unas elecciones, dando simbólicamente voz... y voto a los inmigrantes no comunitarios (trabajadores, refugiados y familiares) residentes en la UE, en relación con la adopción de decisiones políticas que les afectan directamente. ✍
http://www.proyectointersur.org/archivogeneral/observatorios/archivoobservatorios/cedetuvoto.htm

señalado Ferrajoli, *"la ciudadanía, como presupuesto de los derechos, constituye el último privilegio personal, el último factor de discriminación y la última reliquia premoderna de las diferenciaciones por status y, como tal, se opone a la aclamada universalidad de los derechos fundamentales"*.

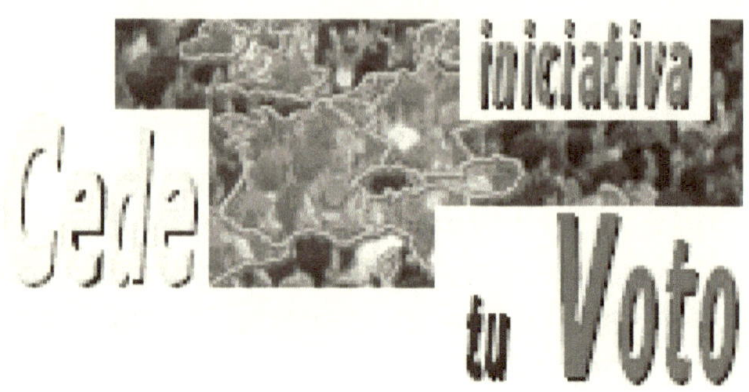

—¡Qué razón tiene!

—El hecho de que la ciudadanía conlleve que sólo se puedan ejercer ciertos derechos a través de la pertenencia a una concreta comunidad política, esto es, que sea una condición propia e inseparable del modelo Estado-nacional imperante y, por tanto, ajena al ámbito de la sociedad global en vías de construcción, me llevó a recurrir a principios de los noventa —por motivos eminentemente didácticos— al término ecociudadanía y a emplearlo, como ya has visto, con un significado distinto del que suele atribuírsele.

—Recuérdamelo.

—Del griego *oixo* que significa casa, morada, ámbito vital... y ciudadanía, condición del nacional de un Estado, sujeto pleno de derechos y deberes, facultado para intervenir en su gobierno. La ecociudadanía bien podría expresar la condición de todo ser humano, titular de una parte alícuota de la soberanía mundial, legitimado para intervenir, con independencia de su adscripción nacional o eventual situación de apatridia, en cualesquiera asuntos públicos en pro del desarrollo humano de todos los habitantes del planeta, mediante la satisfacción de sus necesidades, sin comprometer el de las futuras generaciones. De ahí que el ecociudadano sea un ciudadano que, consciente de su pertenencia a la sociedad sostenible y de responsabilidad global, decide auto-atribuirse, en el ejercicio de su plena autonomía de voluntad, legitimación para intervenir en el gobierno de la res pública planetaria y actúa en consecuencia.

—Pillado.

—Lo que, hoy por hoy, Eurídice, sólo puede ser una actitud cívica: la actitud ecociudadana, entendida como alternativa, responsable, solidaria y comprometida con la definición, formulación y defensa de los intereses comunes de los seres humanos. Sin lugar a dudas, un acto político legítimo de profundización democrática y de emancipación ciudadana, coherente con el hecho histórico de la globalización, asociado al derecho y al deber de participar directamente en los asuntos públicos que afectan a la comunidad internacional en su conjunto —*res pública* planetaria—.

—Cinco principios moduladores, explícalos.

—Principio de aquiescencia pactada. El término aquiescencia, como sabes, procede del latín *acquiescentia* y significa asenso, consentimiento. El aquiescente es quien con su inacción o silencio consiente, permite o autoriza. Jurídicamente hablando da su aquiescencia quien pudiendo o debiendo hablar o actuar no lo hace. Alude a la inacción o silencio deliberado, definido previamente, en ejercicio consciente de la autonomía de voluntad, como opción válida.

—¿Cómo opera?, ¿Cómo modula el MPF?

—Te lo explicaré un poco más adelante.

—El siguiente, pues.

—Principio de rol variable. Aporta a los intervinientes en un proceso D+A la posibilidad de escoger libremente y en todo momento el papel o rol que deseen desempeñar en su seno.

—De liderazgo abierto.

—Permite extender esa libertad de elección de papel o rol al ejercicio del liderazgo de las propias propuestas o iniciativas y al derecho a actuar como portavoz del colectivo en representación de las mismas.

—De confidencialidad opcional.

—Dota de seguridad al quehacer participativo al contemplar diversas fórmulas de anonimia dirigidas a minimizar o eliminar por completo el mayor o menor riesgo personal, de diversa índole, que puede aparejar el ejercicio del derecho de participación política. Y no sólo en contextos políticos autoritarios, también en el seno de las democracias representativas al uso.

—Seguro que ahora querrás que haga balance de los principales efectos de estos cuatro principios moduladores sobre el MPF.

—Cinco, Eurídice. Hagámoslo entre los dos.

—Mejor tú sólo, yo tendría que consultar mis notas y pensarlo durante un buen rato.

—Te haré una síntesis para facilitártelo. Digamos que: a) tornan más simple, flexible, dinámico, participativo, autónomo, plural y eficiente cualquier proceso asociativo-decisional; b) proporcionan seguridad al quehacer participativo; c) potencian el carácter virtual, no exclusivo, del ejercicio asociativo-decisional, al facilitar el encuentro, el intercambio de opiniones y la adopción de acuerdos sin necesidad de convocatorias, reuniones y desplazamientos; d) proveen un mayor grado de protagonismo participativo; e) incorporan, a resultas de una aquiescencia previamente pactada, el concepto de inacción deliberada y el mecanismo para que, en la práctica, la abstención o el silencio puedan operar, como acabas de decir, en beneficio colectivo; f) abren el paso a la asunción de cualquier rol o papel; g) hacen innecesarios o superfluos los liderazgos políticos habituales, basados en la asunción, permanente o rotativa, por uno o escasos dirigentes de la iniciativa, la dirección y la representación exclusiva del colectivo; y h) posibilitan que los procesos de índole asociativo-decisional, basados en el MPF, no requieran estatutos reguladores, ni órganos convencionales (asamblea, junta directiva, etc.).

—Ciertamente, deberé reflexionar al respecto.

—Quedan los principios instrumentales. ¿Sigo?

—Vale.

Ejercicio de observatorio en el vertedero municipal ilegal de VFU creado por el Ayuntamiento de Lepe y EGMASA. Camino de los Barrancos (Lepe). II Curso de Verano de Doñana, julio, 2000.

—Dos: de ecociveocio y ecociveturismo. Posibilitan que el MPF asocie, la instrucción y la autoinstrucción cívicas y el ejercicio del derecho de participación, al creciente fenómeno del ocio y, especialmente, al de la movilidad vinculada al turismo, generando, respectivamente, el ecociveocio y el ecociveturismo.

—Hasta ahora sólo me has hablado de civeocio y de civeturismo.

—Estos incorporan la dimensión ecociudadana.

—¡Qué barbaridad de jerga, compañero!

—Pues no ha hecho más que empezar.

—Me lo imagino.

—Para concluir te diré que dadas las características innatas del fenómeno del ocio y, en particular, de la movilidad asociada a los desplazamientos y al turismo, su aprovechamiento para promover procesos de instrucción y de autoinstrucción cívicas y de ejercicio, individual y colectivo, del derecho fundamental de participación política constituye un elemento esencial del MPF.

—El recurso al ocio no me lo esperaba.

—Tres características resultan esenciales: su innato atractivo, la autofinanciación y, si hablamos de turismo, el desplazamiento espacial que conlleva. En efecto, al tratarse de opciones de disfrute que las personas sufragan con sus propios medios, no sólo se asegura su atractivo (efecto colección autoexpansivo), sino la voluntaria autofinanciación de las actividades asociadas de instrucción y ejercicio del derecho de participación política. Dos elementos, ¡qué duda cabe!, que proporcionan una fórmula ideal para resolver dos interrogantes esenciales: ¿cómo incorporar de manera natural la dimensión cívica en los seres humanos? y ¿cómo dotar al MPF de las condiciones de autonomía y pluralismo que exige el aprendizaje y el ejercicio de la participación política?

—Además, la movilidad asociada al ocio tiene mucho interés para lo que pretendes.

—Es decisiva para afrontar la dispersión, el enfoque intercultural y la multiubicuidad de los asuntos públicos objeto de interés ecociudadano. En fin, Eurídice, hasta aquí este esquema básico del funcionamiento del modelo de participación fraccionada.

—Gracias, pero echo en falta una referencia a tu famosa herramienta de nueva generación.
—¿La IPF?
—Sí tú lo dices.

Actividades experimentales de ecociveturismo organizadas en el ámbito del Proyecto INTER/SUR PARA LA INNOVACIÓN POLÍTICA.

¿IPF?

A bordo del *"Isla de Corisco"*
Club Náutico Nuevo Portil, 09.12.20.

Querida Eurídice.

La vacuna de la Covid-19 ya está aquí. El trabajo de la ciencia ha sido espectacular y debe regocijarnos.

> # EL PAÍS
>
> **El Reino Unido da inicio al enorme reto de la vacunación en Europa.**
>
> **50 hospitales británicos convocaron este martes a los primeros mayores de ochenta años. La UE recela del movimiento de Johnson y defiende una estrategia conjunta.**
>
> Rafa de Miguel|Bernardo de Miguel|Jessica Mouzo.
> Londres/Bruselas/Barcelona. 09.12.20. 08:40 h.

—¿Reanudo mi rollo o te rindes?
—Prosigue.
—Lo tuyo es un sugestivo cóctel de cortesía y resignación. Por cierto ¿quién era el dios de la paciencia en tu época de ninfa?
—Hesia.
—¿Hija de Zeus como Atenea y Artemisa?
—No, de Cronos y Rea.
—¿Tendrás recuerdos de aquella época?
—Muchos, pero ya sólo me interesa el futuro. Como sabes, no me fue muy bien desde que me mordió la serpiente. La mansedumbre es una virtud esencial, y si no que le pregunten a Orfeo que, después de su perseverancia para rescatarme del inframundo, no pudo

contener su impaciencia y volvió su mirada antes de que atravesásemos la última puerta. ¡Y mira que se lo dije!

—Explicable: quiso ver el rostro de su amada.

—Y, como le habían advertido, nunca más pudo hacerlo. Bueno y ¿hoy que toca?

—La instancia de participación fraccionada.

—Por fin tu famoso útil político de nueva generación. ¿Por qué instancia?

—Por su predominante rasgo informal, no institucional y espontáneo que la diferencia de las organizaciones políticas y asociaciones convencionales.

—¿Te refieres a los partidos políticos a las ONG?

—Sí. También por su marcado carácter instrumental, matizado por la nota de imprecisa corporeidad, derivada del sentido jurídico de *"instancia"*. Por su condición de plataforma, vía y oportunidad para la búsqueda de la verdad y la realización de la justicia; en fin, por su connotación de pretender, reclamar, apelar, exigir, urgir, apremiar, reiterar e insistir en la pronta ejecución de algo que aporta el *instare* latino. Matices pertinentes debido a su carácter virtual, su uso en pro del republicanismo global y el doble ánimo que la inspira: constructivo, ante la complejidad de los retos a afrontar; reivindicativo, frente a los poderes establecidos.

—¿Se asemeja en algo al partido político?

—En nada.

—¿En qué difiere?

—No aspira a legislar ni a gobernar en una democracia representativa como lo hace el partido político.

—¿No constituye una plataforma electoral?

—No. Y, en consecuencia, no compite en la lucha por los escaños que permiten a partidos políticos y coaliciones electorales controlar las cámaras legislativas. Tampoco es una asociación para la participación política.

—Será, pues, una variante sofisticada de ONG.

—Tampoco, ya que ni reúne los requisitos formales que exigen las normativas que desarrollan en la actualidad el ejercicio convencional de los derechos fundamentales de asociación y participación políticas, ni su actuación se ve limitada, condicionada o restringida por los clichés asociativo decisionales al uso.

—¿Y de dónde deriva su legitimidad?

—Desde luego, no de las urnas, ni de decisiones mayoritarias en asambleas abocadas irremisiblemente a otorgar el poder de representación, de iniciativa y de dirección a uno o escasos dirigentes, merced a periclitadas fórmulas de liderazgos concebidas al efecto.

—¿Periclitadas fórmulas de liderazgos?

—Que, como te explicaré, serán substituidas por liderazgos abiertos.

—¿Carece de legitimidad democrática?

—No, tiene la suya propia.

—Explícate.

—El fundamento de su legitimidad democrática sui géneris es su condición de plataforma para la AAE.

—¿AAE, era?

—Autoformación y acción política ecociudadana…

—Sería AAPE.

—Como quieras.

—Define *IPF*.

—Prototipo genérico de herramienta política de nueva generación, autónomo, plural, autoinstructivo, virtual e interactivo, para el asociacionismo blando y la participación a la carta. Capaz de desencadenar un quíntuple y permanente efecto de autofinanciación, autoregulación, autoexpansión, autorenovación y autogeneración. Dotado de mecanismos de estímulo y soporte para el autoaprendizaje, así como para el desempeño, individual y colectivo, por un número potencialmente ilimitado de usuarios, de las funciones asociadas a la buena práctica del republicanismo global.

—¿Que son?

—Tres esenciales y cinco instrumentales.

—¿Las esenciales?

—Asociativo-decisional (función A+D), enseñanza-aprendizaje (función E+A) e iniciativa y control (función I+C).

—¿Y las instrumentales?

—Encuentro y debate (función E+D), recopilación y almacenamiento (función R+A), información y asesoramiento (función I+A), coordinación y gestión (función C+G) y vigilancia y garantía (función V+G).

> **FUNCIONES**
> **Asociativo-decisional (A+D)**
> **De enseñanza-aprendizaje (E+A)**
> **De iniciativa y control (I+C)**
> De encuentro y debate (E+D)
> De recopilación y almacenamiento (R+A)
> De información y asesoramiento (I+A)
> De coordinación y gestión (C+G)
> De vigilancia y garantía (V+G)

—¿Algo más?

—Que, como te explicaré, la IPF es susceptible de acoplarse a instrumentos asociativo-decisionales convencionales, especialmente las ONG, mediante la activación de un A.V.E.

—¿Qué es un ave?

—*Tren de gran velocidad*, De *AVE®, marca registrada*, acrónimo de *Alta Velocidad Española,* que habría respondido DVL.

—¡Venga!

—Segunda y tercera persona del presente de indicativo del verbo vengar, ya sabes: *tomar satisfacción de un agravio o daño.*

—¡AVE, tonto!

—En masculino, nada. En femenino, *ave tonta*: *Pájaro indígena de España, del tamaño del gorrión, de color pardo verdoso por encima y amarillento por el pecho y el abdomen, con alas y cola casi negras. Hace sus nidos en tierra, y se deja coger con mucha facilidad.*

—¿A, punto; V, punto; E, punto?

—Área virtual de ecociudadanía: una pieza clave en el tránsito de las herramientas políticas actuales a la futura instancia de participación fraccionada.

—¿Y quién es ese DVL tan chistoso?

—Dani, uno de los personajes principales de *Noticia de un amanecer fugaz,* pero si tú lo conociste en Ecuador.

—Allí nadie le llamaba así.

—Reconocerás que es un tipo jovial y ocurrente donde los haya.

—Cierto. ¿Y por qué DVL?

—Atiende a Teresa, Eurídice.

—¿Cómo le has llamado?

—DVL. De *"diccionario viviente de la lengua".* El mote que le pusieron en el colegio por sabiondo.

—¡Qué va! Son mis iniciales: Daniel Viola Luzón. Además, Tere debería saber que, en este caso, sabiondo no sería el calificativo apropiado, pues dícese del que presume de sabio sin serlo. Del latín *sapibundus*, de *sapĭus*, por *sapiens*... *"Azar de azahar"*, *Mírame poquito a poco.*

—¿Ahora me hablarás del tránsito hacia la IPF?

—No, antes preciso que te hagas una idea de las funciones que desempeña y de los correspondientes soportes para su ejercicio.

—Si no hay más remedio...

—Para facilitar la lectura incluiré una ficha-resumen de cada una de ellas.

El desarrollo por la IPF de la función asociativo-decisional modulará la realización práctica del quehacer asociativo y decisional convencional aportando dimensiones inéditas al ejercicio ciudadano de los derechos de asociación y de participación. Aparte de la dimensión ecociudadana o global —espacial y actitudinal—, destacaré dos que considero esenciales. De un lado, la IPF, al posibilitar que un número indeterminado de ecociudadanos, cualquiera que sea su posición ante un determinado asunto público, puedan intervenir en múltiples procesos D+A (convirtiendo sucesivas oportunidades PF en impulsos PF generadores de acciones PF), permitirá trascender la tendencia del asociacionismo convencional a la institucionalización, dando paso a una nueva dimensión del hecho asociativo —el asociacionismo blando—. Y es que el libre juego del principio de desagregación-agregación en el proceso D+A es el responsable de que la *IPF*, no sólo no desdeñe la voluntad asociativa, sino que sirva a todo hecho asociativo imaginable, desde el más institucionalizado y permanente, hasta el más espontáneo, informal y transitorio. De otro, esta eliminación por la IPF de cualquier factor de rigidez asociativa, haciendo posible un asociacionismo en su mínima expresión, tendrá el beneficioso efecto de potenciar el componente, individual —que no individualista— del quehacer político al propiciar una amplia y variada gama de opciones participati-

vas —participación a la carta—. Modalidad participativa sui géneris que, ¡atención!, permitirá añadir, ¿substituir?, a los habituales procesos formales de adopción y ejecución de decisiones propias del asociacionismo convencional, basados en el acuerdo democrático mayoritario, las opciones inéditas derivadas del prometedor desarrollo de los procesos D+A, con lo que ello implica. Esto es, en la IPF el quehacer participativo, no sólo no se verá mermado por la ausencia de un previo hecho asociativo formal, sino que adquirirá potencialidades insólitas. Su soporte específico es el procedimiento de aquiescencia o procedimiento PF.

Función de enseñanza-aprendizaje (E+A)

Sin un efectivo desarrollo de esta función es inconcebible cualquier escenario en el que el MPF constituya realmente una opción generalizada para el quehacer político de los seres humanos. De ahí, tanto la importancia que atribuyo a los procesos de instrucción y de autoinstrucción cívicas y de ejercicio del derecho de participación política, como a su peculiar vinculación al fenómeno del disfrute del tiempo libre —ocio y turismo— gracias a la acción de los citados principios instrumentales de ecociveocio y ecociveturismo. Que la IPF incorpore y prime la función de E+A, favoreciendo un proceso simultáneo de AAE ha constituido, desde el inicio una exigencia ineludible a la hora de concebir esta nueva herramienta, ya que: a) el acceso de los seres humanos al, cada vez más exigente, umbral de cultura política no puede quedar exclusivamente en manos de los procesos de enseñanza-aprendizaje formales, vinculados a sistemas escolares insuficientes, sino que debe estimularse y complementarse con estrategias eficaces y accesibles de autoaprendizaje permanente de naturaleza extraescolar, proporcionados desde el propio ámbito de la sociedad civil; y b) tal actividad de E+A es inseparable de su propio ejercicio e implementación material. La AAE constituye, sin lugar a dudas, una tarea extremadamente compleja, asociada a un arduo proceso de sustitución de valores y hábitos imperantes bien arraigados que resultan incompatibles con los principios de interdependencia y sostenibilidad. En suma, un radical cambio de paradigmas —algo esencial para afrontar la creciente amenaza de los populismos de todo signo— que implica una ardua y apasionante empresa de socialización política progresiva que debe acometerse con todos los medios disponibles. La IPF incorpora, pues, un soporte *ad hoc* —el aula PF— para el desempeño de esta función.

—Si no te das por vencida, mañana más.
—De acuerdo, envíame las fichas, pero durante las tres próximas semana voy a estar muy ocupada con prácticas y algún que otro trabajo que debo presentar.

¿TAMBIÉN FEDERALISTA?

A bordo del *"Isla de Corisco"*
Club Náutico Nuevo Portil, 10.12.20.

Querida Eurídice.

Te has vuelto muy reservada desde que te califiqué de *"turbador acrónimo"*. Apenas se nada de ti. De tu pasado, lo que cuenta la mitología; de tu presente, que estudias física y quieres ser astrofísica. Poco, ¿no crees? Y dicho esto, como ahora debes concentrarte en tus estudios, te propongo que reanudemos nuestro diálogo a partir del Día de Año Nuevo. Por mi parte, aprovecharé para, de consuno con Teresa y Álvaro, tratar de finalizar *Despierta la libélula*, la tercera parte, como sabes, de *Noticia de un amanecer fugaz.* No obstante, antes de despedirme, te daré mi opinión con respecto al *procés* catalán. Cuando supiste que era federalista global, ¿recuerdas?, quisiste saber qué opinaba del mismo. En este relato tienes un avance.

Campamento amazónico, 14.09.12.

En el arranque de la sugerente noche amazónica, varios de los comensales, ajenos al maito de piraña, se enzarzaron en una acalorada discusión.

—La diferencia estriba en que vosotros sois españoles y nacionalistas y yo catalán y federalista —sentenció Jordi Canseco, el profesor barcelonés.

—¿Y eso le resta un ápice de nacionalismo a la voluntad que impulsa la consulta ilegal que pretendéis imponernos? ¿Acaso ese federalismo del que se os llena

la boca no oculta un nacionalismo trasnochado? No nos vengas con rollos que lo que tú eres —sentenció Andrés, levantando la voz visiblemente molesto— es un español insolidario y separatista. Transmitís un discurso falaz. Vuestro nacionalismo os lleva a recurrir al federalismo sólo como pretexto para colarnos un nuevo Estado. La prueba es que ni siquiera os conformaríais con una España federal que no distaría mucho de lo que tenemos.

—Queremos una Europa federal.

—Pero apostáis por un más que trasnochado nacionalismo.

—El federalismo, que no es más que una modalidad de organización político-territorial...

—Falso —le interrumpió con rotundidad César, que se incorporaba con retraso a la mesa, haciendo que todos los comensales girasen sus cabezas curiosos. El gallego regresaba de dar una vuelta por el campamento con María y *Boliche*—.

—¡Ah no!—exclamó Canseco desconcertado.

—No, en la medida en que tu afirmación constituye un enfoque reduccionista.

—¿Acaso tiene el federalismo una dimensión diferente de la político-territorial?

Marta, Julia y Dani se miraron sonrientes ante algo que ya habían vivido cuando conocieron al politólogo tiempo atrás. Fue una noche de verano de luna nueva. Se encontraban a bordo del *Isla de Corisco*, fondeado frente a la ribera de Vascao, a la altura del gran eucalipto que crece junto a la orilla portuguesa. En la proa del *Vendaval*, abarloado por estribor, algunos se afanaban en encender fuego en la barbacoa; en la cocina, Álvaro sazonaba la carne que se disponían a asar y el resto debatía animadamente en el puente del *Isla de Corisco*. En un momento dado, una de las estudiantes, que quiso saber qué sentido tenía *rebujar, como si fuese un*

*mojito, el modelo de participación fraccionada con el fe-
deralismo que, añadió, no es más que un modelo de organización político-territorial...*, recibió una contundente
respuesta procedente de popa.

—Ninguno, si eso que dices fuese cierto.
—¿Y no lo es? —preguntó la chica, que no era
otra que una jovencísima Julia Martínez Redondo, tratando de identificar en la penumbra aquella voz desco-
nocida y sin rostro.
—No, ya que tu afirmación constituye un enfoque reduccionista. —Similar respuesta a la que César
acababa de darle a Canseco.

El *Isla de Corisco* fondeado en el Guadiana,
junto a la ribera de Vascao, entre Puerto La laja y Pomarao.

—¿Acaso tiene una dimensión diferente de la
político-territorial? —Idéntica a la pregunta con la que él
catalán contratacaba ahora.

—Por supuesto. Hay una dimensión social, económica y cultural. Incluso cabe hablar de metodología. Y hasta de metafísica federalista. —Aclaró el desconocido de poblada barba negra que trataba de abordar el *Isla de Corisco* mientras Richard Sowman abarloaba por babor su pequeño bote de madera, en el que ambos se habían dejado arrastrar por la corriente desde el cercano cargadero de mineral de Pomarao.

—Explícate...

—¿Desembarco y te lo cuento?

—Claro.

—Buenas noches. Soy César Díaz-Carrera y vengo a remo desde Coruña. ¿Y el patrón?

César E. Díaz-Carrera.[23]

<hr>

[23] César E. Díaz Carrera es Profesor titular de Ciencia Política de la Universidad Complutense de Madrid. Doctor en Filosofía y Letras por la misma. Doctorado en Ciencia Política y Sociología, IUE florencia. *Master of Arts*, University of Washington. Diplomado en Altos Estudios Europeos en Administración Pública por el Colegio de Europa de Brujas y en Derecho Constitucional y Ciencia Política (Centro de Estudios Constitucionales, Madrid). Ha sido Profesor y Director de Estudios del *Collège Universitaire d´Etudes Fédéralistes*, de Aosta, Italia.
http://www.proyectointersur.org/novela/marcos/elfederalismoglobal.htm

—En la cocina —respondieron varias voces que alertaron a Álvaro.

—¡Bienvenido a bordo, César, los que van a cenar te saludan! ¡Atención a la corriente! ¡Dani, trae una defensa! *Richard, give me the rope!* ¡Cuidado con ese fuego! Si tiene que arder algún barco que sea el de *Zarake*. ¡Joder, que alguien coja su mochila! ¡Marta, ofrécele algo de beber a los náufragos!

—¿Cerveza, vino…?

—Agua.

—*And you, Richard?*

—*Wine, please.*

Lo cierto es que, como en aquella ocasión, el discurso del recién llegado no se hizo esperar:

—Como os decía, también tiene una dimensión social, económica, cultural e, incluso cabe hablar de metodología y hasta de metafísica federalista. Me refiero al federalismo global, un federalismo de nuevo cuño, inspirado tanto en el socialismo libertario de Proudhon y Bakunin, como en la corriente personalista de los años treinta del siglo pasado.

Si en el lejano Guadiana la cena a bordo aplazó el debate hasta que, una semana después, se instalaron en torno a una gran jaima en la playa de Targha, al sureste de Oued Laou, 📷 ahora no fue posible.

—Pero eso significa…

—Ni más ni menos, colega, —interrumpió Cesar, ocupando su lugar en la mesa— que una cosa es la dimensión político-territorial o hamiltoniana del federalismo y otra bien distinta el federalismo global, integral o revolucionario del que Álvaro y yo nos reclamamos.

—¡Y yo! —dijo Dani.

—Toda una filosofía —prosiguió en tono profesoral— que debe su concreción principalmente a nuestro maestro, el pensador y hombre de acción Alexandre Marc. El federalismo es un fenómeno más amplio que el de la ordenación territorial del Estado. Es un principio universal de organización de las relaciones entre los individuos y los grupos. Un principio general de articulación social. Una propuesta de estructuración racional de las relaciones sociales. Su campo de aplicación es global y no exclusivamente geográfico. No existe sociedad que no pueda ser organizada de forma federativa o, al menos, impregnarse de los principios federalistas. Así, pues, cabe distinguir un federalismo económico, social, cultural, etc.

—Lo que quiere decir César —apuntó Julia, que se había empapado bien de federalismo en uno de los tradicionales cursos de verano del CIFE ✄ que él había dirigido en Aosta— es que sus principios se aplican también en otros ámbitos de la sociedad.

—¿Qué principios son esos? —quiso saber Iradia, sentada a su lado.

—Sí, tú dale cancha —apuntó Claudia que, como alumna de César en la Complutense, sabía bien a qué se exponían los comensales.

—Tranquilos, que me limitaré a enumerarlos...

—Por ahora —apostilló ella con sorna.

—Autonomía, cooperación, exacta adecuación del poder y participación. Si el federalismo es, como se ha escrito, unidad en la diversidad y responde al slogan *conviértete en lo que eres*, cabe concluir que supone un modo de encarar el mundo con un nuevo enfoque, con una novedosa actitud vital que representa un modo de ser, de pensar y de actuar alternativos. Por tanto, el federalismo y, también la filosofía federalista, descansan en una concepción de la persona. Es inseparable de ella.

De la persona como ser que actúa, que se transforma al tiempo que transforma su medio. Al proponernos, a partir de una concepción filosófica coherente, una métodología para la acción, el federalismo constituye el gran tema de nuestro tiempo: la lucha contra la entropía social en todos los frentes. Lucha, tanto más necesaria y urgente cuanto más amenazadores y graves son los problemas del mundo contemporáneo.

—César, por favor, termina de una vez con esa piraña para que podamos pasar a los postres.

Claudia que, entretanto, había buscado en su comunicador la ficha ⌁ que él había facilitado durante el curso a sus alumnos, continuó el discurso de su profe.

—El federalismo reconoce y respeta la existencia en el seno de la sociedad de diversos grupos y colectividades, pero sin atribuir a ninguno de ellos un valor absoluto. En la distribución del poder debe privilegiarse siempre la dimensión más próxima a la persona. El federalismo quiere sustituir la concentración del poder en manos del Estado por una dispersión del poder: el poder, como decía Alexandre Marc, está en todas partes, también en el centro. Se propone situar al Estado entre los dos brazos de una tenaza, a base de redistribuir las competencias que él mismo se ha atribuido, tanto hacia arriba, como hacia abajo. ¿Voy bien, César?

—Magnífico.

—Y así la construcción jurídica del Estado federal está indisolublemente unida a la reorganización interna del Estado y a la construcción de un conjunto que desborda las dimensiones estatales. El federalismo busca para los grupos de toda naturaleza y dimensión el máximo de autonomía compatible con la unidad y la solidaridad del conjunto y les hace participar orgánicamente en la determinación y en la gestión del interés general. Es, por ende, en el estricto sentido de la palabra, libertario. Al limitar *'él'* poder y multiplicar *'los'* poderes, el federalismo constituye una garantía permanente contra la opresión... Y se acabó lo que se daba.

Alexander Marc.

—¡Un momento! ¡Un momento! —exclamaron Iraida y Jordi.

—Bien, dos palabras pedidas y no se hable más —dijo Dani actuando de moderador—. Primero la chica de Caracas y luego nuestro amigo catalán.

—¿Qué quiere decir exacta adecuación?

—Algo similar al principio de subsidiariedad del que hablamos los juristas, pero, si no te importa, yo mismo te lo explicaré dentro de un rato, cuando nos sentemos plácidamente en la terraza a beber las caipiriñas que el Dr. Cantó nos ha enseñado a preparar. Tu turno, Jordi.

—César ¿qué opina un federalista global del *procés* que hemos iniciado en Cataluña?

El gallego, inaccesible al desaliento y encantado con el insólito menú de maito de federalismo con piraña, no tuvo tiempo de responderle. Dani, además de adelantársele, lo que probablemente no habría bastado para mantenerse en el uso de la palabra, levantó la voz y, con su habitual astucia y su innato sentido de la escena, comenzó por mencionar al amigo común que a esas horas, tras su desafortunado accidente en el río Misahuallí, se debatía entre la vida y la muerte volando hacia un hospital de Boston, para, a reglón seguido, expresar alto y claro su opinión.

—Mira, Jordi, Álvaro termina la presentación de *Puedo, puedes... podemos* 🗁 con esta frase que a César le resultará familiar:

¡Ojalá el modelo de participación fraccionada y cuantos instrumentos políticos llegue a inspirar sean, parafraseando a mi viejo maestro, el gran pensador federalista Denis de Rougemont, una aportación útil al nuevo sistema planetario y pluralista compuesto de pueblos sin soberanía y comunidades abiertas que está en gestación!

Denis de Rougemont.

Se guardó el artilugio en el bolsillo, bebió un sorbo de agua y continuó.
—Repito: *Un sistema planetario y pluralista compuesto de pueblos sin soberanía y comunidades abiertas.*

¿Eso qué es? y, sobre todo, ¿cómo podrá materializarse? Creo, como Álvaro, que antes habrá que poner en su sitio al Estado, que aunque ha cumplido su tarea histórica sobrevive a su razón de ser. Y esa ardua tarea, eminentemente educativa, que llevará, ¡qué duda cabe!, bastante tiempo —probablemente siglos— a la Humanidad, exigirá de los federalistas globales el talento y la audacia necesarios para tratar de encauzar con creatividad cuantas fuerzas, impulsos y anhelos de los seres humanos apunten hacia ese objetivo.

—¿Y...?

—¡Coño, Canseco! que a nadie avispado que se reclame del federalismo, en el sentido que Cesar y Claudia nos acaban de indicar, se le escapa que los impulsores del *procés* sois desfasados nacionalistas reaccionarios, insolidarios y oportunistas que sólo aspiráis a ponerle un piso a Cataluña en el barrio del Estado, aunque podáis estar, sin saberlo, ni pretenderlo, removiendo torpemente la primera piedra para desplazar la montaña. Y es que desde ese rancio nacionalismo que inspira el *procés* catalán puede que se llegue a ese mero modelo de ordenación territorial del Estado llamado federalismo, pero jamás al federalismo global y revolucionario que aspira a la construcción de un *sistema planetario y pluralista compuesto de pueblos sin soberanía y comunidades abiertas.* Volveremos sobre ello, que ahora os invito —Dani cogió su copa y se levantó ceremonioso— a que brindemos para que nuestro amigo vuelva pronto a estar entre nosotros. ¡Por Álvaro!

—¡Por Álvaro! —respondieron todos al unísono.

"La vida sigue", Quiebra el albor.

I+C... Y MÁS

—Eurídice, el desempeño de la iniciativa y el control (I+C) es el objeto fundamental de la IPF, su razón de ser, aunque no la única. Concierne, de un lado, a las tareas de concepción, diseño, presentación y/o ejecución, por parte de la sociedad civil, de iniciativas consistentes en propuestas de soluciones a todo tipo de problemas concretos con relevancia pública; de otro, a las de comprobación, fiscalización y, en su caso, denuncia de cualesquiera acciones u omisiones con incidencia en los asuntos de interés general. De ahí, que esta función genérica de iniciativa y control de la IPF deba desdoblarse en sendos componentes, expresándola con el binomio I+C (función I+C).

—Ya.

—La observación es la antesala de la participación ciudadana. Observar es reparar en la realidad con la determinación de examinarla atentamente para averiguar lo que nos depara.

—Observar implica aguzar múltiples sentidos, ya que exige poner atención, activar la capacidad de inquirir, desplegar al máximo el sentido crítico.

—En efecto, Eurídice. Participar políticamente es, en esencia: ejercer con rigor el control del poder y cooperar en el proceso de adopción de decisiones políticas.

—Entiendo que aportando soluciones creativas e innovadoras a las cuestiones de interés público que se susciten en todos los niveles de la organización social.

—De ahí que la observación juegue un decisivo papel previo. Observar requiere adiestramiento. Precisa de notables dosis de información, formación, dedicación, perspicacia y sentido crítico.

—Y, al igual que en astrofísica, entiendo que el análisis y la interpretación de la realidad política constituyen tareas complejas necesitadas de información, formación y asesoramiento especializado. Y creatividad para generar iniciativas o soluciones.

—También valentía, audacia y compromiso cívico, tanto si de lo que se trata es de ejercer el control del poder, como de proponer alternativas que modifiquen el *status quo*. Y, siempre, cauces e instrumentos fiables, dotados de autonomía y pluralismo. De ahí la prioridad de acondicionar la IPF para el desarrollo satisfactorio de esta función de I+C.

La iniciativa

El primer componente del binomio I+C —la iniciativa— aparece en la democracia representativa asociado a la tarea primordial de los partidos políticos en el seno de las cámaras legislativas. Sin embargo, dista mucho de agotarse en ese ámbito. El ejercicio de la iniciativa política en el seno de la sociedad civil es esencial y debe ser potenciada reforzando los mecanismos participativos y directos de la democracia. Desde este punto de vista, en el caso español y en otros muchos, instituciones como el referéndum y la iniciativa legislativa popular, son manifiestamente mejorables y requieren una profunda revisión constitucional y legislativa cuyas líneas maestras e, incluso, su posible redacción jurídico-formal, expusimos Soriano y yo en *Democracia vergonzante y ciudadanos de perfil*. Es más, la iniciativa en la esfera de actuación de las organizaciones sin ánimo de lucro de la sociedad civil —en particular si resulta políticamente incisiva— puede verse limitada debido al *efecto moderación-adulteración*. Y, por supuesto, los componentes inherentes a una educación orientada hacia la creatividad de los individuos.

El ejercicio del control, por su parte, constituye una de las funciones clásicas del Parlamento. En una democracia ciudadana, entendida como conjunción inteligente y equilibrada de democracia representativa, directa y participativa,[24] el Parlamento y los medios de comunicación tendrían que compartir la función de I+C con los ciudadanos y, además, ésta no debería limitarse a la acción gubernamental, sino a la de todos aquellos actores —Parlamento y parlamentarios incluidos— cuyas intervenciones afectan a los asuntos públicos por tratarse de una actividad política legítima de profundización democrática. Es esencial adiestrar y habilitar a los ciudadanos para la práctica de esta modalidad de ejercicio del derecho de participación política, así como diseñar y activar instrumentos de iniciativa y control _ad hoc_ eficaces, independientes, accesibles y fácilmente manejables por la ciudadanía, que incorporen esta función política primordial.[25]

---

[24] _Vid_ Soriano, R.; Rasilla, L.; Democracia vergonzante y ciudadanos de perfil. Op. Cit.

[25] En este sentido traigo a colación, por representativo, el intento de exigir desde la ciudadanía —por parte de un observatorio experimental de Control del Diputado, activado en 2002, en el seno del Proyecto INTER/SUR— la aplicación del Reglamento del Congreso de los Diputados en el caso de la conocida situación de reiterada inasistencia a las sesiones plenarias y de comisión por parte del diputado González Márquez, ex-presidente del Gobierno (en sus dos últimos años de parlamentario), dado que son los partidos políticos los que, como se pudo comprobar entonces, se han apropiado _de facto_ de esta competencia de control de la principal obligación del parlamentario que, en esta y otras materias, el Reglamento atribuye a la presidencia. Y ya se sabe lo que sucede cuando se encomienda a la zorra que guarde el gallinero... _Vid Observatorio de Control del Diputado_ (Control del deber de asistencia a los Plenos y Comisiones del Congreso de los Diputados. Asunto González Márquez). Véase Rasilla, L.; _El control ecociudadano de los asuntos públicos como aprendizaje y ejercicio generalizados del derecho de participación políti-_

La realidad socio-histórica aconseja extender la función de I+C al ámbito mundial. Constituye un acto de emancipación ciudadana del corsé Estado-nacional, coherente con la globalización, cuyo último objetivo es contribuir a una gobernanza humana sostenible. Sin embargo, en el escenario supraestatal las acciones con incidencia en los asuntos públicos globales (*res publica planetaria*), de los actores que en él actúan (Estados, Organizaciones Internacionales, intergubernamentales, ONGI, empresas transnacionales etc.) dificultan sobremanera el ejercicio de la versión ecociudadana de esta función. Posibilitar la realización por la sociedad civil de la versión ecociudadana de tales tareas de I+C es el gran reto a largo plazo del MPF y la IPF. Su soporte específico es el observatorio de participación fraccionada u observatorio PF o de I+C.

En cuanto a las funciones complementarias de la IPF, sólo unas breves explicaciones.

La decisión de intervenir políticamente en un determinado asunto público, ya liderando un esfuerzo colectivo, ya sumándose para cooperar al mismo en mayor o menor grado, suele ir precedida de algún tipo de relación entre quienes se aprestan a ello y responde a alguna clase de acicate. Debe, pues, considerarse una función fundamental de la IPF el posibilitar el encuentro y el intercambio de ideas entre sus usuarios. La decisión sin debate —apuntaba Benjamin Barber— *"siem-*

---

ca, en Soriano, R; Alarcón, C; Mora, J.J. (Dirs. edición), Repensar la Democracia, Ed. Aconcagua Libros Sevilla, 2004, pp. 165-188.

pre es parca en discernimiento" ¿Cómo hacerlo? Los grandes avances en el campo de la infocomunicación permiten, con facilidad creciente, que todo ello acaezca en el seno de las redes sociales sin necesidad de que los interlocutores y eventuales copartícipes se conozcan, se traten o se reúnan personalmente. De hecho, esa especie de encuentro virtual —antesala potencial del asociacionismo blando— constituye un hecho generalizado en nuestros días que posibilita a miles de millones de personas, merced a diversos soportes infocomunicativos, mantenerse diariamente en contacto para intercambiar todo tipo de ideas. Basta, pues, que la *IPF* ponga a disposición de los usuarios los recursos informáticos necesarios para posibilitar que éstos lleguen a debatir con fluidez sus ideas al respecto —principio de conectividad— y, en su caso, a extraer de ese encuentro virtual estímulos para la participación fraccionada. Denomino *foro* al soporte específico de esta función.

Resulta imprescindible que la *IPF* incorpore la función de recopilación y almacenamiento (R+A) para posibilitar la recepción y la ordenación direccional de los componentes del proceso D+A —oportunidades PF, impulsos PF y acciones PF—. Su soporte es el archivo, registro o base de datos siempre de carácter público.

La creciente complejidad del mundo contemporáneo aconseja que la IPF permita el desempeño de la función complementaria de información y asesoramiento dirigida a facilitar que el ejercicio del republicanismo pueda llevarse a cabo con un adecuado conocimiento de causa en el manejo de los asuntos públicos, en su dimensión ecociudadana. En la práctica cotidiana, el recurso por los ciudadanos a la regulación específica de este derecho, en su doble faceta de suministro activo y pasivo de información, puede requerir algún tipo de explicación, aclaración o asesoramiento externo, cuando se trata de afrontar hechos y situaciones concretas. El ejercicio de ese *"derecho a buscar y obtener información que está en poder de las autoridades públicas"* es, para la gran mayoría de los ciudadanos, una tarea compleja necesitada de explicación, aclaración o asesoramiento para saber, entre otras cosas, como hacer frente a los múltiples supuestos en los que las Administraciones públicas hacen caso omiso de la citada ley.[26] ¿Qué decir de la exigencia del suministro pasivo de la información, es decir del derecho a recibirla sin que medie una petición previa? ¿Cómo conducirse en lo que respecta a la participación en el proceso de toma de decisiones? ¿A qué atenerse en el ejercicio del derecho de acceso a la justicia para revisar las decisiones que puedan atentar a los derechos en materia de democracia ambiental? Es obvio que la incorporación a la

---

[26] Mi amplia experiencia en este campo durante las actividades desarrolladas en el ámbito del Proyecto INTER/SUR demuestra la ineficacia de este derecho en la Comunidad Autónoma de Andalucía, donde, prácticamente sin excepción, ha sido necesario recurrir al Defensor del Pueblo Andaluz para lograr la información pretendida, con el agravante de que tampoco han sido atendidos los requerimientos de esta institución en diversas ocasiones.

IPF de esta función I+A responde a una necesidad indiscutible. Su soporte es la asesoría PF.

Función de coordinación y gestión (C+G)

La coordinación y la gestión —mantenimiento, actualización, así como otras operaciones de carácter logístico— constituyen tareas permanentes que deben poder llevarse a cabo. El soporte es la oficina o agencia PF.

Función de vigilancia y garantía (V+G)

Orientada a la propia seguridad y, eventual defensa jurídica de los usuarios de la IPF y de las personas o instituciones afectadas. Su soporte es la defensoría.

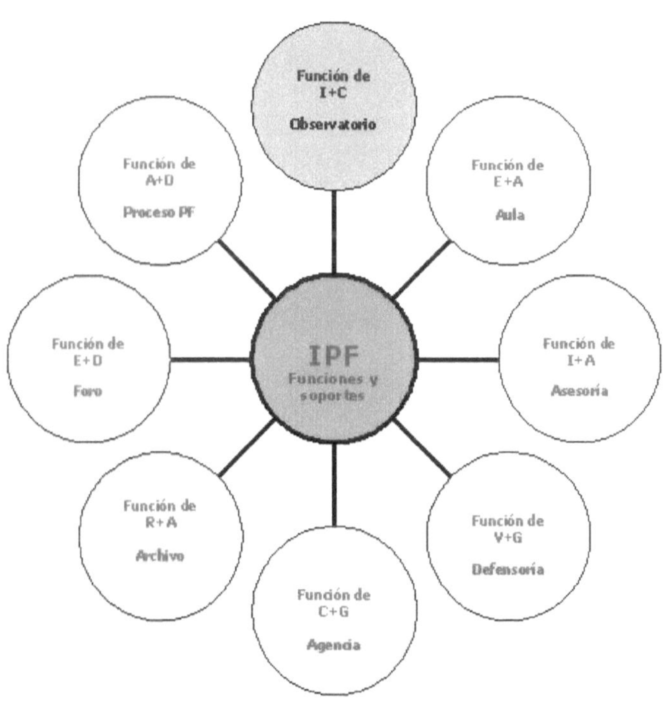

EL AVE ♫

A bordo del *"Isla de Corisco"*
Club Náutico Nuevo Portil, Día de Año Nuevo.

Querida Eurídice.

Feliz Año nuevo.

Après les calamités de 2020, le monde fête 2021
Paris Match, 01.01.21

Recibí tu respuesta a mi último mensaje del año que se fue. Me alegra saber que tienes 21 años, eres tinerfeña, tienes dos hermanos pequeños, estás a punto de terminar tu carrera universitaria y has sido una destacada representante estudiantil. Ya decía yo que tu preocupación por las cuestiones universitarias estaba muy por encima de la media. Teresa quiere que te agradezca tu interés por la marcha de *Despierta la libélula.* ¿Mi última contribución? No ha sido fácil, pues ella necesitaba transformar el vocablo *libélula* y la expresión *despierta la libélula* en sendos acrónimos y, ya sabes, esa es mi especialidad. Lo he logrado y ella ya lo ha incluido en el relato. Como te privan los acrónimos ahí va un avance. Te aseguro que he tenido que darle muchas vueltas.

"Libélula versus libélula", Despierta la libélula.

LIBÉLULA, es un acrónimo, en realidad dos, incluso, tres. Había dado nombre a un par de bocetos prospectivos de las potenciales acciones del Estado español contempladas en el seno del Centro Nacional de Inteligencia (CNI) en los últimos meses de 2011. Objetivo: blindar su unidad anticipándose a escenarios políticos de ruptura sobre los que la inteligencia española había alertado. El primero, inspirado por Isidro Labajos Melque, en cuyo grupo de analistas habían trabajado Úrsula Ruiz y Pedro Ituero, *Líneas de inteligencia básicas del Estado para legitimar su unidad sin limitar las autonomías.* El segundo, que se abrió paso tras el relevo gubernamental de diciembre, iba más lejos y proponía afrontar de manera contundente los riesgos potenciales de la creciente deriva del nacionalismo catalán hacia el independentismo: *Líneas de inteligencia básicas del Estado para legitimar su unidad con liderazgos autoritarios.* Así, de las dos ninfas, futuras libélulas, que habitaban el lodazal, se impuso o despertó la segunda.

Sin embargo, Ituero, ahora en *"la casita"*, su pequeño y particular CNI, tenía sus propios planes al respecto. Así que, tras escrutar a fondo todas las referencias sobre aquel esbozo de lo que tenía toda la pinta de ser un arma política de ciencia ficción, se fue abriendo paso su propuesta. En *"la casita"* despertarían la libélula, sí, pero ni la primera, ni la segunda. El título de la nueva iniciativa que se disponían a desarrollar sería *Disyuntiva experimental sustitutoria del plan de intervención del Estado para reconducir la tensión autonómica con liderazgos autoritarios: Líneas de inteligencia y bases estratégicas para el lanzamiento del uso de liderazgos abiertos*, en acrónimo: DESPIERTALALIBÉLULA.

Me preguntas por la banda sonora de la novela y dices que no entiendes el sentido de tal recurso en una obra publicada en papel. Olvidé comentarte que cualquier lector de *Noticia de un amanecer fugaz* tiene la posibilidad de acceder de manera inmediata y gratuita a la versión digital completa en formato *pdf*, simplemente abriendo el *código QR* que incluye. He convencido a Teresa para que, en vez de intercalar el símbolo de melodía ♫ en el texto, sitúe éste sólo junto al título de cada capítulo. De este modo —dada la configuración de *Spotify*— el lector puede oír la melodía elegida y otras del mismo autor. A continuación tienes algunas de las que ha incluido.

IDENTIFÍQUESE	*I Will Survive*	**Gloria Gaynor**	♫
ARDUO Y PELIGROSO	*Flying Over Africa*	**John Barry**	♫
LANCES DE FORTUNA	*Whatever Will Be...*	**Doris Day**	♫
ENIGMA ARROLLADOR	*Lili Marlenn*	**Marlen Dietrich**	♫
UN TEXTO-CEBO	*La flor de la canela*	**M. D. Pradera**	♫
EN LA PILA DEL PATO	*En la pila del pato...*	**Raya Real**	♫
IRONÍAS	*Scent of a Womam*	**Carlos Gardel...**	♫

Y, ahora, si no te parece mal voy a continuar donde lo dejamos. El AVE, ¿recuerdas?, que es la pieza clave en el tránsito hacia la *IPF*.

—¿Te refieres a la substitución o reemplazo de las organizaciones de la sociedad civil por esa nueva herramienta que propones?

—No, hablar de relevo sería precipitado.

—¿Ahora no, pero sí en el futuro?

—A largo plazo, tal vez. Cuando digo tránsito me refiero al proceso mediante el que una organización sin ánimo de lucro de la actual sociedad civil —una ONG, por ejemplo— opta por incorporar experimentalmente la técnica asociativo-decisional de participación fraccionada en un ámbito específico de su actividad.

—Explícate.

—Lo haré con una anécdota. Tuvo lugar hace bastantes años, en el curso de un debate en Madrid, en la Fundación FAES. El tema era la gobernanza. Fui invitado por el abogado Jesús Vozmediano (✝) y el biólogo Dr. Javier Castroviejo—. Y debí excederme al mencionar el riesgo del impacto del *efecto moderación-adulteración* en las ONG.

—¿Efecto...?

—Sí, Eurídice. El Prof. Soriano se refiere al efecto moderación-adulteración como la pérdida de autonomía que conlleva la moderación y adulteración de sus objetivos y estrategias susceptible de afectar a las asociaciones de participación política al ser controladas o absorbidas por instituciones gubernamentales. Trance de moderación, abdicación e integración institucional, demasiado frecuente, que suele acarrear la pérdida del vigor y la libertad crítica y la merma de la confianza ciudadana. Te decía que debí excederme a juzgar por la agresiva reacción ante mis palabras de la joven que representaba en la mesa a una de las organizaciones ambientalistas más conocidas.

—¿Qué te dijo?

—Que era una falsedad. Y le respondí así: recuerdo que, cuando tenía tu edad, el *Seat "seiscientos"* era el vehículo más popular en este país. Hicieras lo que hicieras, el pequeño coche apenas alcanzaba los 120 km por hora. No obstante, había quienes manipulaban su motor *"recortándole"* la culata y, mira por donde, aquel *"seiscientos"* trucado reaparecía en escena rugiendo como un *Porsche* y superando sus estándares de velocidad... Lo que quiero decirte —le aclaré— es que si a tu organización se le aplicase la tecnología política de la participación fraccionada que acabo de esbozar, seguramente resultaría mucho más abierta, democrática, autónoma y eficaz. De aquel incidente surgió mi reflexión en torno al tránsito hacia la IPF mediante el acoplamiento experimental y progresivo de la técnica de la participación fraccionada a los instrumentos asociativo-decisionales convencionales. Reflexión estimulada algún tiempo después cuando comprobé personalmente —en un asunto en el que intervino *Greenpeace*— cómo este tipo de organizaciones pueden, en determinadas situaciones, resultar altamente disfuncionales.

—¿Qué hizo *Greenpeace*?

—Fue en el ámbito de la iniciativa *"DALE VIDA AL RIO"*, una campaña de gran difusión —en España y Portugal— organizada por *Greenpeace*, en octubre del año 2006, para llamar la atención de la opinión pública sobre los diversos problemas que afectan a la cuenca del Guadiana. No obstante, para no perder el hilo, incluyo el relato en los anexos. *lee+ (2 pp.) pág. 307*

—¿Y ese acoplamiento experimental y progresivo de la técnica de la participación fraccionada a los instrumentos asociativo-decisionales convencionales, puede hacerse?

—Sí, al menos en teoría.

—¿En la práctica no?

—Es complicado, ya que la actual concepción del asociacionismo plasmado en el ordenamiento jurídico constituye, como verás, un obstáculo.

—Cuéntame cómo funcionaría el AVE.

—Pues creando en el seno, por ejemplo, de una ONG, un área o ámbito virtual de ecociudadanía. Y me alegra, Eurídice, que quieras saberlo pues ella, la ecologista de la anécdota, ni me lo preguntó. Y, si te soy sincero, abrigo pocas esperanzas de que lo que te voy a contar pueda interesarle lo más mínimo a ningún dirigente actual, ya sea de una ONG o de cualquier otro tipo de asociación para la participación política. Pronto conocerás la razón.

Activistas de Greenpeace desplegando una pancarta durante las obras de construcción de los accesos al puente de Pomarao.

—Empieza, tu fauna avícola me tiene intrigada.

—Un AVE —quise denominarlo así en recuerdo de aquella chica enojada que, sin posarse un instante, prosiguió su vuelo— es un ámbito genérico de actuación de una asociación para la participación, delimitado por el acuerdo de sus miembros, que queda fuera del control de sus órganos regulares de gobierno, gestión económica y representación. Es decir, un área específica del objeto social de sus estatutos fundacionales que, de mutuo acuerdo, es acotada y abierta al ejercicio de la técnica asociativo-decisional de la participación fraccionada.

—Vaya, que tú vas, hablas con la directiva de la ONG y les pides que dejen un espacio para hacer tu experimento.

—Más o menos, aunque en este caso obtener su consentimiento resulta mucho más difícil, ya que no se trata de que te dejen un despacho, sino de un espacio inmaterial sobre el que ellos, y sólo ellos, ejercen el poder de iniciativa y decisión.

LAS ALAs DEL AVE

—¿Sabes que es un ALA?

—Sí, como diría nuestro amigo DVL: cada uno de los órganos o apéndices pares que utilizan algunos animales para volar; cada una de las partes que a ambos lados del avión presentan al aire una superficie plana y sirven para sustentar el aparato en vuelo; cada una de las partes que se extienden a los lados del cuerpo principal de un edificio o en que se considera dividido un espacio o construcción cualesquiera. El ala derecha de la plaza, del escenario; en fin, por no dejar fuera la política, cada una de las diversas tendencias de un partido, organización o asamblea.

—Pues mi AVE...

—¿También tiene alas?

—Alas no, ALAs.

—Me suena igual.

—Digo que de ninguno de los tipos que incluye el Diccionario de la Lengua. Se trata de *áreas de libre actuación* (*ALAs*).

—¡Otro acrónimo!

—Ya conoces el comentario de María cuando alguna sigla sorprendía a un recién llegado al CAE.

—¿La chica invidente?

—Sí, María Atauta. Es verdad, la conociste durante tu reciente estancia en Ecuador.

—¿Qué decía?

—*Olvídalo, qué es jerga propia de la técnica endiablada que estos se han inventado...* En las ALAs, como su nombre indica, se puede compartir el poder de iniciativa y control con personas y colectivos no miembros de la organización que han decidido incluirlas. Pero, además un AVE también tiene...

—¿Patas?

—¿Cómo lo has adivinado? En efecto, cuenta con uno o varios *procedimientos alternativos de asociacionismo (PATAs)*.

—Te superas a ti mismo.

—¿Tú crees? Pues has de saber que el AVE...

—¿Se alimenta de plantas y de peces?

—¡Qué lista, por Dios! Mi AVE, para reforzar su autonomía y minimizar la incidencia del efecto de moderación-adulteración, puede financiarse mediante *planes transparentes de autofinanciación (PLANTAs)*. Y como en ese área virtual de ecociudadanía opera el principio de autoatribución de legitimidad participativa inherente al MPF, pueden promoverse en su seno *programas específicos de concienciación ecociudadana (PECEs)*.

—Y todo para atraerla a los ecologistas.

—Así es; aquella chica me dejó traumatizado.

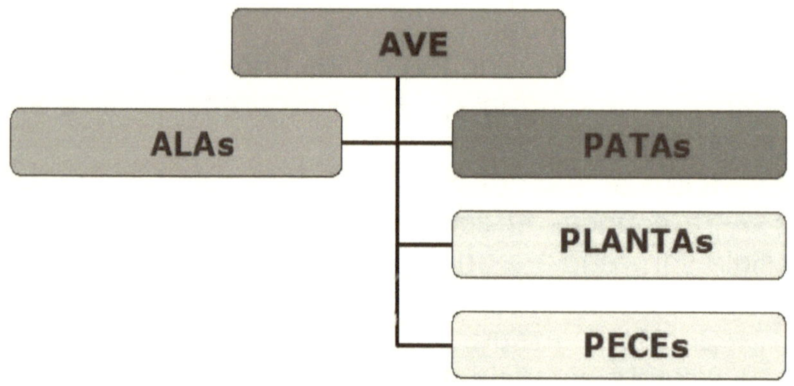

—En conclusión, mi AVE es un espacio asociativo-decisional abierto al asociacionismo blando y a la participación a la carta en el que se generaliza el poder de iniciativa y de control, cabe la adopción de acuerdos vinculantes a distancia y se socializan las facultades de gestión, representación y portavocía, abriendo paso en su seno a nuevas opciones de liderazgos espontáneos y cambiantes.

AVE

ÁREA VIRTUAL DE ECOCIUDADANÍA

**El AVE es una *IPF sui géneris*
incorporada a un instrumento
asociativo-decisional convencional para
posibilitar el ejercicio de la ecociudadanía,
mediante la técnica de la participación
fraccionada, en un ámbito material
previamente acotado.**

—No sabría que decirte, *Je suis épaté, mon ami.*

—Pues regresemos al Guadiana y reflexionemos al hilo de un nuevo supuesto que te ayudará a familiarizarte con la fauna propia del MPF.

—¿En el *Isla de Corisco*?

—Por supuesto. ¿Te acuerdas de la ONG *Guadiana Educa?*

—Claro.

—Supongamos que sus miembros, dada la tensión política que generan en la zona sus ejercicios de observatorio de I+C incorporados a sus aulas náuticas, acuerdan suspenderlos y, en su última asamblea, deciden por mayoría proseguir con las aulas náuticas, pero desprovistas de tales ejercicios de iniciativa y control.

221

—¿Qué ha sucedido?

—Imagínatelo. Algo desgraciadamente muy frecuente: el paso de la ONG *Guadiana Educa* por el *trance de moderación, abdicación e integración institucional* apuntado por Soriano.

—Entiendo: las instituciones públicas patrocinadoras de las aulas náuticas, molestas por las reiteradas actividades de observación y denuncia, han amenazado con retirar su apoyo económico.

—¡Equilicuá, tú lo has dicho! ¿Qué hacer, pues, ante esa realidad que coarta la autonomía, la eficacia y, en definitiva, frustra el objeto social de la ONG de nuestro ejemplo?

—¿Aporta el MPF alguna solución?

—Claro: propiciando en su seno las áreas o ámbitos virtuales de ecociudadanía (AVE).

—Un ejemplo, *por fa.*

—Piensa en un aspirante a secretario general de *Guadiana educa,* preocupado por la incidencia en la misma del *efecto moderación-adulteración,* que propusiese en su programa de candidatura incorporar, con carácter experimental, la técnica asociativo-decisional de participación fraccionada para que ésta opere con más autonomía. ¿Qué pasos concretos debería dar?

—Ni idea.

—En el caso de *Guadiana Educa*, el artículo 3º del título II (objetivos y medios de acción) de sus estatutos establece: *"El objetivo general de Guadiana Educa es la promoción, desde la sociedad civil, del desarrollo sostenible, de la educación ambiental, la defensa del patrimonio natural y cultural y la articulación territorial hispano-lusa en el Guadiana atlántico".*

—¿Y?

—Pues que, dado que delimitar un AVE consiste en acotar un determinado aspecto del objeto social del colectivo establecido por sus estatutos, acordemos seleccionar al efecto *"la articulación territorial hispano-lusa en el Guadiana atlántico"*. Ya tenemos el AVE.

—¿Y ahora qué?

—Debemos incorporarlo a los estatutos de *Guadiana educa* del siguiente modo:

La Asamblea General de *Guadiana educa*, reunida para debatir y someter a votación la propuesta de su Consejo Directivo de modificación de sus Estatutos para incorporar un Ámbito Virtual de Ecociudadanía (AVE),

ACUERDA por unanimidad las siguientes modificaciones de sus Estatutos:

Primero: Incluir en el Preámbulo tres nuevos considerandos, a saber:

—*"Que es prioritario cooperar activamente en la experimentación y la ejecución colectivas de una estrategia de ingeniería político y social innovadora a medio y largo plazo que impulse a gran escala la ecociudadanía"*.

—*"Que la estrategia, para ser viable, debe reunir una serie de características irrenunciables, destacando: su carácter internacional, no gubernamental, no partidario, plural, democrático, su independencia de los poderes fácticos y su total apertura a la ejecución colectiva por parte de la ciudadanía"*.

—*"Que su puesta en marcha exige la promoción de nuevas herramientas para la autoformación y la acción ecociudadanas"*.

Segundo: Añadir al final del artículo 3 la frase *"en una perspectiva ecociudadana."*

Tercero: Modificar el artículo 4 incluyendo: *"Desarrollar y potenciar la investigación y la experimentación de metodologías educativas y asociativo-decisionales innovadoras en el ámbito de la Estrategia Ecociudadanía 3.0".*

Cuarto: Incorporar las siguientes disposiciones:

DISPOSICIÓN ADICIONAL PRIMERA
Para incorporar la técnica asociativo-decisional de participación fraccionada, la asamblea general podrá, por mayoría simple: a) delimitar uno o más Ámbitos Virtuales de Ecociudadanía (AVE), dotados de cuantas Áreas de Libre Actuación (ALA/s) estime conveniente. Eventualmente podrá promover en su seno planes transparentes de autofinanciación (PLANTAs) y programas específicos de concienciación ecociudadana (PECE/s)".

DISPOSICIÓN ADICIONAL SEGUNDA
"El Área o áreas de libre actuación (ALA/s) del AVE/Guadiana educa se regularán exclusivamente por sus correspondientes procedimientos PF o de aquiescencia, que formarán parte de los presentes Estatutos y sustituirán, a esos efectos, lo establecido en los títulos IV (de los socios), V (de los órganos de representación, gobierno y administración) y VI (régimen económico) de los mismos".

DISPOSICIÓN ADICIONAL TERCERA
"Todas las actividades acometidas en las Áreas de Libre Actuación (ALA/s) deberán ser financiadas mediante Planes Transparente de Autofinanciación (PLANTA/s) para reforzar su autonomía y minimizar el riesgo de moderación-adulteración".

—¿Y qué nos queda?

—Escoger un área de libre actuación en el ámbito concreto de *"la articulación territorial hispano-lusa en el bajo Guadiana"*.

—¿Podría ser el de las *conexiones viarias?*

—Y dentro de ellas, *la conexión viaria sobre el río Chanza en Pomarao (Portugal)* que será el ALA 1.

—Lo que no entiendo es qué es y cómo funciona lo que llamas procedimiento alternativo de asociacionismo (PATAs).

—Eurídice, el próximo día más.

DUDAS

A bordo del *"Isla de Corisco"*
Club Náutico Nuevo Portil, 06.01.2021.
Día de la Adoración de los Reyes.

Querida Eurídice.

Muchas, muchas son tus preguntas. Comenzaré por la más fácil. Sí, *Scent of a Woman* es el tango de Carlos Gardel que suena en la famosa escena de la película de Martin Brest —*Perfume de mujer*— por la que Al Pacino obtuvo el Oscar al mejor actor en 1993. Ya que me has confesado tu debilidad por el tango, considéralo mi regalo de Reyes.

Nueva York, Un cuarto jueves de noviembre.
Día de Acción de Gracias.

El teniente coronel Frank Slade, acompañado por Charlie Simms (Chris O'Donnell), se dirige a Donna, (Gabrielle Anwar) una joven preciosa y elegante sentada sola en la mesa de un lujoso local nocturno de Nueva York:

—*Siento un perfume en el aire… No me diga qué es… Huele a jabón "Ogilvie".*
—*¡Es increíble!*
—*Trato de serlo.*
—*Es el jabón que he usado… Me lo regaló mi abuela en Navidad…*
—De fondo la melodía de un tango y su invitación a bailar.
—*Creo que tendría miedo.*
—*¿De qué?*

—De equivocarme

—En el tango uno no se equivoca. No es como en la vida. Es sencillo. Esa es la maravilla. Si uno se equivoca o se enreda sigue bailando. ¿Quieres intentarlo? ¿Lo intentamos?

—Muy bien, vamos...

Donna y el teniente coronel Frank Slade en *Scent of a Woman/Perfume de mujer*, 1992.

Me sorprende que no la hayas visto. Utiliza tu comunicador para abrir el *código QR*. Disfrutarás. Continúo respondiendo a tus preguntas.

¿IPF *versus* partido político?

En cuanto a las funciones de la IPF, me preguntas por las diferencias entre mi herramienta y el partido político y otras modalidades de asociaciones para la participación política —ONG incluidas—. Son esenciales. En la IPF no se militará, ni se tendrá la condición de miembro o socio, sólo de usuario. Ergo el asociacionismo convencional no continuará condicionando la participación política como lo hace en la actualidad, ya que la IPF, más que satisfacer la voluntad ciudadana de asociarse para participar brindará a los futuros ecociudadanos innumerables modos de ejercer el derecho de participación política sin necesidad de asociarse de manera convencional. La legitimidad de la IPF —y éste, insisto, es su rasgo distintivo primordial— no derivará de unas votaciones en el seno de obsoletos órganos ejecutivos o congresos de partidos, sino de su condición de plataforma ecociudadana generadora de procesos D+A. ¿Entiendes ahora por qué serán necesarias alteraciones sustanciales en la legislación que desarrolla actualmente los derechos fundamentales de asociación y de participación políticas?

¿Enseñanza-aprendizaje?

Hablo deliberadamente de enseñanza-aprendizaje para resaltar, como indica Drucker, que en la denominada *"sociedad del conocimiento"* en la que vivimos, caracterizada por un desarrollo del saber exponencial, *"el aprendizaje y la enseñanza no son dos caras de la misma moneda. Son diferentes. Lo que puede enseñarse debe enseñarse y no será aprendido de otro modo. Pero lo que puede ser aprendido, debe ser aprendido".* Se trata, como es sabido, de una concepción del aprendizaje que altera los papeles tradicionales del profesor, que muta a tutor, orientador, guía; y del alumno, que pasa de espectador a protagonista de su propio aprendizaje, entendido como actividad a llevar a cabo de modo permanente, a lo largo de toda la vida. Aunque la ausencia de formación es un argumento inaceptable para impedir o limitar el ejercicio de la participación política —el argumento de la incompetencia política—, estimo que a mayor grado de cultura política de los participantes más útil y eficaz resultará ésta para la mejor defensa de los intereses públicos. De ahí la importancia que el modelo propuesto atribuye al desarrollo de esta función de enseñanza-aprendizaje.

¿Rémoras a la capacidad de iniciativa?

Es lógico que insista en el coste social de obstaculizar una educación orientada hacia la creatividad de los individuos. La realidad es que la demostrada capacidad creativa del ser humano en el ámbito de las ciencias experimentales no se corresponde con la tradicional precariedad de la organización social y la gobernanza del planeta. Y, por supuesto, el panorama educativo se caracteriza por una notable ausencia de la que podríamos llamar educación para la innovación o la creatividad. Y eso sin olvidar que, en el contexto de la participación política que nos ocupa, innovación o creatividad, íntimamente asociadas a la capacidad de crítica y de rebeldía del ser humano, se encuentran amenazadas por la falta de autonomía y de pluralismo.

¿Limitaciones al control del Gobierno por el Parlamento?

En el caso español, querida Eurídice, puede afirmarse que no hay un verdadero control del Gobierno por el Parlamento. Éste que, a veces, ni siquiera puede sacar adelante sus comisiones de investigación, se limita a la crítica externa sobre las actuaciones del Gobierno y a su posible influencia en la opinión pública. En la práctica son los medios de comunicación y determinados tipos de asociaciones de la sociedad civil sin ánimo de lucro quienes con más intensidad ejercen el control del Gobierno e, incluso, de los mismos parlamentarios ante la crónica inoperancia de las cámaras legislativas. Sin embargo, si por razones bien conocidas en las que no es necesario detenerse, el control ejercido por los primeros, públicos o privados, no suele ser imparcial, el de las segundas puede resultar disfuncional.

¿El MPF potencia el debate y el encuentro presencial?

Por supuesto. Los potenciará reconduciéndolos hacia la autoformación y la acción. Observa que el juego del binomio ecociveocio-ecociveturismo, que está en su base, facilita y potencia enormemente el carácter presencial de la función E+D gracias al reconocido papel de la movilidad asociada al turismo como ocasión para el entendimiento y el respeto mutuo entre individuos y sociedades y como instrumento de desarrollo personal y colectivo. Además, esta función de encuentro y debate encontrará su prolongación lógica en la autoformación y la acción que propicia la IPF. Ciudadanos y ciudadanas, futuros ecociudadanos y ecociudadanas, crecientemente interconectados, ora, integrando colectivos más o menos formales como los *grupos de ciudadanos de acción política*, —propuestos por el Prof. Soriano—[27], ora, actuando individualmente como ecociudadanos PF o de acción política, superarán, merced a un sinnúmero de oportunidades PF, esa convicción fatal de la neutralidad de sus actos que subyace a la habitual sensación de que las acciones individuales no tienen repercusión y resultan insignificantes para cambiar las cosas.

¿El carácter abierto y accesible del archivo?

En efecto, aún no te había explicado esas características básicas del soporte específico —el archivo— de la función de recopilación y almacenamiento. ¿Abierto y accesible a quién? Mi propuesta es un modelo público sin restricciones de acceso que ponga toda la información recopilada a disposición de cualquier persona o colectivo interesado en intervenir en el ámbito de actuación de la IPF. Una experiencia, que llevé a cabo, a principio de los 80, desde el Rectorado de la Universidad Nacional de Educación a Distancia, cuando fui director de su gabinete técnico, te ayudará a comprenderla.

En octubre de 1982, la Profa. Elisa Pérez Vera, la primera mujer elegida rectora de una universidad española, se encontró con un centro académico que califiqué entonces de *"universidad frontón"*. Sus decenas de miles de alumnos tenían serias dificultades para comunicar con la sede central debido al raquítico sistema telefónico disponible. Sus muchas y justificadas quejas —inasistencia de profesores a sus guardias, carencia de material didáctico, retrasos en la entrega de calificaciones, etc.— rebotaban a diario ante una universidad en la que la falta de medios —y de dedicación de parte de sus

---

[27] *Vid.* Soriano, R.L.; Rasilla, L.; Democracia vergonzante y ciudadanos de perfil. *Op. Cit.*

miembros, qué todo debe decirse— hacía que la atención al alumnado no pareciese constituir una de sus preocupaciones prioritarias. Pues bien, en ese lamentable contexto, tras recibir instrucciones precisas de la rectora de dar un vuelco total a dicho estado de cosas, me apresuré a poner en marcha un ambicioso programa de mejora radical del sistema de comunicaciones[28] que, para mayor eficacia, asocié a un peculiar e inédito mecanismo público de seguimiento y control. Se trataba de un simple sistema de quejas y sugerencias a través de un teléfono permanente dotado de varias líneas y conectado a un contestador automático que grababa los mensajes de sus usuarios. A simple vista un recurso nada original de no ser por los dos rasgos peculiares que lo completaban. De un lado, una especie de operativo de urgencia que obligaba a los decanos y directores afectados a dar una respuesta o explicación inmediata al rectorado sobre cada queja dirigida contra algún miembro del profesorado o del personal de administración y servicios adscrito a la facultad o escuela; de otro —y es el que me interesa resaltar ahora—, una especie de archivo o registro público de las sugerencias y quejas almacenadas en el contestador. Diariamente, Carmen Rosa, mi eficientísima colaboradora, no sólo transcribía un resumen de lo grabado, activaba el operativo de urgencia, mediante el que un bedel distribuía entre decanos y directores unos folios rojos que —por orden directa de la Rectora— debían ser atendidos sin demora, sino que, semanalmente, ponía a disposición de la representación estudiantil de la UNED, o de quien estuviese interesado —medios de comunicación incluidos, si lo hubiesen solicitado— las grabaciones del contestador con todas las

---

[28] Del que aún pervive el popular y utilísimo BICI (Boletín Interno de Coordinación Informativa) cuyo número cero concebí, diseñé, redacté y escribí a máquina personalmente a principios de 1983.

sugerencias y quejas recibidas. Es decir, la UNED, *motu poprio*, ofrecía a los representantes estudiantiles y a otros potenciales interesados un conjunto de datos internos sensibles para facilitarles (oportunidades de participación) el desempeño eficiente de la iniciativa y el control en relación con la marcha de la universidad (función I+C). Un recurso, lamento decir, que contra todo pronóstico, nunca fue utilizado por los representantes estudiantiles. Y ello, a pesar de que, dada la reiterada constatación fehaciente de actuaciones y omisiones punibles, a poco celo que hubiesen desplegado, habrían contribuido a poner coto al conocido corporativismo universitario, forzando la apertura de expedientes disciplinarios a algunos docentes.

Eurídice, si eres capaz de encontrar un modelo de *"archivo"* similar al que Elisa y yo activamos en la UNED te regalo... el *"Isla de Corisco"*.

PD. ¡Asalto al Capitolio!

Mientras escribo veo con incredulidad e indignación lo que está sucediendo hoy en el Capitolio de Estados Unidos. Una prueba más de las consecuencias del populismo agitado por la mentira.

De madrugada se reanudó la sesión y el Sr. Biden fue confirmado presidente electo de EE.UU.

AQUIESCENCIA

A bordo del *"Isla de Corisco"*
Club Náutico Nuevo Portil, 08.01.21.

Querida Eurídice.

Si no me falla la memoria, tal día como hoy, en 1642, falleció Galileo Galilei, justo trescientos años antes de que naciese en Oxford el científico Sthephen Hawking. Antes, en 1935, lo había hecho, en Tupelo (Misisipi) otro famoso personaje, no era físico, pero cantaba bien: Elvis Presley. En el 58 —y éste tampoco era colega tuyo— Charles De Gaulle se convirtió en presidente de la V República francesa, un año antes de que Fidel Castro entrase triunfante en La Habana y cuarenta y cuatro —¡ojo! que éste sí— de que nos abandonase Alexandr Prójorov, premio Nobel de Física, junto a Nikolái Básov y Charles Hard Townes, —todos colegas tuyos—por sus estudios sobre el láser y el máser, artilugio éste que confío en que me puedas explicar.

Me alegro que mis respuestas hayan aclarado tus dudas. Hoy toca hablar de una pieza clave del MPF: el procedimiento de aquiescencia pactada. Seguiré mi estrategia de imaginarme el debate entre ambos.

—El término aquiescencia, al que me referí cuando te explicaba los principios moduladores del MPF, procede, como sabes, de vocablo latino *acquiescentia* que significa asenso, consentimiento. El aquiescente es quien con su inacción o silencio consiente, permite o autoriza. Jurídicamente hablando da su aquiescencia quien pudiendo o debiendo hablar o actuar no lo hace. Alude a la inacción o silencio deliberado, definido previamente, en ejercicio consciente de la autonomía de voluntad, cómo opción válida.

—Quise saber cómo operaba.

—Y te dije que más adelante.

—Lo recuerdo.

—Pues llegó el momento.

—¿De responder?

—De preparar el terreno con algunas preguntas.

—Adelante.

—¿Tendría sentido reconducir la energía ciudadana potencial, inherente al derecho de participación política no ejercido hacia el amplio cauce que propicia el proceso D+A, convirtiéndola en energía ciudadana provechosa y aprovechable por el colectivo que lo pacta?

—Ahora entiendo que hayas comenzado tu mensaje con mis colegas físicos. Si lo que planteas es la posibilidad de transformar la inacción en acción.

—Básicamente.

—Sería como lograr la cuadratura del círculo y no se me ocurre cómo.

—¿Acaso no hay algo en tu especialidad que se llama energía potencial?

—Sí.

—¿La energía potencial no representa la energía almacenada en virtud de su posición y/o configuración, por contraposición a la energía cinética?

—Sí, pero no te sigo.

—¿Acaso nunca te has planteado si sería posible lograr que la inacción o el silencio de la ciudadanía, interpretado habitualmente como desidia, apatía, desgana, desmotivación o pasotismo, deje de nutrir la confusión y el creciente absentismo político para, modificada su naturaleza originaria, convertirse en una nueva opción de participación política merced al juego de una decisión voluntaria deliberada y previamente advertida? O de otro modo: piensa q ue esa inacción —equivalente a la energía potencial propia de un objeto en reposo— fuese susceptible de transformarse en acción —que equivaldría a la energía cinética—.

—La verdad es que no me lo he planteado. Tu elucubración está tan alejada de la física.

—Parto, y sigo con el símil físico, de que el derecho de participación política genera una suerte de energía ciudadana potencial que es susceptible de desperdiciarse. O, lo que es peor, de ser aprovechada torticeramente…

—¿Torti…qué?

—De torticero, del latín *tortus* torcido, tuerto. *Injusto, o que no se arregla a las leyes o a la razón.*

—Primera vez.

—O, lo que es peor —te decía—, de ser aprovechada torticeramente por quienes, de facto, atribuyen al silencio o a la inacción política interpretaciones interesadas ajenas a la voluntad real de su titular.

—Entiendo.

—Pues de ahí que me pregunte si tendría utilidad social que el hecho de callar o de abstenerse de actuar, lejos de generar especulación y presuponer apatía, desidia, despreocupación o abandono del desempeño de funciones y deberes cívicos, se transformase en gesto claro, provechoso y aprovechable por la ciudadanía?

—¿Te refieres al hecho de no votar?

—Sí, al hecho de no votar en unas elecciones o en cualquier otra situación en que así fuese requerido.

—Lo que pretendes es…

—Poner coto a las variopintas interpretaciones partidistas al uso del fenómeno del abstencionismo político, fijando con nitidez el verdadero sentido de estas conductas.

—¿Quieres decir dotarlas de un significado que no admita duda?

—En efecto, un significado incontrovertible. ¿No crees que eso abriría una nueva y ágil opción de participación política, dado que el efecto más destacado del principio de aquiescencia pactada es su capacidad para transformar deliberadamente la inacción consciente y voluntaria en impulso PF? ¿Me sigues?

—Entiendo: quieres decir que en tu modelo de participación la aquiescencia actuaría como lo hace el movimiento con respeto a la energía potencial.

—Exacto. Lo que trato de hacerte ver, Eurídice, es lo útil que sería lograr que en la práctica, la abstención o el silencio operen en beneficio colectivo.

—¿Y cómo lograrlo?

—Ahí es donde interviene el mejor de mis inventos: el procedimiento asociativo-decisional de aquiescencia pactada, procedimiento de aquiescencia o procedimiento PF. Te contaré cuándo y cómo surgió y en qué consiste.

—Adelante.

—Fue en el verano del 96. Hacía un par de meses que había botado el *"Isla de Corisco"*, tras una remodelación general que duró más de tres años, y lo tenía fondeado en esta ría, a la altura de El Rompido.

—¿Como ahora?

—No, hoy está atracado en uno de los puertos que se construyeron hace unos años. En aquella época sólo cabía el fondeo. Continúo. Ramón Soriano y que había venido a visitarme con Pepe Cantó, propuso que constituyésemos un grupo o colectivo de opinión y crítica política y redactásemos los preceptivos estatutos fundacionales. Y cuando bajé a la cámara para hacerlo aprovechando algunos borradores que tenía en el ordenador se me ocurrió de repente la idea del procedimiento como mecanismo mucho más simple y flexible.

—¿Así, como un chispazo?

—Es como lo recuerdo, me imagino que mi subsconciente llevaría algún tiempo trabajando en ello. El hecho es que el debate generado por mi sugestión —Pepe, que es geólogo, aportó el símil con la física del que te acabo de hablar— y la posterior reflexión en torno al principio de aquiescencia pactada, me permitió perfilar los rasgos y potencialidades del mismo. A partir de esa idea inicial Soriano lo aplicó a su propuesta de *"colectivos de opinión a distancia"* que describió en *Democracia vergonzante...* y yo lo desarrollé en mi tesis doctoral sobre el MPF bajo la denominación, como te acabo de decir, de procedimiento asociativo-decisional de aquiescencia pactada, procedimiento de aquiescencia o procedimiento PF.

Rehabilitación del *"Isla de Corisco"*. Isla Cristina (1992-1996). En primer plano la sala de máquinas con los soportes para los motores; al fondo, lo que sería el camarote de popa ampliado.

—Tengo curiosidad por conocer tu invento.

—Creo que será más ameno que leas el siguiente relato incluido en *Noticia de un amanecer fugaz,* aunque algunos extremos te resultarán conocidos.

Campamento amazónico, septiembre de 2012.

Aún faltaba una hora larga para la cena en una primera jornada que estaba resultando demasiado intensa. Ventaja: no habría más sesiones de trabajo hasta el jueves, ya que los tres días siguientes se dedicarían a diversas actividades itinerantes por los alrededores del CAE. Objetivo: que los participantes, tras una observación atenta, pudiesen tener criterio a la hora de elaborar los futuros ejercicios de observatorio de I+C que debían preparar entre todos. En el uso de la palabra: Dani.

—¿A que no habéis oído hablar del principio de rol variable, 🗀 que aporta la posibilidad de escoger libremente y en todo momento el papel o rol participativo que se desee desempeñar en el seno de un colectivo? ¿O del de liderazgo abierto, 🗀 que permite extender esa libertad de elección de papel o rol al ejercicio del liderazgo de las propias propuestas y al derecho a actuar, en relación con ellas, como representante y portavoz? ¿O del de aquiescencia pactada, esa especie de milagro que transforma la inacción en acción? 🗀

—Sería como lograr la cuadratura del círculo.

—Te sorprenderán, Bella. Se trata de los principios moduladores que operan en el modelo PF. Recurriré a un supuesto práctico para explicarlo. Imaginemos que *CAE INTER/SUR* fuese una ONG...

—¿Acaso no lo es?

—No, Nuria, no lo es.

—¿Y qué es entonces?

—Sólo una denominación, un dominio, un sitio *web* que aloja un *PNG*.

—¿Penegé?

—Proyecto de investigación no gubernamental en el ámbito de la ingeniería política y social.

—¿Entonces todo esto...?

—Luego te lo cuento, pero ahora déjame seguir. Supongamos, decía, que *CAE INTER/SUR* fuese una ONG local que obtiene una parte sustancial de su financiación de la Administración del presidente Correa y del Ayuntamiento de Sucua. Una organización que se jacta de incluir en sus encuentros interuniversitarios en la Amazonía ejercicios de observatorio ecociudadano de iniciativa y control cuyas propuestas y denuncias no hacen más que incomodar a las autoridades gubernamentales y municipales, generando tanta tensión que ha llevado a la dirección a plantearse bajar el diapasón de la crítica e, incluso, la continuación de los mismos. Sin embargo, ante las discrepancias de algunos miembros, se reúne una asamblea en la que se decide por mayoría substituirlos por actividades de naturaleza ecociveturísticas menos conflictivas. ¿Qué ha sucedido?

—La aparición de ese virus que amenaza a las organizaciones de la sociedad civil: el efecto moderación-adulteración.

—Correcto, María. Y es que se teme que las instituciones patrocinadoras retiren su apoyo económico en cualquier momento. ¿Qué hacer, pues, ante esa realidad que coarta la autonomía y la eficacia de la organización y, en definitiva, frustra su objeto social? ¿Aporta la PF solución a estas situaciones?

—Tú dirás.

—Comprobémoslo mediante la sencilla representación que hemos preparado.

Tarald y Yadira, a un gesto de Dani, comenzaron a distribuir entre los asistentes unas pegatinas con la palabra COOPERA pidiéndoles que se las colocasen.

—Los portadores de este adhesivo —dijo Andrés— discrepamos de la nueva línea de trabajo adoptada por la dirección y hemos decidido constituir, apoyándonos en el modelo PF, un nuevo colectivo que no se vea impelido a plegarse a los intereses de las autoridades. Lo llamaremos *Colectivo Cooperación Ecociudadana para la Recuperación de la Amazonía* o *Colectivo COOPERA*.

—¿Otra ONG?

—No exactamente, Olivia. Digamos, que una peculiar asociación, sin ánimo de lucro, cuya inscripción registral nos acaba de ser denegada por la Administración ecuatoriana.

—¿Y eso? —preguntó Nuria extrañada.

—Porque en el acta fundacional se hace constar que su funcionamiento no se regulará por unos estatutos convencionales, sino por un procedimiento sui géneris inspirado en el asociacionismo blando.

—Lógico —comentó Canseco—, ya que se trata de prácticas asociativo-decisionales sin encaje en la normativa vigente de cualquier país.

—Ayman ¿puedes volver a mostrarnos la definición de asociacionismo blando?

—Déjalo, ya sé qué es el asociacionismo blando. Lo que quiero —insistió Nuria— es que cuentes en qué consiste esa alternativa a los estatutos.

—Se trata —intervino Dani—, del procedimiento de participación fraccionada, PPF o procedimiento de aquiescencia y ahora mismo os lo vamos a explicar. Continúa, Andrés

—Recapitulemos. Tenemos la denominación del colectivo: *COOPERA*. El objetivo: la defensa del patrimonio natural y cultural de la Amazonía. Y la sede: un simple portal *web*, cuyo dominio y alojamiento podemos contratar fácilmente, provisto de una sencilla aplicación de *software*. ¿Qué más necesitaríamos?

—Los miembros, dijo alguien.

—Está claro, somos nosotros, los de la pegatina.

—No es suficiente. Para formar parte del mismo es imprescindible algo más: firmar la declaración individual de participación en el *Colectivo COOPERA* y de aceptación de su procedimiento asociativo-decisional de participación fraccionada.

EL PROCEDIMIENTO PF

A bordo del *"Isla de Corisco"*
Club Náutico Nuevo Portil, 10.01.21.

Querida Eurídice.

Gracias por tu detallada explicación sobre el "máser". Si te perece me quedo con unas cuantas ideas que me bastarán para los años que me quedan: amplificador de microondas, similar al láser, pero que actúa en una región diferente del espectro electromagnético y sirve para recibir señales muy débiles. Su funcionamiento se basa en el fenómeno de emisión estimulada de radiación, enunciado por Albert Einstein en 1916. El primero se construyó en 1954 y su denominación es el acrónimo de *Microwave Amplification by Stimulated Emission of Radiation*.

Y ahora volvamos al CAE donde los presentes aguardan las explicaciones sobre esa declaración individual de participación en el *Colectivo COOPERA* que les va a permitir comprender el funcionamiento del procedimiento PF o procedimiento de aquiescencia.

Campamento amazónico, septiembre de 2012.

—Es extremadamente escueto: sólo tiene seis puntos muy fáciles de recordar. Bella, por favor, ahora.

La chica, desconcertada, paseo sus traviesos ojos entre Dani y Ayman, pero éste, sonriendo, se le adelantó con un puntero láser haciendo que el texto apareciese en las pantallas. ✎

DENOMINACIÓN. *Colectivo para la Cooperación Ecociudadana en la Recuperación de la Amazonía (COOPERA).*

OBJETIVO. La defensa del patrimonio natural y cultural de la Amazonía ecuatoriana.

REGULACIÓN. Por el presente procedimiento asociativo-decisional de participación fraccionada.

MIEMBROS. Fundadores: los veinte firmantes iniciales de la Declaración individual de participación en el *Colectivo COOPERA* y de aceptación del procedimiento asociativo-decisional. Ordinarios: quienes, a propuesta de dos miembros, sean admitidos y firmen electrónicamente dicha declaración. Se causará baja mediante simple comunicación.

ÓRGANOS. Página electrónica equipada con las aplicaciones de *software* necesarias para el funcionamiento de este procedimiento asociativo-decisional.

FUNCIONAMIENTO.

Primero: Cada miembro de *COOPERA*, de manera individual o con otros miembros —proponente—, que desee hacer una propuesta deberá formularla y enviarla, junto con la documentación pertinente, siguiendo el procedimiento informático formalizado contenido en la página electrónica a fin de que se registre, se archive y se distribuya a todos los participantes.

Segundo: Los miembros de *COOPERA* dispondrán de un mínimo de diez días naturales —o de más tiempo, si así lo indica el proponente— para comunicar su posición, que podrá ser activa, si vota; o inactiva, si no lo hace.

Las primeras podrán ser: positiva (posición activa positiva), condicionada (posición activa condicionada), negativa (posición activa negativa) y de abstención (posición activa de abstención).

Tercero: Se sobreentiende que quienes no respondan en plazo al proponente expresando una posición activa, dan su aquiescencia y su inacción se computará como voto positivo —posición inactiva o aquiescente—.

—Cuarto: Transcurrido el plazo mínimo o, en su caso, el indicado en la propuesta, el proponente, si cuenta con el respaldo de los miembros del colectivo, podrá ejecutarla en los términos contemplados en la misma, actuando como representante y portavoz de *COOPERA*.

Quinto: Se entenderá que una propuesta cuenta con el respaldo de *COOPERA* cuando lo obtenga (posiciones activas positivas+posiciones inactivas o aquiescentes) de la mayoría simple de los miembros.

Sexto: A efectos de recuento, se considerará que el número de miembros es el que indique la aplicación informática en la fecha y hora en que haya tenido lugar la remisión de la propuesta.

Séptimo: El proponente, al actuar como portavoz de *COOPERA*, tiene la inexcusable obligación de mencionar el número de posiciones activas negativas o de abstención que le hayan sido comunicadas en plazo, identificando con nombres y apellidos sólo a aquellos remitentes que lo soliciten expresamente.

FINANCIACIÓN. *COOPERA* carece de recursos económicos. Son sus miembros, cuando actúan como proponentes, quienes resolverán, o incluirán para que lo resuelva el colectivo, lo relativo a la financiación de su propuesta, como un elemento más de la misma.

REPRESENTACIÓN Y PORTAVOCÍA. El proponente que, en cumplimiento de este procedimiento, llegue a estar facultado para actuar como portavoz del colectivo en representación de su propuesta, utilizará siempre la siguiente fórmula de encabezamiento de sus escritos o intervenciones públicas: D/Da..., con documento... en nombre propio, como portavoz de *COOPERA* y promotor de la (denominación de su propuesta)...

MODIFICACIÓN. Este procedimiento asociativo-decisional de participación fraccionada podrá ser modificado mediante enmiendas que se incorporarán siguiendo estas mismas reglas.

ANEXO. Declaración individual de participación en el Colectivo **COOPERA** y de aceptación de su procedimiento asociativo-decisional de participación fraccionada: D/Da..., con documento... y dirección electrónica... expresa su voluntad de formar parte del *Colectivo COOPERA* y declara que acepta expresamente el presente procedimiento asociativo-decisional.

—Leedlo y lo comentamos. Mejor aún: pongámoslo en práctica.

Dani se acercó a Naylea, Andrés y Ayman y les susurró algo. De vuelta a su mesa, preguntó:

—¿Alguno de los miembros de *COOPERA* se atrevería a hacer una propuesta?

—Yo.

—Adelante, Ayman.

El chico del Rif presionó sobre el pulsador negro de su araña y las pantallas mostraron la denominación de su propuesta: *Iniciativa OBSERVA.*

—Se trataría de relanzar los ejercicios de observatorio de I+C a los que ha renunciado la dirección del CAE. De hecho, *OBSERVA* significa *Observatorio ecociudadano de los recursos vegetales de la Amazonía.*

—Ya podríais haber dicho flora.

—Me hubiese cargado el acrónimo.

—Continúa, Ayman.

—Ahora, siguiendo el procedimiento de *COOPERA*, abriría la aplicación de *software* de su página y, vía correo electrónico, procedería a informar de la misma a los restantes diecinueve miembros.

—Pues cuenta tu propuesta y votemos.

Las respuestas no se hicieron esperar. En las pantallas apareció un cuadro con los resultados. Uno de los miembros no había votado y los restantes diecinueve, incluido el proponente, lo hicieron así: seis posiciones activas positivas, cuatro posiciones activas condicionadas a la aceptación por el chico del Rif de ciertos cambios en *OBSERVA*, una posición activa de abstención y ocho posiciones activas negativas o de rechazo.

—¿Qué tenemos? —preguntó Dani.

—Está muy claro: la propuesta de Ayman ha sido rechazada por ocho votos frente a seis.

—Querrás decir ocho frente a siete —precisó Dani—. Te recuerdo, Olivia, que el procedimiento asociativo-decisional al que acabas de dar tu consentimiento incorpora el principio de aquiescencia pactada.

—¿Y?

—Pues que se sobreentiende, dice textualmente el punto tercero, que aquellos miembros que no voten o, dicho de otro modo, que mantengan una posición inactiva, que es lo que he hecho deliberadamente, dan su aquiescencia a la propuesta y su inacción deberá ser computada como voto positivo. O lo que es lo mismo, que mi pasividad se ha transformado en un gesto o voto aquiescente por mor del procedimiento asociativo-decisional que nos hemos dado los miembros de COOPERA.

—Incluso así, me reafirmo que Ayman ha perdido y debe renunciar a su propuesta.

MIEMBROS	POSICIONES ACTIVAS			
	Positiva	Aquiescencia	Negativa	Abstención
M1	X			
M2	X			
M3		X		
M4	X			
M5	X			
M6	X			
M7	X			
M8	X			
M9	X			
M10	X			
M11	X			
M12				X
M13			X	
M14			X	
M15			X	
M16			X	
M17			X	
M18			X	
M19			X	
M20			X	
Totales	10	1	8	1

—Yo no estaría tan segura —indicó María, rompiendo un mutismo que hasta *Boliche* celebró moviendo alborozado sus orejas—. Si lees el procedimiento verás qué Ayman aún tiene la posibilidad de llegar a acuerdos con quienes han condicionado su voto.

—Supongamos que negocio con los cuatro, les hago algunas concesiones y deciden apoyarme.

—En ese caso ganarías por once a ocho.

—¿Once de qué? —se extrañó Olivia, lentita para los cálculos, pero bastante más simpática que su compañera de la ciudad condal.

—De añadir a las seis posiciones activas positivas o favorables el gesto o voto aquiescente de Dani y las cuatro posiciones previamente condicionadas —aclaró Ayman—. Resultado que me da vía libre para llevar adelante mi propuesta.

—Y, muy importante —apuntó Dani— para que puedas actuar como líder y portavoz del *Colectivo COOPERA* en el ámbito de la *iniciativa OBSERVA*.

—Dani, me acabo de perder.

—Olivia ¿has olvidado que el texto que firmaste para ser miembro del colectivo incluye el siguiente párrafo? —DVL presionó el pulsador negro de su araña.

> *Transcurrido el plazo mínimo o, en su caso, el indicado en la propuesta, el proponente, si cuenta con el respaldo de los miembros del colectivo, podrá ejecutarla en los términos contemplados en la misma, actuando como representante y portavoz de COOPERA.*

—Eso está muy bien, pero ¿cómo afrontar los aspectos operativos de esa iniciativa de Ayman?

La duda de Olivia dio entrada a Naylea, la encargada de exponer la iniciativa que habían pre-parado para completar el ejercicio.

—Mi propuesta, que daremos por hecho que ya ha obtenido el respaldo necesario de los miembros del *Colectivo COOPERA*, se denomina *Emprendimiento de Desarrollo Ecoturístico*, en lo sucesivo *EMPRENDE*. Se trata de vincular la instrucción cívica y la participación ciudadana al fenómeno del turismo y nos va a permitir comercializar atractivas actividades de tiempo libre en la

Amazonía ecuatoriana que incorporarán los observatorios de I+C de *OBSERVA*. Esto nos llevaría a hablar del binomio ecociveocio-ecociveturismo.

—Así es —cortó Dani— pero eso no toca aún. ¿Alguien sabe qué principios propios de la participación fraccionada han operado en nuestro supuesto?

—Desde luego, el de aquiescencia pactada.

—Bien, Nechma. Más.

—El de liderazgo abierto —Nuria—, que ha permitido que Ayman y Naylea lideren y sean los portavoces de *OBSERVA* y *EMPRENDE*, respectivamente.

—También el de rol variable, ya que cada uno de los miembros de COOPERA hemos dispuesto de la posibilidad de escoger libremente y en todo momento nuestro papel o rol en el seno del colectivo.

—¿Alguno más, aparte de los que han mencionado Nuria y Mercedes? ¿Tal vez el de cohabitación cooperativa? ¿O el de confidencialidad opcional?

—Esos no los has explicado.

—El primero está asociado a las nociones de tolerancia, pluralismo y eficacia inherentes a la IPF.

—¿Qué quieres decir exactamente?

—Te responderé con otra pregunta ¿Qué sucede en un partido político cuando surgen serias discrepancias entre sus miembros en torno a un asunto?

—En el mejor de los casos —se adelantó Jordi Canseco— se votaría y los perdedores o aceptan la decisión adoptada por la mayoría o serían expulsados, pero eso sucede en cualquier colectivo.

—No entre los usuarios de la *IPF*, ya que ésta, merced a la infinita gradación de posibilidades asociativo-decisionales que brinda a sus usuarios, ¡que no militantes!, da cabida en su seno a enfoques, planteamientos y actuaciones divergentes e, incluso, antagónicos haciendo posible una mucho más eficiente cohabitación cooperativa. El segundo, por su parte, pretende proporcionar seguridad al quehacer participativo, ya que incorpora diversas fórmulas de anonimia dirigidas a minimizar o eliminar el mayor o menor riesgo personal, de diversa índole, que puede aparejar el ejercicio de la crítica política en determinados contextos o situaciones.

—En suma —resumió Dani— he aquí *COOPERA*, un colectivo, potencialmente policéfalo, en cuyo seno sus miembros pueden promover y llevar a cabo, con escasas formalidades, diversas iniciativas mutuamente acordadas; elegir los papeles que deseen desempeñar, incluido el de líder y portavoz, y en el que, incluso, la inactividad o el silencio es susceptible de transformarse en acción útil y provechosa. ¿Os imagináis que el movimiento 15M funcionase así?

—Proponlo.

—Ya lo hizo Álvaro, sin éxito, tiempo atrás.

—Y todo ello es posible, querida Eurídice, puesto que la IPF modula la realización práctica de la función asociativo-decisional (A+D) propiciando las nuevas dimensiones del hecho asociativo y del quehacer participativo que he llamado asociacionismo blando y participación a la carta. Al posibilitar que un número indeterminado de ecociudadanos, cualquiera que sea su posición ante un determinado asunto público, puedan intervenir en múltiples procesos D+A (convirtiendo sucesivas oportunidades PF en impulsos PF generadores de acciones PF), permitirá trascender la tendencia del asociacionismo convencional a la institucionalización. Y es que el libre juego del principio de desagregación-agregación en el proceso D+A, te recuerdo, es el responsable de que la IPF no sólo no desdeñe la voluntad asociativa, sino que sirva a todo hecho asociativo imaginable, desde el más institucionalizado y permanente, hasta el más espontáneo, informal y transitorio.

—Ya veo.

—Esta eliminación por la IPF de cualquier factor de rigidez asociativa va a tener un efecto beneficioso: potenciar el componente individual del quehacer político al propiciar una amplia gama de opciones participativas *sui géneris* que, ¡atención!, permitirá añadir a, ¿substituir?, los habituales procesos formales de adopción y ejecución de decisiones propias del asociacionismo convencional, basados en el acuerdo democrático mayoritario, las opciones inéditas derivadas del prometedor desarrollo de los procesos D+A, con lo que ello implica.

—Entiendo, lo que quieres decir es que en la IPF el quehacer participativo no se verá mermado por la ausencia de un previo hecho asociativo formal...

—Más, mucho más: que éste adquirirá potencialidades insólitas. En conclusión: dada esta nueva dimensión del hecho asociativo y del quehacer participativo, se puede afirmar que la IPF, merced al juego del principio de cohabitación cooperativa, asociado a las nociones de tolerancia, pluralismo y eficacia, al dar cabida a voluntades dispares e, incluso, antagónicas, opta por la generalidad del marco asociativo-decisional frente a la particularidad.

—Sí, recuerdo cómo el principio de cohabitación cooperativa intervenía en el programa de ejercicios de observatorio organizado por *Guadiana Educa* posibilitando la formación de dos grupos de participantes con posiciones contrapuestas o antagónicas con respecto a la construcción del puente y de sus accesos.

—Y, también, cuando todos los participantes, estuviesen favor o en contra, no dudaron en exigir a la Administración el cumplimiento de la normativa de acceso a la información ambiental. Y ahora, para terminar de trazar el plan de navegación hacia esa democracia inexplorada, no estaría nada mal, Eurídice, que hicieses el esfuerzo de extraer las principales conclusiones de mis explicaciones sobre el MPF y la IPF.

**Almuerzo en el _"Monte do Vento"_ (Mértola)
tras un Aula Náutica en el Guadiana.
(Cursos de Verano de Doñana).**

ALGUNAS CONCLUSIONES

A bordo del *"Isla de Corisco"*
Club Náutico Nuevo Portil, 15.01.21.

Querida Eurídice.

Comprendo que sigas en Tenerife y te resistas a regresar a la península. Gracias por esforzarte en la redacción de las conclusiones que te pedí. Te devuelvo tu texto con algunas pequeñas precisiones acotadas entre paréntesis y un pequeño cuadro que resume las conclusiones sobre la IPF. Y en cuanto a tu pregunta sobre la viabilidad que tiene mi modelo de participación fraccionada, mis respuesta es clara: hoy por hoy ninguna, a menos que pueda ponerse en práctica la estrategia inicial *ad hoc* que he diseñado para para darla a conocer, profundizar en su concepción, ponerla a punto y propiciar procesos colectivos de experimentación y desarrollo cooperativo que la perfeccionen. Como sabes una estrategia a largo, a muy largo plazo, integrada por cinco iniciativas o propuestas de las que ya conoces dos: PAUTA/e 3.0 y O$_P$TA. A las tres restantes dedicaré el último de mis mensajes.

CONCLUSIONES SOBRE EL MPF

—El MPF es el resultado de la concatenación interactiva de un conjunto de principios que operan en el seno del proceso D+A. (Proceso que constituye su eje o columna vertebral).

—Es un proceso (*sui géneris*) que opera en tres tiempos: fraccionamiento, conversión y agrupación.

—Cuando un potencial actor de la participación fraccionada se encuentre ante una oportunidad PF podrá actuar a sabiendas de que su aprovechamiento —impulso PF— nutrirá un proceso agregativo o cooperativo de largo alcance. (Aunque constituya *per se* un acto político individual).

—Pese a ser cierto que la participación fraccionada posibilita, potenciándolo adrede, el ejercicio individual de la acción política, no cabe concluir que fomente el individualismo.

—Los impulsos PF y las acciones PF nunca serán esfuerzos aislados, dado el carácter sucesivo, interrelacionado, cooperativo y, en suma, democrático y plural del proceso D+A. (Y ello con independencia de que tales impulsos y acciones sean individuales o colectivos, singulares o plurales, respondan a intereses particulares o generales, espontáneos o deliberados).

CONCLUSIONES SOBRE LA IPF

—Es el prototipo genérico de instrumento político de nueva generación, autónomo, plural, autoinstructivo, virtual e interactivo, para el asociacionismo blando y la participación a la carta; capaz de desencadenar un quíntuple y permanente efecto de autofinanciación, autorregulación, autoexpansión, autorenovación y autogeneración; y susceptible de uso individual y colectivo, por un número indeterminado de usuarios.

—Satisface el siguiente decálogo de funciones:

1. Induce procesos autoinstructivos eficientes. Es decir, coadyuva a generar con rapidez notable hábitos cívicos de intervención en los asuntos públicos posibilitando, a gran escala, la adquisición por parte de la ciudadanía de competencias para la reflexión y la acción política. (Posibilita un incremento exponencial generalizado de la cultura política).

2. Desborda el ámbito estatal de actuación.

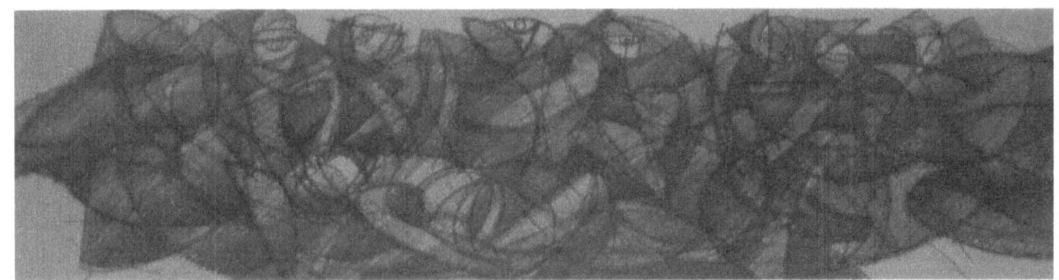

Una visión artística de la *IPF*
Humberto Jacome Mayanza,[29] Quito, 2004.

3. Autogenera condiciones de autonomía y pluralismo: los antídotos de la dependencia política.

4. Precisa escasa o nula institucionalización. (Requerir un grado mínimo o nulo de institucionalización o reconocimiento formal es consustancial, tanto con su origen espontáneo, intencionalidad coyuntural o circunstancial, funcionalidad temporal limitada o efímera; como con su carácter virtual e interactivo, apto para desencadenar procesos permanentes de autofinanciación, autoregulación, autoexpansión, autorenovación y autogeneración.

---

[29] Artista ecuatoriano, al que tuve ocasión de conocer en Quito, que tuvo la amabilidad de plasmar en ese lienzo, que me regaló, su interpretación de lo que le había explicado que era una IPF.

5. Flexibiliza el proceso asociativo cualquiera que sea su grado, al posibilitar que, incluso, la mera voluntad de afrontar un determinado asunto de interés público constituya *per se* un hecho asociativo. (La rigidez o institucionalización propia del asociacionismo convencional cede en beneficio de un asociacionismo en su mínima expresión).

6. Dinamiza el quehacer participativo substituyendo los procesos formales de adopción y ejecución de decisiones (el acuerdo democrático mayoritario) por procesos *ad hoc* que permiten expresar más directa y fidedignamente la voluntad popular. (Lo que da paso a una amplia gama de opciones participativas desconocidas: la participación a la carta).

7. Prescinde de todo tipo de militancia o membrecía. (En la IPF ni se milita o ni se es socio, sólo usuario).

8. Socializa el liderazgo político, permitiendo que sus usuarios asuman libremente cualquier rol o papel, incluido el liderazgo de las propias propuestas, en el ejercicio de la participación política. (Merced a una progresiva socialización del protagonismo político que torna innecesario o superfluo y, en todo caso, prescindible, el periclitado rol minoritario de líder o dirigente, basado en la asunción exclusiva, permanente o rotativa, de la iniciativa, la dirección y la representación).

EL DECÁLOGO/RETO
de las herramientas políticas del futuro

Inducir procesos autoinstructivos eficientes

Desbordar el ámbito estatal

Autogenerar autonomía y pluralismo

Precisar escasa o nula institucionalización

Flexibilizar los procesos asociativos

Dinamizar el quehacer participativo

Prescindir de todo tipo de militancia

Socializar el liderazgo político

Admitir la cohabitación de enfoques y actuaciones

Transformar la inacción en activismo político consentido

9. Admite la cohabitación de enfoques y actuaciones, posibilitando una nueva dimensión del proceso asociativo-decisional (el asociacionismo blando) que permite dar cabida en un mismo marco instrumental a enfoques, planteamientos y actuaciones divergentes e, incluso, antagónicos.

10. Transforma la inacción en activismo político, haciendo que aquella, (merced a una previa aquiescencia pactada) se transforme en acción que opera en beneficio colectivo (aportando nueva energía y capacidad de influencia al nuevo activismo político que inspiran).

¡ALE, LEA!

A bordo del *"Isla de Corisco"*
Club Náutico Nuevo Portil, 19.01.21.

Querida Eurídice.

De nuevo, confinados perimetralmente.

HUELVA información
19.01.12
Aracena cierra la Gruta de las Maravillas y el Museo del Jamón por el cierre del municipio.

Ya sólo me queda completar la explicación sobre las tres iniciativas pendientes de la estrategia Ecociudadanía 3.0: ALE, LEA, WIKIACCIÓN y PMICO.

—Supón que te planteo tres retos. Primero: simplificar el proceso de búsqueda en Internet de propuestas de acción de interés colectivo.
—¿Quieres decir ciberacciones?
—Prefiero ser más preciso: ciberpropuestas de acción de interés colectivo. Segundo: involucrar a todos los potenciales activistas virtuales.
—¿Ciberproponentes?
—Si prefieres... Tercero: estimular a un número creciente de... ¿cómo les has llamado?
—Ciberproponentes.

—Para que conciban sus propias propuestas de acción y cultiven la afición a publicarlas en la red de manera ordenada y sistemática. ¿Se te ocurre algo?

—Pues, así, a bote pronto, no.

—Atiende.

A bordo del *"Isla de Corisco"*
Isla de Culatra (Portugal), primavera de 2012.

—¿Teresa, recuerdas que te hablé en Tánger de María Atauta y de *Boliche*?

—Claro, la chica invidente y su perro guía.

—Pues María, tras reflexionar sobre las ideas que yo le había avanzado en torno a mi modelo de participación, ha ideado *Wikiacción*. En síntesis, ella se hace la siguiente pregunta: ¿Si *Wikipedia* es una exitosa enciclopedia virtual de consulta libre y abierta a la edición colectiva, por qué no promover una especie de agenda global para la acción de funcionamiento similar, pero dirigida específicamente a facilitar la participación ciudadana? Es decir, una peculiar agenda virtual que permita, tanto acceder a un creciente conjunto de propuestas de acción previamente recopiladas sistemáticamente y dispuestas ordenadamente para su inmediata ejecución; como intervenir, individual y colectivamente, en el diseño y puesta a punto de otras similares.

—Muy ocurrente y original.

—Es más, cuando conozcas bien cómo opera la IPF, que es la herramienta o el instrumento piloto de aplicación de mi modelo, y te familiarices con lo que llamo oportunidad de participación fraccionada, comprenderás plenamente la gran potencialidad de la idea de María. Yo acabo de hacerlo ahora al asociar su idea con tu propuesta.

—¿Te refieres al uso de un documento electrónico que permita desplegar recursos multimedia?

—Así es. Mientras tú me propones eso, ella me habla de *Wikiacción* y, de repente, veo con claridad meridiana cómo los futuros libros electrónicos o sus derivados, conectados permanentemente a Internet, serán la vía ideal para que los ciudadanos se inicien en el aprovechamiento de las oportunidades PF de mi modelo y dejen de perder el tiempo publicando chorradas en las redes sociales... "*e. Novela de texto*", *Azar de azahar.*

—De Wikipedia a Wikiacción.

—Te contaré cómo surgió la idea.

—Adelante.

—Hace algunos años, cuando reflexionaba sobre cómo involucrar en la defensa de los intereses globales de los seres humanos a los millones de personas que ocupan su ocio navegando por Internet —algo que tendrá un crecimiento exponencial—, se sentaron a mi lado, en un local de acceso público a la red, tres mozalbetes de no más de doce años que comenzaron a hacerlo a golpes de timón absurdos y disparatados. ¿No habría algún modo, pensé, de que alguien, en su escuela o instituto, les propusiese un rumbo más productivo? Se me ocurrió entonces que, tal vez, alguno de sus profesores o profesoras podría encargarles que buscasen en la red iniciativas, por ejemplo, en defensa de los derechos humanos, de la no discriminación, del interculturalismo o del medio ambiente: *ciberpropuestas* de acción o *ciberacciones* que ellos compartirían con sus compañeros de clase. Imaginé también que aquellos docentes, como la gran mayoría de sus colegas y demás residentes en el entorno, se encontraban participando en una sugestiva y multitudinaria plataforma —tipo PAUTA/e 3.0— para la autoformación y a la acción ecociudadanas (AEE). Y, ¿por qué no?, alcancé a soñar, que alguno de aquellos escolares, los tres, tal vez, y, por supuesto, muchos de sus compañeros, también acabarían habituándose a concebir, diseñar y subir a Internet sus propias propuestas de acción en defensa de intereses colectivos. Ejercicios de gran utilidad que podrían llevar a cabo recurriendo a mecanismos o aplicaciones como las CPCR.

—¡Alto, nuevo acrónimo! Explica.

—Cadenas de prestación colectiva por relevos.

—¿Nueva modalidad olímpica?

—Digamos que forma sui géneris de participación o colaboración en el seno de una determinada iniciativa que incorpora una bolsa de voluntariado o, más precisamente, de prestación colectiva continua. Cadena ininterrumpida de prestación-relevo-prestación en la que los propios participantes eligen él ámbito en el que desean colaborar y proveen su relevo para asegurar la continuidad de las acciones acometidas.

—Despacio, que no lo pillo.

—Por ahora, retén "prestación colectiva" y luego lee más: *lee+ (3 pp.) pág. 319*

—De acuerdo.

—Quehacer que brindaría sugestivas oportunidades de participación a ingentes cantidades de personas como ellos comprometidas en la tarea colectiva de construir una accesible y popular agenda global colaborativa para la acción. Hábito, que de generalizarse desde la infancia, coadyuvaría de manera decisiva a que la futura ciudadanía transitase por la senda de la ecociudadanía. El resultado fue la iniciativa ¡ALE LEA! —acrónimo de *"actúa leyendo, lee actuando"*— mi propuesta para la promoción de un nuevo y revolucionario modelo de edición —la ediacción— que presenté en 2015, en *Noticia de un amanecer fugaz*. Y en sede académica, en la conferencia inaugural de un congreso internacional celebrado en la Facultad de Filología de la Universidad de Sevilla, a finales de diciembre de 2016.

—¿Ediacción? Define el vocablo, *por fa.*

—Lo haré, Eurídice, pero creo justo rememorar el momento en el que *Daniel Viola* —su inventor— tuvo tan feliz ocurrencia.

—El chico de Ronda es una alhaja. ¡Qué pena que tenga novia!

Ecuador, verano de 2012.

Fue una mañana de agosto de 2012, en un punto de la tortuosa carretera que une la ciudad ecuatoriana de Cuenca con Macas, capital de la provincia de Morona-Santiago, cuando los vehículos de nuestra expedición se dirigían al Centro Amazónico para la Ecociudadanía.

—¡Lo tengo! —Dani—. Os dije que lo lograría: el campo de la ecdótica ya cuenta con un nuevo vocablo.

—¿Ecdótica? —Yadira, con su voz melosa.

—Dícese de la disciplina que estudia los fines y los medios de la edición de textos.

—¡Ah!

—Él es así —Álvaro, observando de reojo por el retrovisor la perplejidad de la chica—. ¿Cuál?

—*Ediacción,* del latín *editĭo, -ōnis* y *actĭo, -ōnis,* edición que incluye recursos para la acción.

—Podría servir —Álvaro, no muy convencido—. Sigue dándole vueltas; necesitaríamos algo más específico para designar lo que nos proponemos.

—¿Y qué os proponéis? —inquirió la chica mulata, decidida a no escatimar su concurso si se trataba de hurgar en el léxico.

—Inventar un término para denominar la edición de textos que incorporen la PF...

—Ahora en serio —prosiguió—, la novela de Teresa incorpora una serie de símbolos que invitan al lector a ejecutar una panoplia...

—¿Pano... qué?

—Pa-no-pli-a. Del gr; de *pan*, todo, y *hoplon*, arma. Armadura completa con todas las piezas. Colección de armas ordenadamente colocadas. Parte de la arqueología que estudia las armas de mano y las armaduras antiguas. Tabla, generalmente en forma de escudo, donde se colocan floretes, sables y otras armas de esgrima.

—¿Y qué, Dani?

—Que, por extensión, quiere decir colección.

—¿De qué?

—De acciones; desde consultar un documento y oír música, hasta ver fotos, protegerse del sol o malcomer con un consejo culinario de emergencia.

—Les he dicho que es una barbaridad, que deberían limitarse a incluir en el texto los símbolos inherentes a la actoescritura, pero se aferran a su error con denuedo. Vaya, que no se bajan del burro.

—María habla de las *infoalfas*, *alfaflechas* y *geopeefes* esparcidas en el relato...

—Dani, creo que podría servir el *ilustracción*.

—Sí, pero lo he desechado por su connotación decorativa. —Tajante...

—Ilustrar también es instruir, civilizar...

—Y, dicho de Dios, *alumbrar interiormente a las criaturas con luz.* ¡Nos ha fastidiao! —Dani sólo, en muy contadas expresiones coloquiales, se permitía el dialectal rechazo de la "d" intervocálica. Y nunca, por supuesto, cuando su caída provocaba la fusión de dos vocales haciendo que expresiones como ¿adónde vas? y ¿de dónde vienes? sonasen ¿*ande vas?* y ¿*onde vienes?*—. Lo que digo, Álvaro, es que la aplicación del verbo ilustrar a una obra literaria resalta la acepción de adornar. Si en la futura portada de *Noticia de un amanecer fugaz*, en vez de aparecer *Ediacción a cargo de María Atauta y Naylea Arce*, se anunciara que ambas son las autoras de las *i-lus-*

trac-ci-o-nes, puede que el lector, además de sorprenderse por lo que tacharía de errata tipográfica, aso-ciara su aportación a la de Doré en la edición ilustrada de *El ingenioso hidalgo Don Quijote de la Mancha.*
—De acuerdo. Utilicemos *ediacción…*
"Infoalfas y alfaflechas". Quiebra el albor.

—Lo cierto, Eurídice, es que se trata de una simbiosis entre literatura y política que, al abrir de par en par las puertas a la actoescritura, condicionará el hecho de leer y, en consecuencia, de aprender y de participar en la vida pública.

—No estaría de más que definieses *actoescritura, actolectura, infoalfa, alfaflecha y geopeefe.*

ACTOESCRITURA

(Del lat. *actus*, acción o ejercicio de la posibilidad de hacer, y *scriptŭra*, acción efecto de escribir), modalidad de escritura en la que el autor sitúa determinados signos —*infoalfa, alfaflecha* y *geopeefe*— tras ciertos términos, frases o contextos con el fin de que el lector pueda ejercer la actolectura.

ACTOLECTURA

(Del lat. *actus*, acción o ejercicio de la posibilidad de hacer, y del b. lat. *lectŭra*, acción de leer), modalidad de lectura durante la cual el lector dispone de la posibilidad de actuar. O, más precisamente, de aprovechar las oportunidades que le brinda el texto para intervenir en los asuntos públicos mediante la activación de los enlaces o hipervínculos incorporados a tres signos *ad hoc* que siguen a ciertos términos, frases o contextos —*infoalfa, alfaflecha* y *geopeefe*—.

INFOALFA

Signo **iα** empleado en la actoescritura que incorpora un enlace o hipervínculo susceptible de ser activado por el

actolector para obtener información que le ayude
a actuar con conocimiento de causa.

ALFAFLECHA

Signo de propuesta de acción empleado en la
actoescritura, compuesto con la letra alfa y el extremo
puntiagudo de una flecha horizontal (**α⊳**), que
incorpora un enlace o hipervínculo, susceptible de ser
activado por el lector para aprovechar las
oportunidades de intervención en los asuntos
públicos que le brinda el texto.

GEOPEEFE

Contracción de generador de oportunidad de
participación fraccionada —expresado en la
actoescritura con el signo **gOPf**— que incorpora un
enlace o hipervínculo susceptible de ser activado
por el lector que desee publicar en Internet sus propias propuestas de acción.

—Creo, Eurídice, que se trata de algo que revolucionará el autoaprendizaje y potenciará exponencialmente la democracia directa. Y por ello, con toda probabilidad, resultará inicialmente subversivo para la gran mayoría de la pléyade creciente de escritores convencionales, de la maraña editorial que los sustenta y, sobre todo, para aquellos sectores del poder recelosos de la generalización e intensificación exponencial de los procesos de autoformación y acción ecociudadanos.

¿EDIACCIÓN?

A bordo del *"Isla de Corisco"*
Club Náutico Nuevo Portil, 19.01.21; 23:35 h.

Querida Eurídice.

Hoy, como ves, doble sesión: no tengo sueño. ¿Inexorable transición hacia la actolectura generalizada del futuro? ¿Original simbiosis entre la literatura y la política? ¿Devenir generador de empoderamiento ecociudadano que revolucionará el autoaprendizaje y potenciará exponencialmente la democracia directa? ¿Función que condicionará el hecho mismo de escribir, editar y leer? Claro que puedo responder a tus dudas. Si no tienes nada mejor que hacer, acompáñame a Sevilla.

Sevilla. 19.12.2016; 10 h.

Antigua Fábrica de Tabacos. Aula de Grados de la ▢ Facultad de Filología. ▢ Tras la presentación, realizada por la profesora Carmen Castro, tomé la palabra.

PROGRAMA CONGRESO INTERNACIONAL PHONETIC- ACE AWARD
Universidad de Sevilla 19 y 20 de diciembre de 2016
LUNES, 19 DE DICIEMBRE DE 2016 (MAÑANA)
Moderan: Liliana Lizondo y Carmen C. Castro Moreno
CONFERENCIA INAUGURAL
AULA DE GRADOS
10:00h Luís de la Rasilla Sánchez-Arjona
Dr. Ciencias Políticas Profesor de Derecho Internacional
Universidad de Sevilla y Huelva
luisdelarasilla@gmail.com
De la Edición a la Ediacción. En la senda de la Actolectura

Seré breve para posibilitar el debate. Pondré tres ejemplos prácticos. Concluiré mi intervención con una recomendación y un vídeo de poco más de dos minutos de duración. Y ahora, si me lo permitís, mencionaré tres características que no reúno y tres que sí. No soy escritor, no pertenezco a ninguna de las áreas de conocimiento o gremios profesionales propios de los asistentes habituales a congresos de esta naturaleza y, aunque lo he sido durante algunos años en la década de los noventa, ya no soy profesor de la Universidad de Sevilla. Eso sí, soy politólogo, como se desprende de mi titulación universitaria de doctor; también político, aunque he procurado actuar siempre desde la cuneta de la innovación y, claro, soy ecociudadano en ejercicio.

—Quiere decir ecologista, ¿no? —alguien con quién había pactado la pregunta para romper el hielo.

—Quiero decir ecociudadano. ☞

—¿No es lo mismo?

—No. Y lo habrías descubierto si hubieses pulsado el símbolo situado tras el vocablo.

—¿Qué símbolo?

—Disculpa, tienes razón: estás hablando y no leyendo, pero sabrás a qué me refiero exactamente en cuanto consiga convencerte para que leas la *ediacción* transmedia e hipertextual de esta ponencia.

Saqué de mi cartera un fajo de cartulinas amarillas ☞ y me levanté para repartirlas al tiempo que les indicaba la finalidad del par de direcciones de Internet que contenían: una, para que pudiesen acceder al texto ediaccionado de lo que me disponía a contarles; otra, para que le diesen un toque original y solidario a sus inminentes felicitaciones navideñas. Y, de vuelta a la mesa, comenté que la ponencia que había preparado no era un escrito académico al uso, sino el avance de un capítulo que, con sus aportaciones, pensaba incluir en *Despierta la libélula*, la tercera parte de *Noticia de un amanecer fugaz*, trilogía de la que les acababa de facilitar un folleto de presentación.

—Y ahora, para que nadie se llame a engaño, os advierto que no tengo abuela. Expresión que, por si alguien no lo pilla, se dice en inglés *to be full of one's self*. Y, por supuesto, por mi desbordante imaginación y creatividad me he convertido en un visionario. Corolario: si por mis limitaciones podría ser acusado de intruso o impostor; por mis virtudes, de contador de cuentos. No lo descartéis, pero, ¡ojo!, que los cuentos, no siempre cuentos son. Hice una breve pausa para beber un sorbo de agua y comencé mi exposición.

—De la *Edición a la ediacción*. ¿Qué parte del título no habéis entendido? —No tuvieron tiempo de reaccionar, pues me adelanté: la provocación suele ser mi fuerte—. ¿Acaso *ediacción*? Mal asunto, pues se trata de un vocablo con un futuro más que prometedor… ¿Que lo dudas? —me adueñé de la ingenuidad de una chica para darle a su esbozo de sonrisa el sentido que me convenía—. Es más, me atrevo a afirmar que la transición de la edición a la *ediacción* es inexorable.

—Ignoro qué pretende anunciarnos con ese neologismo —se aventuró a comentar alguien demasiado joven para la aseveración que se disponía a hacer—, pero ya le digo que el libro tradicional no desaparecerá nunca. A mí… —trató de proseguir sin éxito.

—Perdona que te interrumpa… ¿te llamas?

—Arturo.

—Arturo, seguramente te disponías a reivindicar el placer sin igual del rito-tópico de ir pasando páginas al efluvio peculiar de la tinta y del papel. Y aunque, por razón de tiempo, nos vas a ahorrar tu alegato te agradezco la declaración: me acabas de dar pie para poder afirmar que mi discurso nada tiene que ver con el manido debate sobre si papel sí o papel no. Por supuesto que la *ediacción* es incompatible con el soporte al que aludes. Y es que un requisito *sine qua non* para su viabilidad es el empleo de un soporte lector y comunicador inteligente conectado a Internet que reproduzca y permita activar el conjunto de símbolos-hipevínculos incorporados al texto ediaccionado.

—Algo ya disponible —apuntó desde el fondo del aula mi sobrina Carmen Cañal, estudiante de filología francesa en la facultad.

—Y cuyo uso llegará a generalizarse alcanzando grados de sofisticación insospechados —añadió otro de los asistentes.

—Así es. Constituye un requisito de índole material imprescindible, pero ¿a que no adivináis la verdadera causa de esa inexorable transición de la edición a la *ediacción* que pronostico? —esperé unos instantes sin que nadie respondiese y les di una pista—. Tiene que ver con la literatura.

—¿Que facilitará el acceso de mucha más gente a la lectura? —apuntó una de las escritoras asistentes.

—Que abaratará los costes de la edición...

—Que... que... que...

—Todo eso es cierto, pero la clave está en que la *ediacción* aportará a la literatura una función nueva, insospechada y, con toda probabilidad, subversiva. Función, y lo digo alto y claro, que condicionará el hecho mismo de escribir y de editar al abrir de par en par las puertas a la actoescritura y, por ende, a la actolectura. Es más, puede que se trate de una "robusta revolución *pedagógica de fértiles consecuencias psicosociales y políticas*", como ha indicado en *Facebook* Salvador García Bardón, profesor emérito de la Universidad de Lovaina y especialista en Semántica y Lexicología, que tuvo la gentileza de comentar extensamente el borrador de este texto admitiendo que los axiomas que sustentan mi tesis le hacen pensar en los que él mismo defendió en más de una ocasión como explicativos de la revolución cervantina de la escritura...

Luego les aseguré que el título de la ponencia —*De la edición a la ediacción: en la senda de la actolectura*— tenía sentido.

—Y digo esto —añadí— para tranquilizar a quien compuso el programa inicial de este congreso, incluso al mismísimo corrector ortográfico que utilizó que, en un claro ejemplo de lógico sinsentido, se limitó a escribir: *De la edición a la edición*. Y ahora al grano. Lo primero será dar una definición.

Aquí, Eurídice, les referí el momento en que Dani Viola, en *aquel punto no identificado de la tortuosa carretera del Oriente,* inventó el término ediacción.

Y así, como si nada, *un tipo joven, ocurrente donde los haya, listo como el hambre, licenciado en Derecho por la Universidad de Sevilla y rondeño por más señas,* le da jaque mate a Gutemberg proponiendo un vocablo que lleva implícita la inexorable transición de los modos conocidos de edición hacia un ámbito insospechado: la actoescritura y la actolectura. Realidad que, andando el tiempo, hará actoescritor, mal que le pese a quién se aferre al papel convencional, y convertirá en actolector al *homo ociosus* del futuro.

—¿Que le hace pensar que el hombre del futuro será un ser ocioso? —quiso saber Elvira.

—Todo. Keynes ya lo vaticinó en su *Essays in Persuasion* al advertir que en el futuro...

—¿Qué futuro?

—En el futuro, dejémoslo así para no pillarnos los dedos, la Humanidad —decía el influyente economista británico— deberá afrontar como problema global la utilización de su nueva independencia con respecto a las preocupaciones económicas y, en consecuencia, replantearse la existencia y su nuevo rol en el planeta Tierra. De hecho, recordando a Jeremy Rifkin en su *Economía del Hidrógeno*, pensemos en que los imparables avances de la infocomunicación y de la inforobótica, añadidos a la sustitución del actual modelo energético piramidal por otro de estructura más horizontal, que posibilite a gran escala la generación distribuida de energía procedente de fuentes renovables, situarían a la Humanidad ante la realidad sugerida por el economista británico. A menos, claro, que lo impida el cambio climático. Lo cierto es que ya en nuestra época la transformación del tiempo libre en ocio mediante el recurso a una innumerable gama de actividades de consumo generadoras de movilidad —sea real o virtual— cada vez más insospechada, propicia un nuevo y sugestivo espacio de socialización cuyas casi inimaginables potencialidades, buenas, indiferentes o perversas, no deberían despreciarse por muy lejanas o utópicas que puedan antojársenos. Estoy convencido que, guste o no, se crea o no, un nuevo *homo ociosus* nos aguarda. De ahí que me cuestionase la viabilidad de encauzar el tiempo libre del ser humano — del que ya muchos disponemos en proporción creciente— hacia un modelo de ocio autoinstructivo.

—¿Ocio autoinstructivo?

—Un modelo en el que primará el interés por los asuntos públicos y reconducirá progresivamente nuestra larga evolución de *homo depredator, cultor, fa-*

ber, creator, ociosus en *homo republicanus* (de *res pública*, cosa pública). Un flamante y generalizado *homo republicanus*, utópico hoy, tangible, tal vez mañana, capaz de hacer realidad el ideal político del ejercicio responsable y generalizado de una democracia ecociudadana directa en la que los nuevos ecociudadanos dotados de útiles políticos de nueva generación asuman por fin el papel usurpado por sus poco escrupulosos y nada eficientes representantes políticos.

—Lejos me lo fía.

—Pues ese parece el pronóstico. Puede que el artículo *¿Qué haremos con el tiempo libre que nos dejarán los robots?*, publicado recientemente en el diario *El País*, te ayude a situarte en el contexto adecuado.

—¿Ocio y democracia?

—Dada la creciente omnipresencia del ser humano ante la inmensa panorámica que propicia Internet, la clave —me dije— podría estar en comenzar a incorporar de manera natural y sugerente el componente cívico y de interés por la cosa pública en los hábitos de ocio placentero de los seres humanos, en especial en el ámbito de la movilidad asociada a los desplazamientos geográficos y al turismo. Y también en otros. Pero dejemos eso: bastará con retener el término ocio que resultará esencial para comprender la tan inusitada como prometedora alianza de la literatura y la política.

—Eso ya viene de lejos.

—Me consta, Carmen, pero no con la intensidad, ni con las connotaciones que anuncia mi propuesta. Y este el momento de retener tres ideas claves. Primera: que la incorporación de recursos para la acción que caracteriza a la *ediacción* sólo será viable merced a la asociación de la escritura con adelantos por venir en el ámbito de la ingeniería política y social hoy inimaginables. Segunda: que, en su momento, dicha simbiosis entre literatura y política revolucionará el autoaprendizaje de lo público y generará tal empoderamiento ecociudadano que tornará obsoleta toda democracia conocida. α⟩ Tercera: que el rechazo a ese devenir no sólo será feroz por parte de la pléyade creciente de escritores convencionales y de la maraña editorial que los sustenta, sino, sobre todo, de los sectores del poder recelosos de la generalización e intensificación exponencial de procesos de autoformación y acción ecociudadanos.

—¿Es eso es lo que cuenta en su novela? ¿Qué quiere decir al titularla *Noticia de un amanecer fugaz*?

—En realidad no venía a hablar de mi libro, pero ya que nuestra compañera ha sacado el tema... ¿Os imagináis un amanecer fugaz? No resulta fácil, pero creo que ayudará la siguiente imagen. Andaba yo, años atrás, buscando con denuedo un título para la obra que comenzaba a escribir cuando el azar quiso que viniese en mí ayuda el conocido astronauta e ingeniero aeronáutico español Pedro Duque.

—*Es tal la cantidad de energía necesaria para activar una lanzadera* —le comentó al periodista que le entrevistaba— *que es como si en plena noche amaneciese en Cabo Cañaveral.*

Y es que —les expliqué— la creatividad humana, al igual que la formidable llamarada que genera la ignición nocturna del combustible que impulsa al transbordador espacial, puede llegar a anticipar el panorama de un amanecer fugaz. Y esto, exactamente esto, es lo que pretende la e.novela de texto que os acabo de proporcionar. Sí, de anticipar el lúcido e insospechado espectáculo de una alborada antes, mucho antes, de que despunte el alba. Un alba con la que, por si alguien se había hecho ilusiones, no despertaremos ninguno de los presentes, pero que un día llegará.

WIKIACCIÓN

A bordo del *"Isla de Corisco"*
Club Náutico Nuevo Portil, 20.01.21; 18 h.

Querida Eurídice.

¡GOOD BYE Mr. TRUMP!

Abre el *código QR* para reproducir el video.

Me faltan WIKIACCIÓN y PMICO. Seré breve.

Sevilla. 19.12.2016; 10 h. (Continuación).

—¿Y qué tiene que ver lo que nos cuenta con esa organización denominada *wikiacción*?

—No es una organización, simplemente un complejo recurso, inseparable de la *ediacción*, al que me referiré cuando formule mi recomendación final.

—¿Podrías poner un ejemplo práctico?

—Por supuesto, Carmen. He preparado dos: el primero es una versión resumida de la primera experiencia, narrada en el capítulo *Lee y actúa* de *Quiebra el albor*, segunda parte de *Noticia de un amanecer fugaz*, que vivimos en la escuela de una población cercana a nuestro Centro Amazónico de la Ecociudadanía (CAE), durante el verano de 2012. *lee+ (7 pp.) pág. 311.* El segundo es una dedicatoria incluida en una ponencia reciente que presenté en el III Seminario Internacional sobre Guinea Ecuatorial ✂ organizado en Madrid, el pasado mes de julio, por el Centro de Estudios Afro-Hispánicos de la Universidad Nacional de Educación a Distancia.

> *A mi buen amigo Donato Ndongo Bidyogo,* ✂
> *intelectual ecuatoguineano internacionalmente*
> *reconocido, honesto e indoblegable, alarmado*
> *ante el estrechamiento del cerco con el que la larga*
> *mano del dinero del dictador Obiang*
> *le viene presionando en España.* ⍺>

—Si pulsáis en la *alfaflecha* incluida en la dedicatoria —les indiqué— podréis comprobar que, a diferencia de lo que habría sucedido, de haberse tratado de un texto convencional, se brinda al lector la posibilidad de informarse y, de estimarlo oportuno, manifestar su compromiso al respecto. En este caso, el lector, si decide asumir el rol de actolector que le brinda el texto ediaccionado, puede ejercer el derecho de petición ante el Congreso de los Diputados para exigir que las Administraciones públicas velen por el riguroso cumplimiento de la normativa en materia de incompatibilidades de altos cargos. Ya sabéis, aquello de las puertas giratorias que está tan de moda.

—Para eso habría que endurecer la ley.

—Algo que los actolectores podrían promover con creciente facilidad y tino: ora, aportando una *ciberacción* en dicho sentido de la que tuviesen noticia; ora, publicando una iniciativa o propuesta de *ciberacción* de su propia cosecha.

—¿Cómo?

—De manera colaborativa, como algunos ya lo hacen en *Wikipedia*.

—¿Dónde?

—Ese es el *quid* de la cuestión. Lo ideal sería poder hacerlo en una agenda o base de datos global de contenido libre y de confección colectiva. Una potente y fácilmente accesible *wiki ad hoc.* Y es que los actoescritores, además de diccionarios y enciclopedias —*Wikipedia*, entre ellas— necesitarán apoyarse en este tipo de recopilaciones de propuestas de autoformación y acción ecociudadanas.

—¿Te refieres a lo que llamas *wikiacción*?

—Sí.

—Ya… ¿Y tú propuesta?

—Mi recomendación está asociada a la iniciativa ¡ALE LEA! o *"actúa leyendo, lee actuando"* ✂ y consiste en la promoción de aulas libres de actoescritura y de actolectura que enseñen y fomenten la *ediacción*. Iniciativa que urge promover por su potencial generación de nuevos y sostenibles empleos en el ámbito de la educación y de la cultura. Y será viable a condición de disponer de recopilaciones crecientes de propuestas de autoformación y acción ecociudadanas.

—¿Quieres decir…?

—Perdona, Carmen. Quiero decir que sólo la disposición de aplicaciones *wiki* de esas características, dotadas de un *software* adecuado, posibilitarán: al sector editorial, dar el salto cualitativo a la *ediacción*; a los escritores, transformarse paulatinamente en actoescritores mediante la publicación ediaccionada de sus nuevas y viejas obras; y a los actolectores, empoderarse como ecociudadanos, mientras se suman al formidable esfuerzo colaborativo de expandirla en la red siguiendo, probablemente, los pasos dados por la conocida *Wikipedia*. Y eso es todo. Muchas gracias.

—Te falta PMICO. ¿De qué va?
—Es el acrónimo de *Plataforma multimodal de interconexión civeturística y ocupacional* y hace un mes que he concluido la publicación en la que la explico. Es una iniciativa complementaria de la PAUTA/e. Es más, la demanda masiva de servicios ecociveturísticos derivada de la activación generalizada de las mismas es la clave para su correcto funcionamiento. Esta es la ficha-síntesis que te he preparado.

Su origen es una iniciativa [30] que di a conocer a finales de los noventa. Dos décadas después, en el contexto coyuntural de la crisis provocada por la COVID-19 y en el horizonte de la ineludible transición global a la sostenibilidad, la he rediseñado y reformulado como plataforma-tipo susceptible de activarse gradualmente en cualquier área espacial que opte por ofertarse como unidad pluritemática de esparcimiento y aprendizaje. Como aquella, se inspira en el MPF.

PMICO afronta determinadas disfunciones propias del turismo y del transporte. En relación con el primero: potenciando el papel central de la oferta turística complementaria, contrarrestando su factor de riesgo al propiciar un cambio de mentalidades que debe ser inducida por políticas activas de sensibilización cívica y de educación ambiental, en fin, apostando por un nuevo

---

[30] Rasilla, L.; *Red costera multimodal de interconexión turística integral de la franja litoral de la provincia de Huelva, (RCM)*. Propuesta incluida en el *Estudio previo de los accesos al corredor litoral occidental onubense y mejora de la conectividad interna,* que, a finales de los noventa, la Consejería de Obras Públicas de la Junta de Andalucía encargó a *INYSUR, S.L.*

concepto de turismo de calidad en el que la prioridad sería su activa contribución a la cualificación educativa y cultural del turista y la inducción de actitudes y hábitos cívicos de sensibilidad hacia el patrimonio natural y cultural de visitantes y residentes. Con respecto al transporte, reduciendo la ocupación de suelo, la congestión, los desplazamientos en masa, el uso intensivo del vehículo particular en beneficio de un uso racional de los transportes públicos; coadyuvando a desarraigar hábitos altamente onerosos para el medio ambiente y la salud, en fin, posibilitando un campo práctico de experimentación asociado a la imparable transición energética que es parte de la transición global a la sostenibilidad.

PMICO puede definirse como un soporte viario integral y permanente de la movilidad multimodal, inducida por una oferta civeturística interconectada, en un área espacial concebida como unidad pluritemática de esparcimiento y aprendizaje. Claro que, en función del punto de vista predominante, cabrían otras definiciones: Marco de promoción y apoyo integral de los poderes públicos al emprendimiento empresarial y al empleo en el ámbito de la interconexión operativa entre las actividades turística complementarias, y algunas otras en función del aspecto particular en el que se desee poner el acento: protección de la naturaleza, conservación del patrimonio, desestacionalización de la oferta turística, fomento del civeocio, etc.

Componentes: portales de información y contratación de servicios, portales de acceso, viales o soportes de rutas, infraestructuras de alojamiento, infraestructuras de enlace, equipamientos, recursos turísticos, rutas o corredores de interconexión...

Funciones: a) proteger el medio natural y los bienes culturales involucrando activamente a residentes y visitantes; b) incrementar la calidad del tiempo de ocio o esparcimiento de la ciudadanía al tiempo que se intensifican los procesos de autoformación y acción eco-ciudadanos; c) optimizar el aprovechamiento integral de los recursos humanos y materiales disponibles; d) desestacionalizar la oferta turística; e) promover innovadoras oportunidades de emprendimiento generadoras de actividad económica y empleo sostenibles; f) desincentivar el uso del vehículo privado; g) minimizar el uso superfluo del transporte público e incrementar el de fuentes de energía no contaminantes; h) propiciar mayor seguridad vial; i) alentar el flujo de intercambios turísticos entre espacios limítrofes, tanto interiores, como exteriores; j) cimentar la consolidación de redes de nuevos intereses económicos, sociales y culturales que contrarresten la tradicional posición dominante del capital inmobiliario; y tantas otras, facilitar las prácticas deportivas de toda índole, conservar y revitalizar las tradiciones artesanales, dar a conocer la agricultura y la ganadería de la zona, reforzar el comercio de cercanía, etc.

Recapitulemos: ¿qué tenemos? Una invitación a los poderes públicos para que, en una determinada unidad espacial y administrativa —por ejemplo, una provincia andaluza, o varias, o todas— se decidan a lanzar, en época de crisis tan aguda, un contundente programa de empleo y autoempleo a través de un decidido apoyo al sector del turismo y, más concretamente, al específico del turismo complementario. Una acción, dirigida a estimular la coordinación operativa de todas sus actividades, que se concretaría en la puesta a disposición de los potenciales emprendedores, tras los estudios técnicos correspondiente, de cuantos medios de apoyos fuesen necesarios. *lee+(10 pp.) pág. 323*

ADIOS, EURÍDICE, ADIOS. ♫
Epílogo

Querida Eurídice.

Nuestra aventura rumbo a una democracia inexplorada ha llegado a su fin. Cualquiera diría que hemos pasado todo este tiempo navegando. En realidad, el *Isla de Corisco* no se ha movido de su pantalán en la Ría del Piedras. Y es que más que de navegar —ya lo haremos cuando superemos la pandemia— se trataba de fijar la ruta en la carta, prestando atención a los escollos que podrían arriesgar tu navegación y la de tus compañer@.

Qué osadía, tantos siglos después, elegirte como musa, convertirte en representante de tus compañer@s y, hacerte partícipe de mi insólito viaje a lo desconocido. Y es que existe un notable paralelismo entre la experiencia de la ninfa que fuiste y los universitarios actuales: ella, víctima de la mordedura de una serpiente en el valle del río Peneo.

"...la joven a la muerte destinada corría veloz por las márgenes del río, no vio a sus pies en la crecida hierba un monstruoso hidro, que vigila las riberas". (Virgilio, Geórgica IV).

"...mientras la recién casada andaba sin rumbo fijo acompañada de un numeroso grupo de Náyades, encontró la muerte al sufrir la mordedura de una serpiente en el talón". (Ovidio, Metamorfosis).

Tú y tus compañer@s, de ese dardo mortal que es la endogamia que carcome nuestras universidades.

¿Y qué me dices de la analogía entre lo perentorio de vuestro rescate y la valentía del tracio, presto a liberarte con su lira, su música y su palabra? Y no me digas que Platón, en el *Banquete,* hizo que Fedro argumentase que Orfeo, al descender al Hades en tu búsqueda, en realidad, actuaba como un cobarde.

> **"En cambio a Orfeo, el hijo de Eagro, lo despidieron del Hades sin lograr nada, tras haberle mostrado un fantasma de su mujer, en cuya búsqueda había llegado, pero sin entregársela, ya que lo consideraban un pusilánime, como citaredo[31] que era, y no se atrevió a morir por amor como Alcestis, sino que se las arregló para entrar vivo en el Hades."**

Lo cierto es que, —como afirma la profesora mexicana María José Sánchez Usón —[32] *pese a esta opinión despectiva, tan convincente debió resultar Orfeo para Platón que éste llegó a equiparar su poder seductor con la capacidad persuasiva de un sofista del renombre de Protágoras de Abdera*:

> **"Detrás de estos, los seguían otros que escuchaban lo que se decía y que, en su mayoría, parecían extranjeros, de los que Protágoras trae de todas las ciudades por**

---

[31] Del lat. *citharoedus,* y este del gr. κιθαρῳδός *kitharōidós.* 1. m. desus. citarista. Citarista Del lat. *citharista,* y este del gr. κιθαριστής *kitharistés.* 1. m. y f. Persona que ejerce el arte de tocar la cítara.

[32] He tomado como fuente básica para redactar este epílogo el trabajo de María José Sánchez Usón, doctora en Historia Medieval por la Universidad de Zaragoza (España), profesora de la Universidad Autónoma de Zacatecas México. *Vid* Sánchez Usón, María J.; *Orfeo en el discurso artístico: la pervivencia de un arquetipo.* Revista Iberoamericana de las Ciencias Sociales y Humanísticas, vol. 4, núm. 8, julio-diciembre, 2015. https://www.redalyc.org/pdf/5039/503950656014.pdf

donde transita, encantándolos con su voz, como Orfeo, y que le siguen hechizados por su voz".

Apostilla ésta, querida Eurídice, muy significativa, ya que describe a Orfeo como una *especie de orador fascinador de auditorios, capaz de deslumbrar y atraer no solo a la naturaleza, sino también a los hombres.* Cualidad que es garante de que mí, nuestra, vuestra navegación llegue a buen puerto.

Eurídice moribunda (1822)
de Charles-François Lebœuf (Museo del Louvre).

Y, por supuesto, la fascinación ante quien, junto al cantor de Tracia, ha sido fuente de inspiración para artistas de todo tiempo, género y lugar.

En la literatura*: Orfeo* (Juan de Jáuregui), *Favola di Qifro* (Poliziano), *Orphei Tragoedia* (Antonio Tebaldi), *Orfeo y Aristeo* (anónimo)… los sonetos de Góngora:

Herido el blanco pie del hierro breve,
saludable si agudo, amiga mía,
mi rostro tiñes de melancolía,
mientras de rosicler tiñes la nieve.

Temo (que quien bien ama, temer debe)
el triste fin de la que perdió el día,
en roja sangre y en ponzoña fría
bañado el pie que descuidado mueve.
Temo aquel fin, porque el remedio para,
si no me presta el sonoroso Orfeo
con su instrumento dulce su voz clara.
¡Mas ay, que cuando no mi lira,
Creo que mil veces mi voz te revocara,
y otras mil te perdiera mi deseo! [33]

... Y el *satírico y desmitificador poema romancea-do* de D. Francisco de Quevedo:

Orfeo por su Mujer,
cuentan que bajó al Infierno;
y por su mujer no pudo
bajar a otra parte Orfeo.
Dicen que bajó cantando;
y por sin duda lo tengo,
pues en tanto que iba viudo,
cantaría de contento...[34]

O en Lope de Vega (*El amor enamorado* y *El marido más firme*), Calderón de la Barca (*El divino Orfeo*), Víctor Hugo (*La légende des siècles*), Apollinaire (*El Bestiario... El Cortejo de Orfeo*), Rainer María Rilke (*Sonetos a Orfeo*):

Pero tú, oh divino, sin dejar de cantar
cuando atacó el tropel de desairadas ménades,
oh hermoso, con tu orden dominaste sus gritos,

---

[33] Luis de Góngora, Obras completas, Buenos Aires, Nueva Hélade, 2000. Citado por María José Sánchez Usón, *op.cit.*
[34] Francisco de Quevedo y Villegas, Obras completas. Verso, Madrid, Aguilar, 1952, p. 412. Citado por María José Sánchez Usón, *op.cit.*

tu música se alzó sobre las destructoras.
No destruyó ninguna tu cabeza o la lira,
aun peleando furiosas, y cuantas aguzadas
piedras iban echando contra tu corazón,
ante ti se amansaban y tenían oído.
Al fin te destrozaron, sedientas de venganza,
aunque quedó tu canto en leones y rocas
y en árboles y aves. Aún cantas ahora en ellos.
¡oh dios qué hemos perdido! ¡Oh tú, huella infinita!
porque la hostilidad te dispersó en pedazos,
somos boca y oído de la naturaleza. [35]

...y Valéry o Tennessee Williams, entre otros.

Y, por descontado, en todos los campos de la plástica, desde Durero, Bellini o Tiziano a Delacroix, Rodin, o Marc Chagall.

En la música, especialmente en la ópera, desde *La Favola d'Orfeo* (1607), de Monteverdi, ópera en cinco actos, con libreto de Alessandro Striggio, basado en el poema *"L'Euridice"*, de Ottavio Rinuccini, hasta *Orfeas* (2011) la ópera rock del músico británico Judge Smith, pasando por *Orfeo ed Euridice,* de Joseph Haydn.

En el cine, con Jean Cocteau (*Le sang d'un poète, Orphée* y *Le testament d'Orphée*) o Marcel Camus con su *Orfeo Negro* de 1959, que ganó la Palma de Oro del Festival de Cannes de aquel año, así como el Oscar y el Globo de Oro a la mejor película en lengua extranjera de 1960. Qué tiempos aquellos, cuando llegaste a Río de Janeiro en pleno carnaval, te alojaste con tu prima

---

[35] Rainer María Rilke, Los sonetos a Orfeo, Primera parte, XXVI, Madrid, Hiperión, 2010, p. 61. Citado por María José Sánchez Usón, *op.cit.*

en un arrabal de favelas y Orfeo, un tranviario y popular músico, se sintió atraído por tus encantos. Lástima que aquella enésima alegoría sobre el deseo, el amor y la muerte, tampoco llegase a buen puerto.

Por eso, al elegirte para darle otra vuelta de rosca al célebre mito, no he querido escatimar esfuerzos a la hora de debatir contigo el insólito plan de navegación rumbo a una universidad insólita y a una democracia inexplorada. Y es que, mi querida Eurídice, acrónimo y amiga, he querido asegurar al máximo que tú, tus compañer@s y el nuevo Orfeo, devenido —tú lo quisiste, recuerda, para que él te acompañase a Noruega— en sigla de *ordenación racional y flexible de una educación obsoleta*, naveguéis sin demasiados sobresaltos hacia lo desconocido.

Y ahora, al decirte adiós, Eurídice, adiós, plenamente consciente de que has crecido atrapada entre las dos últimas grandes crisis mundiales, solo te pido que confíes en tu nuevo Orfeo. En esta ocasión, y esto es lo novedoso, ya no es poeta, ni músico, ni un seductor brasileño, sólo un acrónimo, una idea, una invitación y unas coordenadas lejanas a compartir cuanto antes con tus compañer@s.

A bordo del *"Isla de Corisco"*
Club Náutico Nuevo Portil, 20.01.21.

Dr. Luis de la Rasilla
Proyecto INTER/SUR PARA LA INNOVACIÓN POLÍTICA
luisdelarasilla@proyectointersur.org

AULA DEL GUADIANA

Baños de Agua Santa, Ecuador. Agosto de 2012.

Marta se refugió de la lluvia en una cafetería y siguió releyendo aquel texto plagado de recuerdos que acababa de revisar.

Pronto serían las nueve de otro caluroso día de verano en el litoral onubense. El autobús, camino de Portugal, circulaba entre los pinares y dunas de la carretera de la costa. El personal dormitaba en sus asientos... A la altura de Castro Marín, Dani, micrófono en mano, les despertó. Sus instrucciones fueron escuetas: una vez en Vila Real cada uno de los grupos se dirigirá al barco que le ha correspondido. Debemos apresurarnos, pues nos conviene zarpar en cuanto la marea comience a subir.

Los barcos, atracados en el pantalán exterior de la marina de la villa proyectada por el Marqués de Pombal en el siglo XVIII, aguardaban para iniciar el ascenso de ese *"río de luz, de lendas e de amores"* al que se refiere el escritor portugués Urbano Tavares en su prólogo a *"Adeus, azules"*, de Antonio Murteira.

"Anas, Odiana, Guadiana, três lexemas que são três etapas de uma evolução fonética. Anas é o primeiro nome do curso de água, a que se antepõe precisamente, em determinada fase da lingua, o monossílabo que significa em árabe rio: ode, como en Odexeite ou Odemira, dandose poteriormente a passagem de Odiana a Guadiana (agora Guad=rio), como em Guadalquivir".

En pleno apogeo de la cultura del ladrillo, el taller observatorio itinerante del Guadiana, nombre exacto de la activi-

dad que completaba aquella edición de los Cursos de Verano de Doñana, se iba a dedicar a la construcción ilegal en las márgenes del río. Una de las amenazas objeto del trabajo de dos observatorios piloto de INTER/SUR: Guadiana Atlántico (OEGA) y Control Ciudadano de la Corrupción Urbanística en el Litoral Onubense (OCCCULO). El plan de ese primer día era navegación río arriba, visita al *Museo do Río* en Guerreiros, fondeo en el recodo de Puerto Carbón, chapuzón, barbacoa y siesta a bordo y atraque en Alcoutim. 📷

—Nuestro trabajo consiste en observar la orilla portuguesa —les dijo Gloria, la monitora encargada de coordinar el trabajo a bordo de *El Prometeo* que se había ofrecido voluntaria en el último ejercicio de observatorio—. Nosotros cuatro fotografiaremos todas las edificaciones que vayan apareciendo; vosotros tomaréis sus posiciones con el GPS y ellas, tras anotarlo todo y comprobar que cada foto incorpora sus correspondientes coordenadas, las trasmitirán al *Isla de Corisco*. Por ahora, solo eso; no os agotaréis.

Los observadores de los otros dos barcos debían llevar a cabo tareas complementarias. En el *Alandalus*, estarían pendientes de la orilla española y en el *Isla de Corisco*, procesarían toda la información recibida y la irían subiendo sobre la marcha a las páginas electrónicas de ambos observatorios. Casi todos sabían lo que tenían que hacer y afrontaban la parte práctica muy motivados. No en vano habían asistido a las sesiones del Aula Verde de los cursos.

El lunes, tras el animado debate con el profesor Soriano sobre la democracia, había tenido lugar el recorrido por el Parque Nacional acompañados por el Dr. Javier Castroviejo, 📷 antiguo director de su Estación Biológica, y Jesús Vozmediano, 📷 el abogado, estudioso de Doñana y, durante muchos años, miembro de su Patronato. El martes, escucharon a Juan Romero 📷 y a Iñaki Olano. 📷 El primero, coordinador de los *Ecologistas en*

Acción onubenses, acabó entusiasmándoles con sus lacerantes interpretaciones de las diapositivas que utilizó para ir deshojando el desolador panorama medioambiental de la provincia. El segundo, por su parte, coordinador de *Ojo con el Guadiana*, les explicó cómo el incipiente proceso de deslocalización de la corrupción urbanística del litoral hacia el interior estaba engordando proyectos que representaban una grave amenaza para las orillas del tramo internacional del río. Entre ellos, el promovido por los impresentables alcaldes de El Granado y Mértola para la apertura de un paso fronterizo hispano-luso, mediante la construcción de un innecesario puente sobre el Chanza, tras el que se ocultaba el faraónico plan de construir una macro urbanización en una de las zonas ribereñas mejor conservadas. El experto y comprometido ecologista aprovechó la ocasión para invitarles a participar en la marcha en barco que tendría lugar el primer domingo de septiembre para promover la creación de un parque natural transfronterizo. Y el miércoles, Leandro del Moral, catedrático de geografía humana de la Universidad de Sevilla, ameno e interesante, planteó los grandes retos de la nueva cultura del agua, dando un testimonio personal encomiable de cómo combinar la buena docencia y la investigación rigurosa con el compromiso en el debate social.

Kautar, la amiga tetuaní de Marta, se dirigió a Álvaro, al timón del *Isla de Corisco*.

—Entre que ayer, pensando que no volverías a tiempo, me perdí el final de tu explicación y lo torpe que debo ser, no acabo de enterarme de cómo funciona todo lo que estamos haciendo. Me he quedado con la idea de que los observatorios de I+C sólo funcionan cuando un grupo se involucra en el mismo. Vaya, como si se tratase del agua de un pozo que sólo fluye cuando unos voluntarios hacer girar la manivela que acciona el mecanismo extractor, pero tengo una duda.

—Dispara.

—Si es así ¿cómo se logra su continuidad?

—Antes de nada, te recordaré que lo que estamos haciendo es un simple ejercicio experimental. Su finalidad es mostraros de manera didáctica el funcionamiento básico de la técnica asociativa-decisional de participación fraccionada.

—¿Quieres decir que una cosa son esas siglas y otra el ejercicio propiamente dicho?

—Así es, OEGA y OCCCULO son prototipos de observatorios de I+C que se inspiran en dicho modelo y lo que nos ocupa esta mañana es una actividad asociada a ambos que llamamos ejercicio de observatorio de I+C. Se trata de que imaginéis cómo podríamos ejercer nuestra ecociudadanía si dispusiésemos de los útiles adecuados para el aprendizaje y la participación políticos.

—¿Y qué haremos hoy?

—Realizar un sencillo experimento a lo largo de este plácido crucero que os permita entrever como podría funcionar la democracia del futuro.

—No has contestado a mi pregunta sobre cómo se logra la continuidad de tu observatorio. Vaya ¿qué cómo se hace para que la manivela no se detenga?

—Mediante la periódica y sucesiva aportación de impulsos de participación fraccionada o impulsos PF en respuesta a las oportunidades PF que éste brinda a sus usuarios.

—No te lances. ¿Cuándo hablas de oportunidades PF te refieres a las que este aula nos va a proporcionar a nosotros?

—En efecto. Cuando invitamos a los tripulantes del *Alandalus* a que fotografíen las viviendas en construcción que hay en la orilla española, que localicen sus coordenadas y que nos envíen los datos para procesarlos y publicarlos en Internet podría decirse que el observatorio les está brindando oportunidades PF.

—Que pueden aprovechar o no.

—Supongamos que todos o algunos optan por aprovecharlas. Es decir, si se ejecuta lo propuesto lo que se hace es transformar una oportunidad PF en el impulso PF en que consiste la acción realizada. Del mismo modo, cuando en este barco procesemos ese y los demás impulsos PF que nos envíen y los subamos a la red, no haremos otra cosa que aprovechar la oportunidad PF que tales impulsos PF nos brindan. En esencia: una oportunidad PF, convertida en impulso PF más elaborado, llega a otros en forma de nueva oportunidad PF susceptible de transformarse en nuevo impulso PF y así sucesivamente.

—Así sucesivamente, no. En tu ejemplo la cadena de oportunidad-impulso-oportunidad-impulso se agotaría al finalizar el ejercicio.

—Ni mucho menos, en la medida en que OEGA y OCCCULO son observatorios de I+C asociados a actividades de civeturismo como la que estamos llevando a cabo este fin de semana que se repiten periódicamente…

"Desde el Napo al Guadiana", Azar de azahar.

regresa p. 164

lee+
Carta de los grupos ecologistas a la ministra de Medio Ambiente, Cristina Narbona.

Estimada Sra. Ministra:

Las organizaciones firmantes nos dirigimos a Vd. para mostrarle nuestra gran preocupación por las graves consecuencias para el medio ambiente que tendrá la construcción del nuevo puente internacional sobre el río Chanza y las carreteras de acceso que comunicarían El Granado (Huelva) con Pomarao (Portugal), un proyecto que como sabe, es promovido por la Diputación provincial de Huelva y que se encuentra plagado de irregularidades en su tramitación.

Consideramos que el procedimiento de evaluación ambiental llevado a cabo por la Delegación Provincial en Huelva de la Consejería de Medio Ambiente de la Junta de Andalucía no sólo es nulo al carecer este organismo de las competencias para evaluar un proyecto de estas características, además el procedimiento vulnera claramente la directiva y la ley de evaluación de impacto ambiental.

El proyecto en conjunto provocaría un enorme daño en este espacio protegido por la Unión Europea y en especies gravemente amenazadas como el Lince Ibérico, vulnerando claramente el artículo 6 de la Directiva de Hábitats al no haberse acreditado en absoluto la necesidad de dicho proyecto, hecho este por el que ya ha sido presentada una queja ante la Comisión Europea.

Además la construcción del citado puente vulnera claramente varios artículos de la Ley de Costas, cuyo cumplimiento es competencia directa de su Ministerio.

Por otra parte, como sabe, esta zona concreta del río Guadiana ha sufrido en los últimos años un enorme impacto debido a la proliferación de proyectos urbanísticos, un fenómeno que sin duda se encuentra en la génesis de este proyecto y que se verá reforzado con la construcción del citado puente, como han expresado las autoridades de una y otra orilla del Guadiana en diferentes ocasiones.

Por todo ello, le pedimos que el MIMAM preserve la integridad ecológica de este extraordinario lugar, exija la evaluación correcta del proyecto y que el Gobierno deniegue la declaración de utilidad pública y la autorización para la construcción de este innecesario e injustificable puente entre El Granado y Pomarao.

En la seguridad de que hará cuanto esté en su mano para que la ley se cumpla y para preservar este excepcional rincón del Guadiana, reciba un cordial saludo.

Atentamente.

Fecha: 20.09.2007.
Firmantes:
WWF/Adena, Juan Carlos del Olmo, Secretario General.
SEO/Bird-Life, Alejandro Sánchez, Director.
Greenpeace, Juan López de Uralde, Director.
Ecologistas en Acción, Theo Oberhuber, Coordinador General.
Amigos de la Tierra, Lilianne Spendeler, Secretaria General.

regresa p. 167

lee+

DEMOCRACIA VERGONZANTE Y CIUDADANOS DE PERFIL

Ramón L. Soriano; Luis de la Rasilla

Editorial Comares, Granada, 2002.

Índice

PARTE PRIMERA: CRÍTICA DE LAS INSTITUCIONES DEMOCRÁTICAS.

I. División e independencia de los poderes públicos: mito y retórica.

El mito de la división e independencia de los poderes públicos del Estado. La interferencia del poder legislativo en el poder judicial. La interferencia del poder legislativo en los órganos de control parlamentarios. La interferencia del poder ejecutivo en el poder judicial. La interferencia del poder ejecutivo en el poder legislativo. La interferencia del poder ejecutivo en el ministerio fiscal. División de poderes y perversión institucional del principio representativo. El partido político: gran jacobino de nuestra época contra la independencia de los poderes públicos. Propuesta. Formulación de la propuesta.

II. Los partidos políticos: no hay política sin partidos.

Los partidos políticos: instrumentos no exclusivos y reformables de participación política. El dominio de las elecciones y de los electores: el monopolio electoral de los partidos y el incumplimiento de los programas electorales de los partidos. El dominio de la organización partidista y de la militancia: la ausencia de democracia interna de los partidos. El dominio de la sociedad: la colonización de la sociedad civil por los partidos políticos. El dominio de las instituciones: el sistema de cupo y la dictadura de los partidos políticos. El dominio de la actividad política: la profesionalización de la política. Propuesta. Formulación de la propuesta.

III. Las responsabilidades políticas: soflamas de éticos de salón.

Las responsabilidades políticas: un tema de actualidad. Concepto y tipos de responsabilidades: responsabilidad penal y responsabilidad política. La responsabilidad penal de los altos gobernantes: de la justicia política a la justicia aforada. Las responsabilidades políticas: definición y ámbito de aplicación. Responsabilidad política electoral y responsabilidad política interelectoral. Las responsabilidades políticas: razones para su exigencia. Responsabilidades políticas en España: políticos impunes y ciudadanos ausentes. Responsabilidades políticas y comisiones de investigación. Responsabilidades políticas y comisiones de investigación. Dimisiones, partidos políticos y ciudadanos. Propuesta.

IV. El Parlamento demediado: ¿controla, legisla y representa?

El Parlamento en crisis. Función de control del Gobierno. Función legislativa. Función representativa. Propuestas.

V. El Parlamento oscurantista: representantes sin voces y ciudadanos sin información.

La libertad de expresión y acción de los representantes: una democracia sin voz. El voto cautivo y la disciplina de voto. La libertad de información y la publicidad parlamentarias. Propuestas.

VI. El transfuguismo: estafa política a la voluntad de los ciudadanos.

El transfuguismo y la prohibición del mandato imperativo de los electores: la crisis de la representación de la voluntad popular. El transfuguismo y la jurisprudencia constitucional. Razones contra el transfuguismo: tránsfugas, partidos y ciudadanos. El transfuguismo: ¿estafa política, inmoralidad, cambio de convicciones políticas? Propuesta. Formulación de la propuesta.

VII. Las comisiones de investigación: si ni siquiera existen, ¿cómo van a investigar?

Las comisiones de investigación: naturaleza y funciones. La inoperancia de las comisiones parlamentarias de investigación. Los factores causantes de la ineficacia de las comisiones parlamentarias de investigación. Los efectos positivos de unas comisiones de investigación eficaces. Propuesta. Formulación de la propuesta.

VIII. La inmunidad de los parlamentarios: más privilegio que garantía.

Las garantías parlamentarias: inviolabilidad e inmunidad. La inmunidad parlamentaria: un tiento entre el poder legislativo y el poder judicial. Argumentos contra la inmunidad parlamentaria. Propuesta: un privilegio de hecho a suprimir. Formulación de la propuesta.

IX. La iniciativa legislativa popular: una institución herida de muerte.

La iniciativa legislativa popular en el derecho español: inaccesible e impracticable. Las grandes carencias y limitaciones de la iniciativa legislativa popular. La impracticable iniciativa legislativa popular: la democracia directa a los pies de la democracia representativa. Propuesta. Formulación de la propuesta.

X. El referéndum en España: donde la democracia representativa es única a costa del único soberano: el pueblo.

El referéndum en la actualidad. El referéndum en España: de instrumento de la democracia directa a privilegio de los órganos de la democracia representativa. El referéndum en el proceso constitucional: cautelas y rechazo de los representantes del pueblo. Las carencias y contradicciones del referéndum español. La racionalización de la práctica referendaria: límites del referéndum. Propuesta. Formulación de la propuesta.

XI. Las elecciones en España: donde tu voto cautivo puede valer cuatro veces más que el mío.

La crisis de la igualdad y la libertad políticas de los ciudadanos. ¿Sistemas electorales mayoritarios o proporcionales? La justicia electoral: entre el relativismo y la manipulación electorales. El sistema electoral español: donde los votos no son ni iguales ni libres. La quiebra de la igualdad política de los ciudadanos españoles. La quiebra de la libertad política de los ciudadanos españoles. Sistema electoral español y jurisprudencia constitucional. Propuesta: el mejor sistema electoral posible para España. Formulación de la propuesta.

XII. El Defensor del Pueblo: aprieta, pero no defiende.

El Defensor del Pueblo: sentido y alcance de la institución. Los males de la institución del Defensor del Pueblo. La actitud de los gestores públicos ante las resoluciones del Defensor del Pueblo. Propuestas.

PARTE SEGUNDA: UN NUEVO PROYECTO DE DEMOCRACIA Y CIUDADANÍA.

XIII. Hacia una nueva democracia: la democracia ciudadana.

La democracia ciudadana: arco de bóveda formado por las democracias representativa, directa y participativa. El ámbito de la democracia representativa. El ámbito de la democracia directa. El ámbito de la democracia participativa: los grupos de ciudadanos de acción política. El motor de la democracia ciudadana: las convicciones republicanas. El ciudadano de frente en una democracia ciudadana.

XIV. Hacia una nuevo concepto de ciudadanía.

Ciudadanía *versus* ecociudadanía. El *"modelo de participación fraccionada"* (MPF). El prototipo de instrumento político de la aplicación del MPF. La estrategia ecociudadanía.org. Programa de comunicación a distancia y asesoramiento a distancia sobre la participación fraccionada y sus aplicaciones. Conclusión.

regresa p. 167

"DALE VIDA AL RÍO"
Ejemplo de actuación disfuncional de una ONG

La iniciativa *"DALE VIDA AL RIO"* fue una campaña de gran difusión —en España y Portugal— organizada por *Greenpeace*, en octubre de 2006, para llamar la atención de la opinión pública sobre los diversos problemas que afectan a la cuenca del Guadiana.

Las observaciones y denuncias públicas generadas por un observatorio de I+C —Observatorio del Bajo /Baixo Guadiana, organizado por INTER/SUR, en el que participaron *Ecologistas en Acción de Ayamonte*, *Pura Vida* y otras organizaciones españolas y portuguesas— constituyó uno de los platos fuertes de la misma. De hecho, la denuncia de la influyente ONG tuvo efectos fulminantes. Su publicación en la edición nacional del diario motivó que ese mismo días, horas después, el comité provincial del PSOE de Huelva hiciera pública su oposición a la macro-urbanización *"El Granado Golf"* promovida por el alcalde socialista de El Granado. No comentaré ahora tan repentina e hipócrita pirueta de un partido político, sólo celebraré, como lo hicimos muchos en su momento, su derrota a mano de la sociedad civil organizada.

Lo que me interesa destacar ahora es que la actuación de *Greenpeace* puso de relieve ciertas disfunciones graves a las que puede dar lugar el sistema de funcionamiento y adopción de decisiones por parte de las ONG. La pregunta es: ¿por qué *Greenpeace* que, como se puede demostrar con las fichas de seguimiento del observatorio, conoció el asunto con varios meses de antelación, aguardó hasta la celebración de su campaña *"DALE VIDA AL RÍO"* para hacer pública su denuncia? El retraso, que pudo deberse a la decisión de la organización de reunir el mayor número de agresiones ambientales para dar más realce a su campaña y de no querer descubrir antes de tiempo el que resultó ser uno de los hechos más llamativos de la misma, tuvo una consecuencia muy desfavorable: la no paralización a tiempo de la construcción de la carretera ilegal de acceso al puente y a la ansiada urbanización. Es cierto que la campaña detuvo su construcción hasta que el Consejo de Ministros español optó por declarar la utilidad pública de la obra, pero *Greenpeace* lo hizo cuando ya estaba prácticamente consumado el grave daño ambiental que se trataba de evitar. Estoy convencido de que se podría haber impedido la obra o, al menos, una ejecución tan agresiva por parte de la Diputación Provincial de Huelva, si *Greenpeace* no hubiese esperado diez meses para ejercer su influencia política.

La agresión al medio quedó probada por la necesidad que tuvieron los promotores de comprometerse públicamente a introducir una serie de medidas correctoras que les fueron exigidas tras las denuncias ecologistas. En relación con el reconocimiento oficial de que tales correctores ambientales eran necesarios, he referido en otro lugar la siguiente escena real: "Imagínense a un profesor de ecología en el siempre penoso trance de echarle un capote a un responsable político provincial. Ambos han citado a la prensa para tratar de salir al paso de una consistente denuncia de Greenpeace y Ecologistas en Acción por la construcción de una carretera, tan ilegal como innecesaria, en una zona de alto valor ambiental. El profesor toma la palabra y reconoce que las obras de esta vía *han provocado una cicatriz que hay que cubrir* ya que la maquinaria pesada ha producido en el medio una *herida limpia que se puede curar* y, a continuación, anuncia la terapia por la que le pagan. Indica que, entre las medidas correctoras para minimizar el impacto ambiental que propone en su informe, se encuentra la siembra en los taludes de la carretera de *vegetación que absorba el carbono desprendido por los vehículos.* Entonces, el político, al que le han soplado que eso es cumplir con el Protocolo de Kyoto, no tiene empacho alguno en celebrar ante los periodistas que la Diputación Provincial que preside haya iniciado así *una lucha para combatir el cambio climático*, espetándoles, para que vayan con el cuento a los ciudadanos, que *construir una carretera es una buena forma de hacerlo*. Y con esa absurda ocurrencia, que él y su entorno de paniaguados juzgarán brillante, pretende ocultar que la razón última para optar por tan impresentable alternativa fue propiciar una macrourbanización, con dos campos de Golf en el valiosísimo espacio protegido del último tramo español del bajo Guadiana. Los protagonistas reales de esta historia fueron el profesor Enrique Figueroa (Universidad de Sevilla) y José Cejudo (Presidente de la Diputación de Huelva, hasta las elecciones municipales del año 2007).

Invito a cualquier observador que sienta curiosidad —yo lo hice a principios de enero de este año (2021)— a darse una vuelta por la carretera que discurre entre El Granado y Pomarao para observar la vegetación dispuesta para que "*absorba el carbono desprendido por los vehículos".* Se sorprenderá.

regresa p. 215

EN UNA ESCUELA DE LA AMAZONÍA ECUATORIANA[12]

Tomado de *"Infoalfas y alfaflechas", Quiebra el albor.*

Sucua, Morona-Santiago, Ecuador. 20.09.12; 10 h.

Algo más de una treintena de escolares, seleccionados de entre diversos centros educativos, esperan en el patio. Suena una campana y todos entran en un aula grande en la que descubren asombrados dos hechos inusuales: que sus propios profesores ocupan parte de aquellos pupitres pintarrajeados y que un perro negro, con cara de buen perro, les mira impasible desde la tarima. Pronto, Mercedes, la joven maestra que dirige el encuentro, toma la palabra.

—María acaba de llegar de España y os va a explicar en qué consiste el concurso en el que vais a participar.

—Este es *Boliche* —dijo convencida de que su perro guía ⊙ era el centro de interés de aquellos escolares—.[36] Ha sido adiestrado para convertirse en los ojos de una persona totalmente invidente como yo. Si ahora —María sacó un arnés amarillo de su pequeña mochila— digo *"pon"* —el perro se levantó y acercó la cabeza a sus manos— me deja que se lo coloque. Si le ordeno *"avanza"* comienza a guiarme —*Boliche* caminó lentamente hacia el extremo derecho de la tarima deteniéndose al llegar a los escalones.

—¡Cuidado! —gritó una de las chicas haciendo amago de levantarse para ir en su ayuda y evitar que tropezase.

—Gracias, amiga. ¿Has visto como se ha parado para advertirme del peligro? Fijaos, si le digo *"marca"* —el perro co-

---

[36] Quien estuviese leyendo la versión electrónica y quisiese activar este símbolo de nota informativa accedería a la ficha con las normas de comportamiento ante la presencia de un perro-guía que aparecen en el siguiente cuadro.

menzó a bajar—, me va señalando la posición de los peldaños. Y ahora, igual que a vosotros, a él le encantaría que continuásemos hacia el jardín, pero antes tenemos que hacer algo aquí dentro. Así que *"atrás"* —obediente, giró 180 grados a la derecha y rehízo lo andado. Ella se sentó, le retiró el arnés, pero en vez de decir *"sienta"* le ordenó un inesperado *"vete con Dani"* que *Boliche* obedeció saltando desde de la tarima y dejándose acariciar por su nuevo amigo y cuidador durante las últimas semanas.

COMPORTAMIENTO
ANTE LA PRESENCIA DE UN PERRO-GUÍA

NO ME DES DE COMER NI ME LLAMES CUANDO ESTOY TRABAJANDO. LOS SILBIDOS ME DISTRAEN.

SI QUIERES SALUDARME PREGUNTA PRIMERO A LA PERSONA.

NO DEJES TU PERRO SUELTO CERCA DE MÍ. INTENTA CONTROLARLE.

PARA DAR UNA INDICACIÓN A MI DUEÑO, NO TIRES DE LA CORREA NI ME AGARRES EL ARNÉS.

RECUERDA QUE SOY LOS OJOS DE UNA PERSONA. NO IMPIDAS MI PASO A LOS ESTABLECIMIENTOS NI TRANSPORTES. LA LEY ME AMPARA.

NO ME TENGAS MIEDO. NI SOY AGRESIVO NI TRASMITO ENFERMEDADES.

SI CUANDO VAS CONDUCIENDO VES QUE INTENTO CRUZAR, TEN PRECAUCIÓN Y PARA A DISTANCIA SUFICIENTE PARA NO ASUSTARME.

FACÍLITAME UNA UBICACIÓN CÓMODA EN LOS TRANSPORTES PÚBLICOS.

Fuente: ONCE

—¿Y si estuvieses esperando al autobús te avisaría cuando llegase? —el chico que compartía pupitre con Dani.

—Aunque es muy inteligente no puede leer. Su trabajo es guiarme en el trayecto hacia la parada. Una vez allí, cuando yo confirme con el conductor u otro viajero que pertenece a la línea que espero, se lo indico y me lleva a la puerta, marca el estribo y me ayuda a subir.

—Y si... —se dispuso a preguntar una chica.

—Un momento —interrumpió María—, escuchad con atención y después os contaré todo lo que queráis saber sobre los perros guía. ¿Os parece? —Asintieron y Dani hizo una indicación a Yadira para que comenzase a leer un breve texto extraído de una conocida obra de la literatura universal.

(…)

—¿Le suena a alguien lo que Yadira ha leído?

Varios izaron la mano y una chica anticipó su respuesta. Rondaría, como todos, los quince años.

—Es el inicio de *La Eneida* de Virgilio.

—Muy bien. ¿Y qué sabes de ese texto?

—Que las naves de los troyanos, que navegaban rumbo a Italia, fueron dispersadas por la tempestad provocada por Eolo cuando Juno le ordenó que desatase a los vientos…

—Es suficiente, gracias. Si estuviésemos en clase de latín o de literatura podríamos debatir sobre la originalidad de Virgilio, la personalidad de Eneas o el influjo de la obra o, incluso, preguntarnos para qué fue Virgilio a Grecia, ¿a quién dedica su obra y por qué?, ¿qué razones tenía Juno para odiar a los troyanos?, ¿qué esperanzas da Eneas a los derrotados?, pero no es el caso. —Él mismo bajó una de las persianas para evitar que la luz del sol velase la visión de la dispositiva que mostraba la primera parte del texto leído por la colombiana.

"Yo, aquel que en otro tiempo modulé cantares al son de leve avena, y dejando luego las selvas iα *obligué a los vecinos campos a que obedeciesen al labrador, aunque avariento, obra grata a los agricultores, ahora canto las terribles armas de Marte y el varón que, huyendo de las riberas de Troya por el rigor de los hados, pisó el primero la Italia y las costas Lavinias".*

—¿Y ese símbolo? —uno de los escolares.

—Fijaos —intervino María— pues tiene mucho que ver con el concurso en el que vais a participar. Lo llamamos *infoalfa* y os vamos a explicar su significado.

Mientras Tarald grababa todo lo que sucedía en el aula Dani se acercó al chico con el que había compartido el pupitre y le entregó un artilugio con apariencia de bolígrafo. *Boliche* hacía un rato que observaba desde su puesto de trabajo.

—¿Te llamas Esakua, verdad?

—Entsakua —precisó éste—. *Entsa* significa río y *kua* quiere decir que hierve: agua que hierve. Es un nombre *shuar*.

—¿Sabes qué es?

—Un puntero láser —respondió con altiva seguridad, como queriendo dejar sentado que había transcurrido mucho tiempo desde que sus antepasados, los jíbaros que sufrieron los conquistadores españoles, practicaban la reducción de cabezas.

—No exactamente, pero apunta a la *infoalfa* y aprieta este botón.

Lo hizo y, tras varios intentos, una página electrónica comenzó a cargarse lentamente en la pantalla. En grande, sobre un fondo de árboles gigantescos, un título: AMAZONAS.

—Se trata, como veis, de una página electrónica de la organización *Greenpeace* cuyo objeto es proporcionar información sobre el deterioro de ese espacio considerado el *"pulmón del mundo"*.

La Amazonía, la mayor región tropical del planeta, pierde cada año enormes extensiones de selva, emitiendo grandes cantidades de gases de efecto invernadero en un contexto de violencia y violaciones de los derechos humanos. Si queremos evitar un empeoramiento del cambio climático, la pérdida de su rica biodiversidad α> y garantizar la supervivencia de los pueblos indígenas, es fundamental detener la deforestación y degradación de la Amazonia.

—¿Y ese otro símbolo intercalado en el texto?

—¿Cómo te llamas?

—Sarita.

—Es la *alfaflecha*.

—¿Y para qué sirve?

—Entsakua, déjale el puntero a tu compañera.

El chico se adelantó, dirigió el rayo a la *alfaflecha* α> y pudieron leer en la pantalla *Salvemos el corazón del Amazonas* y el siguiente texto:

> *El río Tapajós, símbolo de la Amazonia y hogar de animales únicos y de una biodiversidad incomparable, está amenazado por la construcción de una gran presa hidroeléctrica. ¡Firma e impide su destrucción!*

—¿Y qué tenemos que hacer? —quisieron saber algunos.

—Informaros y, si estáis de acuerdo, seguir las instrucciones de los promotores de la ciberacción. En este caso es fácil, ya que sólo hay que rellenar los casilleros que se indican y darle a enviar. Algo —añadió María— que sería muy fácil si todos estuvieseis ante un computador conectado a Internet.

—¡Lo acabo de hacer! —exclamó una chica mostrando su comunicador de última generación.

—¡Estupendo! Y ahora —dijo María mientras Dani maniobraba para que la pantalla mostrase un nuevo texto— pasemos al siguiente ejercicio que requiere un mayor esfuerzo de vuestra parte.

—¿Lo leo?

—No hace falta Yadira, aparece en la pantalla.

> *Un modo de colaborar solidariamente en la lucha por un mundo mejor es proponer iniciativas y compartirlas.* gOPf *Pueden ser para impulsar acciones políticas, influir en la elaboración de las leyes, defender el medio ambiente, los derechos humanos, etc.*

—El nuevo símbolo se denomina *geopeefe*, 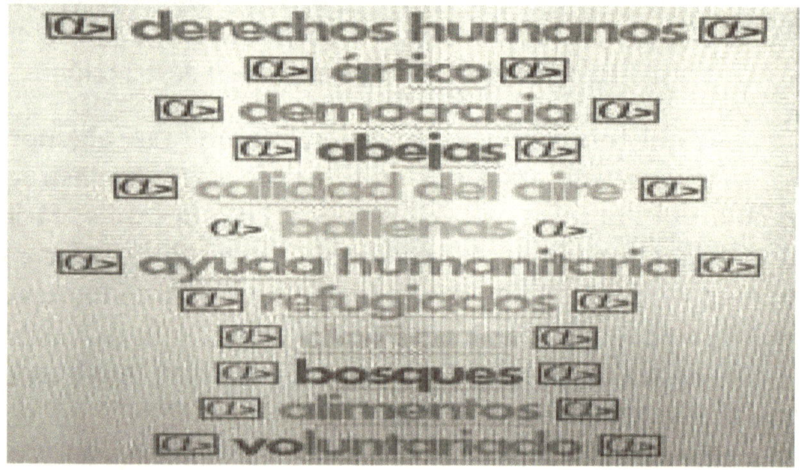 y es la contracción de *generador de oportunidades de participación fraccionada*. Veamos cómo funciona. ¿Quién quiere probar?

—Yo, Sr. Viola. —una chica se lo arrebató a Entsakua y, tras varios intentos, consiguió que apareciese una nueva página destinada a explicar la elaboración de propuestas o peticiones y a brindar ayuda para redactarlas y conseguir firmas.

—Y este saludo solidario que ha preparado Naylea —indicó María— es una buena manera de comenzar a practicar. Pulsa en la imagen.

Al hacerlo[37] todas y cada una de las *alfaflechas* fueron activadas pasándose el puntero de unos a otros, al tiempo que planteaban un sinfín de preguntas, incluidas las de Yadira y Ágata, entusiasmadas con aquel sugestivo invento. Ni siquiera el recordatorio del concurso, del que sus maestros les darían más detalles en los próximos días, permitió a Dani acallar el creciente bullicio. La experiencia llegaba a su fin, pero la estrella indiscuti-

---

[37] En la versión digital se accede a una tarjeta virtual en la que el lector puede pulsar en las alfaflechas para acceder propuestas de acciones.

ble, ¡qué duda cabe!, seguía siendo *Boliche* que, meneando expresivamente las orejas, guiaba a María hacia el jardín.

Al cabo de un rato los escolares se fueron a sus casas y los demás volvieron al aula. Entsakua se quedó en el patio con *Boliche* y el equipo del CAE se dispuso a avanzarles los rasgos esenciales de la participación fraccionada y, muy concretamente, de lo que debían saber para llevar a cabos entre todos aquel concurso que le habían anunciado a los escolares.

regresa p. 280

CADENA DE PRESTACIÓN COLECTIVAS POR RELEVOS (CPCR)

Tomado de *"De acrónimos y acertijos"*, *Quiebra el albor*.

—Se trata —explico Dani— de una forma *sui generis* de participación o colaboración el seno de una determinada iniciativa que incorpora una bolsa de voluntariado o, más precisamente, de prestación colectiva continua. Consiste en una cadena ininterrumpida de prestación-relevo-prestación en la que los propios participantes eligen él ámbito en el que desean colaborar y proveen su relevo para asegurar la continuidad de las acciones acometidas.

—¿Qué tarea?

—En principio, alguna de las que se incluyan en la bolsa de voluntariado o de prestación colectiva de la iniciativa.

—Pon un ejemplo.

—En el caso de la iniciativa *WIKIACCIÓN* hemos establecido diversas áreas, sub-áreas y secciones de actividad. ¿Quién quiere empezar?

—Yo misma. —Tarald le facilitó un portátil.

—Selecciona un área, una sub-área y una sección.

—Selva, Amazonía, minería.

—Muy bien, Jésica, acabas de dar el primer paso de un procedimiento de colaboración muy sencillo. Accede a *wikiacción.* y regístrate rellenando las dos casillas del cuestionario con tu dirección electrónica y la clave de tu elección.

—¿Qué clave?

—La que se forma uniendo con guiones las siglas de identificación de cada uno de los elementos que has elegido. En tu caso: SAM —S de selva; A de Amazonía y M de minería—

—Hecho. ¿Y ahora?

—Pulsa enviar. El sistema te asignará una tarea concreta y te preguntará si la aceptas o no.

—¿Cómo? ¿Cuándo?

—Accede a tu buzón y compruébalo.

—Pero no me apetece que mis otros mensajes aparezcan en la pantalla.

—No te preocupes que Andrés ya lo ha desconectado. —Mientras la maestra lo hacía, Dani se acercó a comentar algo con el ingeniero, sentado en uno de los pupitres de la última fila con su portátil abierto.

—Ya lo tengo.

—Espera. Proyecta ese mensaje en la pantalla.

—Ok.

El mensaje que recibió Jesica decía literalmente:

> *Gracias por sumarte a la cadena de prestación colectiva de WIKIACCIÓN: Selva-Amazonía-minería. La tarea que te proponemos es localizar en Internet ciberacciones relacionadas con las explotaciones mineras que amenazan la Selva Amazónica. Si estás de acuerdo, pincha en la casilla "acepto". En caso contrario elige una de las dos opciones siguientes. Primera: 'no acepto, indíquenme otra'. Segundo: 'no acepto, pero propongo realizar la siguiente tarea'*

—Me parece bien.

—Pues pulsa "acepto". —Al hacerlo se abrió en la pantalla una página electrónica con las instrucciones necesarias para publicar en *WIKIACCIÓN* las ciberacciones encontradas.

—Al confirmar tu tarea —dijo Dani, tras darles tiempo para que leyesen el texto— acabas de dar el tercer paso del procedimiento de prestación colectiva. Lo que tienes que hacer ahora es acometer eficazmente la tarea asumida.

—¿Durante cuánto tiempo?

—El que tú quieras.

—Supongamos que me pongo manos a la obra, localizo varias ciberacciones y las publico en *WIKIACCIÓN* siguiendo las anteriores instrucciones.

—¿Y?

—No puedo o no deseo continuar.

—No pasa nada, sólo debes convencer a alguien de que continúe la tarea que has iniciado. Hagamos una prueba en directo, Jésica. Convence a alguno de los presentes para que te releve. Mejor aún, que lo haga tu compañero de pupitre para no tener que andar moviendo el portátil. ¿De acuerdo?

—¿Y qué hago?

—Fácil, pulsa en el recuadro "relevo"…

—¿Yo o Jésica?

—Ella, claro. Y, ahora sólo tenéis que seguir las instrucciones para que éste sea efectivo. —Ambos lo hicieron y aguardaron a que el sistema enviara los correspondientes mensajes de confirmación.

—¿No nos habíais dicho que vuestra agenda para la acción no estaba operativa? —preguntó Carlos sorprendido.

—Y no lo está. Sólo hemos subido a Internet lo necesario para facilitar esta explicación. El ejemplo que acabáis de ver lo ha posibilitado el compañero Andrés que está ahí detrás improvisando sobre la marcha. Todos volvieron la cabeza y él les saludó quitándose sus llamativas gafas rojas.

regresa p. 266

lee+

PLATAFORMA MULTIMODAL DE INTERCONEXIÓN CIVETURÍSTICA Y OCUPACIONAL.

Adelantándonos a un futuro inimaginable.

Antecedentes, contexto, inspiración, el papel central de la oferta turística complementaria, transición a la sostenibilidad global e implicación de la ciudadanía, definiciones, componentes, funciones, decisiones claves de sus potenciales usuarios, recapitulación final y formulación técnica.

SÍNTESIS

Luis de la Rasilla.
Octubre, 2020.

El origen de la *Plataforma multimodal de interconexión civeturística y ocupacional* (en adelante *PMICO*) es la propuesta de *Red costera multimodal de interconexión turística integral de la franja litoral de la provincia de Huelva*, *(RCM)* incluida en el *Estudio previo de los accesos al corredor litoral occidental onubense y mejora de la conectividad interna,* que, a finales de los noventa, la Consejería de Obras Públicas de la Junta de Andalucía encargó a *INYSUR, S.L.*

En aquella ocasión me planteé dos preguntas: ¿En qué medida las decisiones que se adopten en el actual proceso de reestructuración de la red viaria estimularán al capital inmobiliario especulativo y a los intereses dominantes de la construcción a proseguir su ilimitada avaricia urbanizadora del espacio natural? ¿Pueden las decisiones que se adopten en el proceso de reestructuración y modernización de una red viaria contribuir a frenar la presión inmobiliaria delimitando el crecimiento urbano de los núcleos turísticos entre unos parámetros de densidad razonables, favorecer el desarrollo sostenible y comprometer a políticos, empresarios, residentes y visitantes en la conservación del patrimonio natural y cultural? Y, en consecuencia, propuse activar una red costera multimodal de interconexión *ad hoc* entre el Parque Nacional de Doñana y el Parque Natural da Ría Formosa, que sirviese de soporte y de incentivo a una oferta turística complementaria que potenciase la eco-ciudadanía. De hecho, se trataba de promover una red viaria multimodal para posibilitar una interconexión po-tenciadora de una movilidad sostenible: un conjunto de haces interconectados, horizontales, verticales y en pei-ne, ninguno de ellos carreteras *estricto sensu*, integra-dos *ex profeso* en una red o marco, a modo de parque litoral multitemático integrado y abierto, como disuasor del uso del vehículo particular. O, como allí se definía: *Conjunto viario disperso; formado por diversos itinera-rios heterogéneos, no necesariamente contiguos; que componen una red de comunicaciones discontinua, cuya integración física se efectúa a través de diversos equi-pamientos e infraestructuras de enlace; y su intercone-xión operativa, a través de la gestión ecoempresarial de los recursos asignados a los múltiples corredores turísti-cos que soporta. Entendiendo por estos el conjunto or-denado de las diversas iniciativas de explotación eco-empresarial a las que sirve de soporte, total o parcial-mente, la red costera multimodal y proporciona a éste su interconexión turística operativa.*

Dos décadas después, *PMICO*, concebida[iii] en el contexto coyuntural de la crisis provocada por la COVID 19 y en el horizonte de la ineludible transición global a la sostenibilidad, rediseña *RCM* y la reformula como pla-taforma-tipo susceptible de activarse en cualquier área espacial que opte por ofertarse como unidad pluritemá-tica de esparcimiento y aprendizaje. Una plataforma sui géneris, cuyo diseño, puesta en marcha y ejecución piloto bien podría tener lugar en la Comunidad Autónoma de Andalucía, tanto litoral como interior, en el ámbito del futuro Plan General de Turismo Sostenible de Andalucía META 2027.

Como aquella, se inspira en el modelo o técnica asociativo-decisional de participación fraccionada (MPF).[iv] Modelo que, tras apuntar el papel crucial que en el futuro, ¿qué futuro?, desempeñará el creciente fenómeno del ocio en la profundización de la democracia, apuesta por comenzar a incorporar el componente cívico de manera natural y sugerente en los hábitos de ocio placentero de los seres humanos, en especial en el ámbito de la movilidad asociada a los desplazamientos geográficos y al turismo. Algo, dicho sea de paso, que va bastante más allá de lo que propone el denominado turismo experiencial o turismo de experiencias.

PMICO afronta determinadas disfunciones propias, por ejemplo, del turismo y del transporte. En relación con el primero: potenciando el papel central de la oferta turística complementaria —el turismo como consumo de actividades más que como proveedor de alojamiento—; contrarrestando su factor de riesgo al propiciar un cambio de mentalidades, dado que la necesaria conciliación entre conservación de la naturaleza y desarrollo turístico requiere la paulatina implicación de la ciudadanía, que debe ser inducida por políticas activas de sensibilización cívica y de educación ambiental; en fin, apostando por un nuevo concepto de turismo de calidad en el que la prioridad, frente al tradicional criterio del alto poder adquisitivo, sería su activa contribución a la cualificación educativa y cultural del turista y la inducción de actitudes y hábitos cívicos de sensibilidad hacia el patrimonio natural y cultural de visitantes y residentes. Con respecto al transporte, ante cuya insostenibilidad cada vez hay mayor conciencia, debe promoverse un cambio de paradigma: reduciendo la ocupación de suelo, la congestión, los desplazamientos en masa, el uso intensivo del vehículo particular en beneficio de un uso racional de los transportes públicos; coadyuvando a desarraigar hábitos altamente onerosos para el medio ambiente y la salud, en fin, posibilitando un campo práctico de experimentación asociado a la imparable transición energética que es parte de la transición global a la sostenibilidad.

PMICO, a diferencia de *RCM*: a) ya no es una red, sino de un armazón de redes interconectadas que conforman una peculiar plataforma; b) su dimensión es mayor; c) su ubicación ya no queda circunscrita a una parte o zona de una unidad administrativa; d) surge en el contexto, presidido hoy por la gran crisis sanitaria y económica derivada de la pandemia de COVID 19; e) dado lo hecho durante las últimos veinte años, requiere menos infraestructuras y equipamientos, a menos que se opte por utilizarla como campo de pruebas de los cambios impuestos por la transición energética en marcha; f) dispone de una oferta de actividades de turismo complementarias más amplia, variada y atractiva, aunque su interconexión operativa sea cuasi inexistente; g) tiene a su disposición nuevos y potentes medios informáticos facilitadores de la misma, aunque deben ser reforzados mediante modernas infraestructuras de digitalización; h) debe afrontar una dramática necesidad de generar nuevas oportunidades de emprendimiento y empleo; en fin, i) cuenta con la presumible mayor disposición de los poderes públicos a incentivar un emprendimiento empresarial dirigido a promover la movilidad sostenible, desincentivar el uso del vehículo privado, optimizar el transporte público, diversificar, cualificar y desestacionalizar la oferta turística.

PMICO puede definirse como un soporte viario integral y permanente de la movilidad multimodal, inducida por una oferta civeturística interconectada, en un área espacial concebida como unidad pluritemática de esparcimiento y aprendizaje. Claro que, en función del punto de vista predominante, cabrían otras definiciones: Marco de promoción y apoyo integral de los poderes públicos al emprendimiento empresarial y al empleo en el ámbito de la interconexión operativa entre las actividades turística complementarias, y algunas otras en función del aspecto particular en el que se desee poner el acento: protección de la naturaleza, conservación del patrimonio, desestacionalización de la oferta turística, fomento del civeocio, etc.

En una primera aproximación, *PMICO* incorpora los siguientes tipos de componentes:

a) Portales de información y contratación de servicios: virtuales y físicos, emplazados en puertos, aeropuertos, estaciones ferroviarias y de autobuses, oficinas de turismo, áreas de servicio de autopista, autovías y carreteras, etc.
b) Portales de acceso. Puntos físicos de inicio de los paquetes de actividades contratadas: aparcamientos vigilados para el estacionamiento del vehículo privado durante el disfrute de las mismas, infraestructuras turísticas colaboradoras de todo tipo como alojamientos, instalaciones deportivas, marinas, aeroclubs, etc.
c) Viales o soportes de rutas: terrestres, fluviales, marítimos, aéreos...

d) Infraestructuras de alojamiento: hoteles, casas rurales, campings, albergues, barcos, lugares de acampada libre...).
e) Infraestructuras de enlace: puentes, puertos, marinas, embarcaderos, aeroclubs, teleféricos, tirolinas...
f) Equipamientos: transbordadores, trenes de vía estrecha, vehículos lentos articulados, embarcaciones, ultraligeros, globos aerostáticos, bicicletas, piraguas, embarcaciones, vela, caballos...
g) Recursos turísticos: educativo ambientales (centros de interpretación, aulas de naturaleza, campamentos juveniles, eco-observatorios ciudadanos, ecotecas...), deportivos, culturales, arqueológicos, religiosos, naturales (parques nacionales, naturales, reservas de la biosfera, espacios naturales...), gastronómicos, etc.
e) Rutas o corredores de interconexión: corredores educativo-ambientales, deportivos (náuticos, motonaúticos, pedestres, gimnásticos, aéreos, ciclistas, todo terreno, de golf, patinaje...), culturales (gastronómicos, arqueológicos, pictóricos, museísticos, fotográficos, literarios. etc.), religiosos (romerías, peregrinaciones...), comerciales y de promoción de productos locales (ferias agrícolas, ganaderas, industriales, degustaciones de productos típicos, ferias de artesanado...), corredores seguros para la *"movida"* juvenil (viales *ad hoc* que enlazarían, en condiciones de máxima seguridad vial, los núcleos residenciales con los lugares de reunión nocturnos de los jóvenes), corredores virtuales mediante el empleo de los recursos de la moderna infotelecomunicación, etc.

Sus funciones son básicamente las mismas atribuidas a *RCM*, en concreto: a) proteger el medio natural y los bienes culturales involucrando activamente en la tarea a residentes y visitantes; b) incrementar la calidad del tiempo de ocio o esparcimiento de la ciudadanía al tiempo que se intensifican los procesos de autoformación y acción ecociudadanos, base esencial del desarrollo humano; c) optimizar el aprovechamiento integral de los recursos humanos y materiales disponibles; d) desestacionalizar la oferta turística tradicionalmente dominante; e) promover innovadoras oportunidades de emprendimiento generadoras de actividad económica y empleo sostenibles; f) desincentivar el uso del vehículo privado de modo permanente; g) minimizar el uso superfluo del transporte público e incrementar el de fuentes de energía no contaminantes; h) propiciar mayor seguridad vial; i) alentar el flujo de intercambios turísticos entre espacios limítrofes, tanto interiores, como exteriores; j) cimentar la consolidación de redes de nuevos intereses económicos, sociales y culturales que contrarresten la tradicional posición dominante del capital inmobiliario menos respetuoso con la naturaleza; y tantas otras, como facilitar las prácticas deportivas de toda índole, conservar y revitalizar las tradiciones artesanales, dar a conocer la agricultura y la ganadería de la zona, reforzar el comercio de cercanía, etc.

La activación operativa de *PMICO* será un largo proceso,[v] tendrá carácter gradual y estará en función de las decisiones de sus potenciales usuarios, entre ellas las siguientes:

1. Uso o no de *PMICO.* Decisión clave, condicionada por factores que no se apartan de los niveles de calidad exigibles a cualquier servicio, público o no.
2. Elección de las actividades ofertadas. Decisión a la que también se aplica lo dicho anteriormente, aunque debe resaltarse un aspecto que afecta a la actitud de los poderes públicos intervinientes en relación

con el logro de los beneficios sociales que esperan obtener de *PMICO*: la mayor o menor presencia en las actividades ofertadas del componente que denomino civeocio. Algo directamente relacionado con las políticas públicas de estímulo y apoyo al emprendimiento empresarial en la materia.

3. Desplazamiento al punto de acceso o de inicio. Optar entre dirigirse al mismo en el vehículo propio o hacerlo usando el transporte público es una decisión esencial con respecto a dos de los objetivos básicos de PMICO: desincentivar el uso del vehículo privado y minimizar el uso superfluo del transporte público. En todo caso, y esto debe destacarse como un primer logro de PMICO, cualquiera que fuese la opción elegida por el usuario conllevaría, en mayor o menor medida, la renuncia al transporte privado y/o la optimización del recurso al público durante la duración de la propuesta elegida de disfrute del tiempo libre (jornada/s entre semana, fin de semana, etc.).

4. Volver o no a recurrir a sus servicios. Decisión, también esencial, relacionada con el mayor o menor acierto o fracaso de los emprendedores, tanto en la elección y el diseño, como en la correcta ejecución de sus ofertas de actividades.

5. Primar o no el civeocio. La mayor o menor demanda de las actividades con más contenido de civeocio aporta una información esencial para evaluar el comportamiento de *PMICO* con respecto a otros de sus objetivos primordiales: el incremento dela calidad del tiempo de ocio o esparcimiento de la ciudadanía, al tiempo que se intensifican los procesos de autoformación y acción ecociudadanos, base esencial del desarrollo humano.

Recapitulemos. ¿Qué tenemos? Una invitación a los poderes públicos para que, en una determinada unidad espacial y/o administrativa —por ejemplo, una provincia andaluza, o varias, o todas— se decidan a lanzar, en época de crisis tan aguda, un innovador y contundente programa de apoyo al sector turístico y, más concretamente, al sector específico del turismo complementario. Acción dirigida esencialmente a incentivar la apuesta de los emprendedores por una interconexión multimodal de la oferta de sus productos turísticos, entendida ésta como factor de calidad y diversificación, que maximice el aprovechamiento de los recursos y el grado de satisfacción derivados de su disfrute. En concreto: poner a disposición de los potenciales emprendedores, tras los estudios técnicos correspondiente, cuantos medios de apoyos fuesen necesarios. Una interconexión de tal índole que posibilite la generalización de escenarios como los que describo a continuación.

Usuarios de *PMICO* (individuos o grupos familiares, escolares, universitarios, pensionistas, nacionales o extranjeros, etc.) que han decidido utilizar tan peculiar plataforma para disfrutar de ciertas actividades de esparcimiento y aprendizaje durante un periodo de tiempo de-terminado. Que suben a un medio de transporte público —probablemente a la vanguardia del proceso de transición energética— o abandonan temporalmente sus vehículos particulares en un estacionamiento *ad hoc,* sito en el área de servicio de una autovía, donde uno o varios emprendedores turísticos, ¿civeturísticos?, recogen y trasladan sus equipajes al alojamiento elegido para pernoctar esa primera noche. Otros, allí o a lo largo de un atractivo sendero, les proporcionan las bicicletas y/o los caballos, y/o los patinetes, o simplemente los bastones y el agua que precisan para recorrerlo a pie.

Otros que les aguardan más adelante para ofrecerles un refrigerio o servirles el almuerzo. Otros que les animan a observar las aves, les muestran el funcionamiento de un molino mareal, o de las salinas aledañas mientras contemplan la puesta de sol y se preparan para descansar esa noche en el nuevo alojamiento donde les esperan para cenar. Que tras la placida noche y el apetitoso desayuno les esperan otros emprendedores para que puedan iniciar el disfrute de las actividades contratadas. Así, uno de ellos, puede que lleve a un grupo a disfrutar de una jornada navegación y observación marina. Y otro, caminando, les acompañe al puerto cercano para, a bordo de una embarcación experimental, ascender el plácido río que baña la población, hacer escala para visitar un museo, un centro artesanal o un mercadillo de productos tradicionales y acabar almorzando a los pies del viejo castillo desde el que arranca el funicular o la tirolina que, en paisaje tan espectacular, brinda a los más osados el sobrevuelo de dos pueblos fronterizos con altibajos históricos de enemistad y hermanamiento. Y vuelven a embarcarse para, río arriba, acceder a la casa rural a la que han trasladado sus equipajes... Y como estas vivencias muchas más, en cualquier época del año, en múltiples direcciones, con ingredientes ilimitados y, sobre todo, a gusto de un nuevo tipo de consumidores implicados en el proceso de transición a una sostenibilidad global.

Una vez expuestos los rasgos básicos de *PMICO*, y siempre que, a juicio de los expertos, la propuesta lo merezca, sería necesario reescribirla de manera que pueda ser trasladada a los responsables públicos a fin de obtener la financiación que pueda requerir su adecuada formulación técnica.

regresa p. 287

lee+

AUTOR

En 1988 presentó al Congreso de los Diputados un Informe-denuncia de la política española de cooperación con Guinea Ecuatorial y un *Informe-propuesta para una nueva cooperación al servicio del autodesarrollo y la libertad en Guinea Ecuatorial* que inspiró la *Iniciativa Pacto de Madrid para la Democratización y el Autodesarrollo de Guinea Ecuatorial*, de marzo de 1989. Junto con el decano Ramón L. Soriano Díaz, catedrático de filosofía del derecho, presentó, en 1994, una Queja al Defensor del Pueblo Andaluz y un Informe-denuncia al Parlamento de Andalucía sobre el funcionamiento irregular de la entonces recién creada Universidad de Huelva. Es coautor con el Prof. Ramón Soriano de *Democracia vergonzante y ciudadanos de perfil* (Editorial Comares, Granada, 2002) y autor de diversas publicaciones, entre ellas *Archimedes' Return or the Power of Imagination on the Streets.* *La cooperación al subdesarrollo de Guinea Ecuatorial. Oportunidades perdidas y propuestas frustradas en la década de los ochenta. Relato documentado de un cooperante* y *El amanecer de una democracia inesperada*, título genérico de la pentalogía que incluye las publicaciones que derivan de su tesis doctoral: *Puedo, puedes… ¿podemos?,* *Pasota o implicado,* *Asociacionismo blando y participación a la carta,* *El fin de la universidad… que conocemos* y *De la edición a la ediacción: en la senda de la actoescritura y la actolectura.* Desde 1996 ha desarrollado, en el ámbito de INTER/SUR (proyecto no gubernamental para la innovación política) diversas propuestas educativas experimentales: *Cursos de verano de Doñana, Expediciones para la ecociudadanía, Travesías náuticas-debates en la mar, ALANDALUS 3.0 (Alternativa luso, andaluza y norte-africana de diálogo y de acción local-global de los universitarios del sur), AMITIE (Iniciativa para el apoyo mutuo y el intercambio transnacional entre instancias educativas), PAUTA/e 3.0 (Plataforma para la autoformación y la acción ecociudadanas), Interuniversidad abierta, Iniciativa RIC de Tánger* (para la promoción de recursos interuniversitarios compartidos), *WIKIACCIÓN (Agenda virtual para la acción)*... y de iniciativa y control ecociudadanos —*OEGA (Observatorio ecociudadano del Guadiana Atlántico), OCCCULO (Observatorio de control ciudadano de la corrupción urbanística en el litoral onubense), Observatorio ciudadano de control de diputados y europarlamentarios, Observación popular* (para el control ciudadano de la función judicial, etc. Actualmente trabaja en la elaboración de un Informe-propuesta dirigido a las Cortes Generales, las Asambleas Legislativas de las Comunidades y Ciudades Autónomas y la Federación Española de Municipios para afrontar el doble problema de la España vaciada y de la universidad obsoleta, titulado: *Repoblar la España solitaria combinando activos territoriales y aplicaciones novedosas de docencia online amoldadas a la enseñanza universitaria reglada que incentiven el desarrollo de infraestructuras y la captación de emprendedores*, en acrónimo, *RESCATANDO A EURÍDICE*.

regresa p.7

100 IDEAS Y PROPUESTAS INÉDITAS
Continuación

16. Para que la enseñanza superior, sea parte de la solución y no del problema es urgente forzar un inédito escenario de coordinación interuniversitaria que provea, en un contexto de demanda mundial creciente, una oferta de enseñanza de máxima calidad, mínimo coste, alta flexibilidad y fácil acceso, que libere ingentes cantidades de recursos necesitados por la investigación y la innovación.

17. Una plena coordinación interuniversitaria sólo puede ser el resultado de asestar un corte de cizalla a la cadena monopolística que sustenta todo sistema universitario conocido: el privilegio ancestral que constituye el derecho exclusivo de cada universidad a enseñar, evaluar y acreditar para el ejercicio profesional. Trinomio indiscutido, piedra angular, principio nuclear que, perdido todo su sentido en un planeta seriamente amenazado, pero inmerso en la sociedad de la información y el conocimiento, debe ser relevado por otro capaz de actuar *per se* cómo eficaz revulsivo de una docencia agotada.

18. La futura reglamentación jurídica de la enseñanza superior deberá estructurarse en torno a un nuevo eje vertebrador presidido por el principio docente de plena competencia interuniversitaria (PDPCI).

19. El PDPCI es un precepto revolucionario capaz de inducir por sí sólo un inédito escenario de intensa coordinación interuniversitaria global que provea, en un contexto de creciente y deseable demanda mundial de educación, una potente oferta de enseñanza superior de máxima calidad, mínimo coste, notable flexibilidad y fácil acceso.

20. La aplicación inteligente y generalizada del PDPCI forzará la liberación de ingentes cantidades de recursos susceptibles de reasignarse, con criterios innovadores de utilidad social.

21. El PDPCI, que supone una deliberada vuelta de tuerca al ejercicio de la libre competencia en el ámbito universitario, dará paso a un inédito derecho del estudiante: la libertad de elegir, en cualquier tramo del itinerario formativo, más de un centro académico para cursar, simultáneamente o no, cuantas materias, asignaturas o módulos formativos integren los planes de estudio de titulaciones disponibles en el nuevo mercado interuniversitario, en condiciones de equivalencia homologada.

22. Este nuevo derecho revolucionario alentará hasta límites insospechados nuevos tipos de movilidad académica y, con ellos, el competitivo desembarco de las interuniversidades abiertas y de las agencias oficiales de titulación profesional.

23. Las interuniversidades abiertas y las agencias oficiales, públicas y privadas, de titulación profesional —tipo TITULA— serán las genuinas estrellas del venidero mercado de enseñanza superior, con sus más cualificados, económicos y flexibles programas docentes, esencialmente no presenciales, y sus atractivos, accesibles y sostenibles campus virtuales especializados.

24. Los campus virtuales especializados, lejos de acabar con la convivencia estudiantil y la irrenunciable relación presencial profesor-alumno, las modificará, revitalizándolas en grado sumo merced al nuevo modelo de presencialidad que generará una presencialidad reducida, pero más intensa, útil, plural, igualitaria y gratificante.

25. La nueva presencialidad estará asociada a la inevitable reconversión, autoinducida por la aplicación del PDPCI, de los actuales campus en atractivos ambientes de convivencia y aprendizaje complementarios de la docencia virtual (ACACOs).

26. Los nuevos campus, dotados, entre otros recursos insólitos, de *Plataformas para la autoformación y la acción ecociudadas* (PAUTA/e 3.0), tendrán un insospechado impacto social por abrir sus puertas, no sólo a sus exiguos destinatarios tradicionales, sino a innumerables usuarios potenciales, hoy excluidos de los recintos universitarios.

27. Una PAUTA/e 3.0 es un ámbito, marco, plataforma o soporte vehicular *ad hoc* cuya función inicial es posibilitar el proceso de experimentación y puesta a punto del MPF.

28. Si el inaceptable argumento oficial, más precisamente, la coartada del estamento docente para que la universidad española todavía no haya incorporado de manera generalizada —ni parezca planteárselo— la formación ciudadana en valores democráticos es que no existe un modelo claro de intervención,[38] la solución está en la activación del modelo de PAUTA/e 3.0[39] propuesto, hace dos décadas, por el Proyecto INTER/SUR PARA LA INNOVACIÓN POLÍTICA Y LA ECOCIUDADANÍA.[40]

29. La activación de una PAUTA/e 3.0 es la decisión político-educativa, fruto de una deliberada alianza estratégica entre una o varias universidades públicas y/o privadas, y los actores de la sociedad civil del entorno, en especial las ONG y los movimientos políticos y sociales, para su puesta en funcionamiento y continuidad sostenible.

30. Aunque una PAUTA/e 3.0 podría activarse en múltiples contextos, el universitario resulta el más apropiado y prioritario.

---

[38] Prats, J.; *EpC en la universidad*, Escuela, núm. 3897, 10.03.2011. http://www.proyectointersur.org/interuniversidadandaluzaes/documenta cion/epcenlauniversidad.pdf

[39] Inicialmente experimentado hace una década en la Universidad de Huelva —PAUTA/e UHU 3.0— con el apoyo de los profesores Francisco José Martínez López, a la sazón su rector, y Francisco Cruz Beltrán, catedrático de Sociología.

[40] www.proyectointersur.org

31. La insólita oportunidad, propiciada por la pandemia de la CO-
VID-19, de una experimentación masiva de la enseñanza virtual,
on line o a distancia, es la ocasión propicia para incorporar con
carácter piloto el nuevo e insólito derecho estudiantil inducido
por el PDPCI.

32. Entre los efectos beneficiosos derivados de la aplicación del
PDPCI destacan, además de la desviación de recursos humanos
hacia la investigación y la innovación: a) la reducción substancial
del número de desplazamientos diarios con las consiguientes ve-
tajas personales de comodidad, el ahorro del tiempo, la evitación
de gastos, de riesgos y de contaminación asociados al transporte, etc.; b) los impactos socio-económicos debidos a la minimización de las infraestructuras requeridas por el nuevo modelo de
docencia; c) la reducción del consumo energético; d) el abaratamiento de la enseñanza universitaria, que permitiría sustanciales
reducciones de las tasas académicas.

33. La socialización generalizada en términos de sociedad internacional o global —el tránsito individual y colectivo de la ciudadanía a la ecociudadanía— es una tarea de tal envergadura que
resultará inabarcable para la sociedad sin el diseño y la puesta a
punto de útiles políticos de nueva generación.

34. En la actualidad, el partido político es un utillaje obsoleto y
disfuncional, incapaz de afrontar la realidad cambiante de nuestros días, inservible en el ámbito estatal y, más aún, para afrontar la realidad global de la sociedad internacional contemporánea en el plano supraestatal.

35. La tarea política primordial de nuestra época, que debería
concitar el esfuerzo creativo de toda la sociedad, es la búsqueda
de una alternativa radical a las disfunciones sin cuento del modelo de democracia representativa, basado en el juego trucado de
los partidos políticos o, dicho de otro modo, dar un vuelco insólito a toda democracia conocida, abriendo vías innovadoras para
el ejercicio directo de una democracia ecociudadana.

36. Toda democracia y, por supuesto la democracia ecociudadana, debe ser directa: sólo excepcionalmente, democracia representativa.

37. Para empezar sería necesario *"que la democracia representativa deje de ser el único modelo de democracia existente, lo que comporta que los partidos políticos no llenen toda la escena política de nuestro país; un proceso de cambio político que culmine en el complemento de este modelo representativo con los otros modelos de una democracia directa y una democracia participativa, es decir, con instrumentos de expresión política directa de la voluntad popular (democracia directa) y con la constitución y funcionamiento de colectivos sociales participativos y vertebradores de la vida política del país, al margen (pero junto a) los partidos políticos"*. [41]

38. *La democracia representativa es una democracia exclusiva y excluyente, configurada por los partidos, los únicos que llenan la escena política en la actualidad. Los instrumentos de democracia directa son mera demagogia, porque son escasos e impracticables. Una democracia ciudadana comporta poner en su sitio a ambos modelos de democracia: quitar a la representativa la exclusiva de la acción política y otorgar a la directa la eficacia de la que carecen en los textos constitucionales.*[42]

39. *El camino de la democracia representativa no debe llevar a su desaparición inmediata, sino a su reducción progresiva en la medida en que los ciudadanos asuman su protagonismo al margen de*

---

[41] Soriano, R.; *Puntos para la regeneración de la democracia representativa española*. Síntesis de la primera parte *"Crítica de las Instituciones Democráticas"*, Sevilla, octubre, 2003. (Capítulos 1 a 12 de Soriano, R.; Rasilla, L.; *Democracia Vergonzante y ciudadanos de perfil,* Ed. Comares. Granada, 2002).

[42] Soriano, R., en *Democracia Vergonzante... op. cit.*

los partidos y la tecnología permita la deliberación y toma directa de decisiones políticas sin intermediarios.[43]

40. Las herramientas políticas de nueva generación deberían, como mínimo, asumir el siguiente decálogo reto: inducir procesos autoinstructivos eficientes, desbordar el ámbito estatal de actuación, autogenerar autonomía y pluralismo, precisar escasa o nula institucionalización, flexibilizar los procesos asociativos, dinamizar el quehacer participativo, prescindir de todo tipo de militancia, socializar el liderazgo político, admitir la cohabitación de enfoques y actuaciones dispares y transformar la inacción en activismo político consentido.

41. El modelo de participación fraccionada (MPF) —o también de participación sucesiva, desagregativo-agregativa o por impulsos complementarios— es una técnica asociativo-decisional de nueva generación para la autoformación y la acción políticas, en el horizonte de una democracia ecociudana directa, concebida en el ámbito del Proyecto INTER/SUR y objeto de una incipiente experimentación colectiva desde finales de los años 90.

42. Cualquier propuesta de técnica asociativo-decisional de nueva generación debe posibilitar la incorporación de manera natural de la dimensión cívica en los seres humanos y asegurar las condiciones de autonomía y pluralismo que exige el aprendizaje y el ejercicio de la participación política.

43. Es esencial comenzar a encauzar el tiempo libre del ser humano —del que dispondrá en proporción creciente— hacia un modelo de ocio autoinstructivo en el que prime el interés por los asuntos públicos y reconduzca progresivamente la larga evolución de *homo depredator, cultor, faber, creator, ociosus* hacia un *homo republicanus.*[44]

---

[43] Soriano, R, en *Democracia Vergonzante... op. cit.*
[44] De *res pública*, cosa pública.

44. El MPF para afrontar ambas exigencias aprovecha —y este es un elemento esencial del mismo— las características innatas del fenómeno del ocio.

45. La íntima relación entre el MPF y el ocio, en particular, la movilidad asociada a la ocupación recreativa del tiempo libre, por constituir opciones de disfrute que las personas sufragan con sus propios recursos, asegura el atractivo —efecto colección autoexpansivo— y la voluntaria autofinanciación de las actividades de instrucción y ejercicio del derecho de participación política, garantía, en última instancia, de autonomía y pluralismo.

46. El MPF resulta de la concatenación interactiva de un conjunto de principios —operacionales, motivadores, modulares e instrumentales— que actúan en el seno de un proceso sui géneris —el proceso D+A o proceso de desagregación-agregación— que constituye su eje o columna vertebral.

47. El proceso D+A opera en tres tiempos: fraccionamiento, conversión y agrupación. El quehacer participativo se desagrega fraccionándose en oportunidades de participación fraccionada (oportunidades PF) que, convertidas en impulsos de participación fraccionada (impulsos PF), proceden a agregarse en acciones de participación fraccionada (acciones PF).

48. Los principios operacionales —de cooperación, de complementariedad, de publicidad y de conectividad— aportan, respectivamente, al proceso D+A: su inequívoco carácter cooperativo o colaborativo, expreso o tácito; la certitud de que los impulsos PF, al agruparse para producir acciones PF, lo hacen complementándose y, de este modo, posibilitar el carácter unidireccional, discrepante e, incluso, antagónico de éstas; su transparencia permanente y, en fin, su dependencia de las tecnologías de la infocomunicación y de su libre acceso.

49. Dos son los principios motivadores del MPF: de afectación directa y de ecociudadanía o de autoatribución de legitimidad

participativa. El primero opera cuando la motivación del quehacer participativo deriva esencialmente de la previa consciencia de cierto grado de afectación directa o de incumbencia personal. El segundo es responsable de la incorporación de la dimensión planetaria de la ciudadanía y del conjunto de las funciones inherentes a su ejercicio.

50. Los principios moduladores son cinco: de aquiescencia pactada, de cohabitación cooperativa, de rol variable, de liderazgo abierto y de confidencialidad opcional.

51. El principio de aquiescencia alude a la transformación de la inacción —la abstención o el silencio deliberado— en ejercicio político consciente que, a resultas de una voluntad aquiescente previamente declarada, opera en beneficio colectivo.

52. El principio de cohabitación cooperativa, asociado a las nociones de tolerancia, pluralismo y eficacia, da cabida en el proceso D+A a voluntades dispares, incluso, antagónicas, en ningún momento excluyentes.

53. El principio de rol variable aporta a los intervinientes en un proceso D+A la posibilidad de escoger libremente y en toda ocasión el papel o rol que deseen desempeñar.

54. El principio de liderazgo abierto permite extender la libertad de elección del papel o rol al ejercicio del liderazgo de las propias propuestas o iniciativas y al derecho a actuar como portavoz del colectivo en representación de las mismas, tornando innecesarios o superfluos los liderazgos políticos habituales.

55. El principio de confidencialidad opcional dota de seguridad al quehacer participativo al contemplar diversas fórmulas de anonimia dirigidas a minimizar o eliminar por completo el mayor o menor riesgo personal, de diversa índole, que puede aparejar el ejercicio del derecho de participación política.

56. Los principios instrumentales de ecociveocio y ecociveturismo son los que posibilitan que el MPF asocie, la instrucción y la autoinstrucción cívicas y el ejercicio del derecho de participación, al fenómeno del ocio. Cuando un potencial actor de la participación fraccionada, se encuentra ante una oportunidad PF, podrá actuar a sabiendas de que su aprovechamiento —impulso PF y acción PF— nutrirá un proceso agregativo o cooperativo.

57. Pese a ser cierto que la participación fraccionada posibilita, potenciándolo adrede, el ejercicio individual de la acción política —constituye *per se* un acto político individual— no cabe concluir que fomente el individualismo.

58. Los impulsos PF y las acciones PF derivadas de ellos nunca serán esfuerzos aislados, dado el carácter sucesivo, interrelacionado, cooperativo y, en suma, democrático y plural del proceso D+A. Y ello con independencia de que tales impulsos y acciones sean individuales o colectivos, singulares o plurales, espontáneos o deliberados o respondan a intereses sean éstos particulares o generales.

59. El MPF, por la interacción de las modalidades de asociacionismo y de participación extremadamente flexible que propicia y la incorporación explícita de componentes cívicos o republicanos en los hábitos placenteros de los seres humanos, asociados a su creciente movilidad real o virtual, inspira la *Instancia de participación fraccionada*. (IPF).

60. La IPF es el prototipo de instrumento político de nueva generación, autónomo, plural, autoinstructivo, virtual e interactivo, para el asociacionismo blando y la participación a la carta, capaz de desencadenar un quíntuple y permanente efecto de autofinanciación, autoregulación, autoexpansión, autorenovación y autogeneración, susceptible de uso individual y colectivo, por un número de usuarios potencialmente ilimitados.

61. El asociacionismo blando propiciado por la IPF es una nueva dimensión del hecho asociativo que trasciende la tensión del asociacionismo convencional a la institucionalización, cualquiera que sea su grado, al posibilitar que la mera voluntad de afrontar un determinado asunto de interés público mediante el MPF constituya un hecho asociativo.

62. La participación a la carta es una nueva dimensión del quehacer participativo que substituye los habituales procesos formales de adopción y ejecución de decisiones, basados en el acuerdo mayoritario, por procesos que permiten aprovechar la previa desagregación del quehacer participativo en oportunidades susceptibles de transformarse en impulsos que se agrupan y ordenan complementariamente como acciones.

63. La IPF satisface plenamente el decálogo-reto asignado a las herramientas políticas de nueva generación.

64. La IPF desarrolla ocho funciones. Tres esenciales —asociativo-decisional (*A+D*), de enseñanza-aprendizaje (*E+A*), de iniciativa y control (*I+C*)— y cinco de carácter instrumental —de encuentro y debate (*E+D*), de recopilación y almacenamiento (*R+A*), de información y asesoramiento (*I+A*), de coordinación y gestión (*C+G*) y de vigilancia y garantía (*V+G*).

65. La IPF no constituye una plataforma electoral, no aspira a legislar ni a gobernar en una democracia representativa y, en consecuencia, no compite con los partidos políticos en la lucha por los escaños parlamentarios.

66. La IPF ni es un partido político, ni compite con él: su objetivo es ir sentando las bases para poder substituirlo en una futura democracia ecociudadana directa apenas explorada todavía.

67. La IPF tampoco es una asociación para la participación política, ni una sofisticada modalidad de ONG, ya que ni reúne los requisitos formales que exigen las normativas que desarrollan en

la actualidad el ejercicio convencional de los derechos fundamentales de asociación y participación políticas, ni las actuaciones desarrolladas en su ámbito se verán limitadas, condicionadas o restringidas por los clichés asociativo decisionales al uso.

68. En la IPF ni se milita, ni se tiene la condición de miembro o socio, sólo de usuario.

69. Con la IPF el asociacionismo convencional no continuará condicionando la participación política, ya que la IPF, más que satisfacer la voluntad ciudadana de asociarse para participar brinda innumerables modos de ejercer el derecho de participación política sin tener que asociarse de manera convencional.

70. La legitimidad de la IPF —y éste es su rasgo distintivo primordial— no derivará de las urnas, ni de votaciones asamblearias en el seno de obsoletos órganos ejecutivos o congresos de partidos políticos, sino de su condición de plataforma ecociudadana abierta y accesible para la autoformación y la acción política (AAE), generadora de procesos ecociudadanos de D+A.

71. La tarea de autoformación y acción política (AAE), propiciada por la IPF, constituye una tarea sumamente compleja, un radical cambio de paradigmas, asociada a un arduo proceso de sustitución de valores y hábitos imperantes bien arraigados incompatibles con los principios de interdependencia y sostenibilidad propios de la actual sociedad global.

72. El desempeño generalizado de la iniciativa y el control (I+C) constituye un objetivo fundamental de la *IPF*, su razón de ser, aunque no la única.

73. El federalismo global, inspirado tanto en el socialismo libertario de Proudhon y Bakunin, como en la corriente personalista de los años treinta del siglo pasado, tiene una dimensión dife-

rente de la político-territorial, es un fenómeno más amplio que el de la ordenación territorial del Estado. [45]

74. El federalismo es un principio universal de organización de las relaciones entre los individuos y los grupos. Un principio general de articulación social. Una propuesta de estructuración racional de las relaciones sociales. Su campo de aplicación es global y no exclusivamente geográfico. No existe sociedad que no pueda ser organizada de forma federativa o, al menos, impregnarse de los principios federalistas. Así, pues, cabe distinguir un federalismo económico, social, cultural, etc.

75. Los principios del federalismo global son autonomía, cooperación, exacta adecuación del poder y participación.

76. El federalismo y, también la filosofía federalista, descansan en una concepción de la persona. Es inseparable de ella. De la persona como ser que actúa, que se transforma al tiempo que transforma su medio.

77. El federalismo aspira a sustituir la concentración del poder en manos del Estado por una dispersión del poder: el poder, como decía Alexandre Marc, está en todas partes, también en el centro. Se propone situar al Estado entre los dos brazos de una tenaza, a base de redistribuir las competencias que él mismo se ha atribuido, tanto hacia arriba, como hacia abajo.

78. El federalismo busca para los grupos de toda naturaleza y dimensión el máximo de autonomía compatible con la unidad y la solidaridad del conjunto y les hace participar orgánicamente en la determinación y en la gestión del interés general. Es, por

---

[45] Las siguientes referencia al federalismo están tomadas de Díaz-Carrera, C.E.; (Dir. de Ed.). El Federalismo Global. (Libro Homenaje a Alexandre Marc). Unión Editorial. Madrid, 1989.

ende, en el estricto sentido de la palabra, libertario. Al limitar *'él'* poder y multiplicar *'los'* poderes, el federalismo constituye una garantía permanente contra la opresión.

79. La nueva dimensión del hecho asociativo y del quehacer participativo que, merced al juego del principio de cohabitación cooperativa, asociado a las nociones de tolerancia, pluralismo y eficacia, propiciado por la IPF, posibilita la cohabitación en su seno de voluntades dispares e, incluso, antagónicas.

80. La IPF puede acoplarse a instrumentos asociativo-decisionales convencionales, especialmente a las ONG, constituyendo ésta una valiosa vía de experimentación práctica del MPF.

81. El soporte específico de los espacios PF es el procedimiento de aquiescencia o procedimiento PF. El procedimiento PF posibilita, merced a la aquiescencia previamente pactada —principio de aquiescencia del MPF—, que la inacción política o carencia de quehacer participativo se transforme en acción provechosa.

82. Cada usuario del procedimiento PF puede elegir libremente su papel en un determinado escenario asociativo-decisional, incluida la posibilidad de asumir el liderazgo de su propia iniciativa y, en consecuencia, actuar al efecto como portavoz del colectivo —principio de liderazgo abierto del MPF—.

83. Un AVE es un espacio PF sui géneris incorporado a un instrumento asociativo-decisional convencional para contrarrestar el eventual efecto moderación-adulteración y posibilitar el ejercicio de la ecociudadanía, mediante la técnica de la participación fraccionada, en un ámbito previamente acotado del campo de actividad establecido en sus estatutos fundacionales.

84. El AVE, al flexibilizar, mediante el asociacionismo blando, el rígido asociacionismo propio de la ONG y abrir sus puertas a la participación a la carta permite que se generalice el poder de iniciativa y de control, posibilita la adopción de acuerdos vinculan-

tes a distancia y socializa las facultades de gestión, representación y portavocía del colectivo, abriendo paso en su seno a nuevas opciones de liderazgos espontáneos y cambiantes.

85. El efecto moderación-adulteración —de objetivos y estrategias— es consecuencia de la pérdida de autonomía que afecta a las asociaciones de participación política al ser controladas o absorbidas por instituciones gubernamentales.[46]

86. El AVE dispone de *Áreas de libre actuación* (ALAs) que permiten compartir el poder de iniciativa y control con personas y colectivos no miembros o socios de la organización que las incluye.

87. El AVE puede disponer de uno o varios *Procedimientos alternativos de asociacionismo* (PATAs).

88. El AVE, para reforzar su autonomía, y minimizar la incidencia del efecto moderación-adulteración, en el seno de la organización anfitriona, puede financiarse mediante *Planes transparentes de autofinanciación* (PLANTAs). Y, gracias al principio de ecociudadanía, o de autoatribución de legitimidad participativa, pueden promoverse su seno *Programas específicos de concienciación ecociudadana (PECEs).*

89. Las *Cadenas de prestación colectiva por relevos* (CPCR), vía sui géneris de participación o colaboración que incorpora el MPF, consisten en cadenas ininterrumpidas de prestación-relevo-prestación en la que los propios participantes eligen él ámbito en el

---

[46] *"Los grupos integrados en el sistema son cada vez más numerosos,* escribe el Prof. Ramón Soriano, *pues la tentación y el reclamo de los favores del sistema están siempre cerca. Muchas organizaciones no gubernamentales han pasado por este trance de moderación, abdicación e integración institucional, que les ha restado fuerza y compromiso. Entre ellas se encuentran algunas ONGs prestigiosas, muy presentes en los medios de comunicación social, de las que el gran público no conoce este proceso de moderación-adulteración de sus compromisos y fines, o irá conociéndolo lentamente". Soriano, R.; Rasilla, L. Democracia Vergonzante y ciudadanos de perfil. Ed. Comares, Granada, 2002.*

que desean colaborar y proveen su relevo para asegurar la continuidad de las acciones acometidas.

90. La *ediacción*, del latín *editĭo, -ōnis* y *actĭo, -ōnis*, es una edición que incluye recursos para la acción. Una propuesta propia del MPF susceptible de revolucionar el autoaprendizaje y potenciar exponencialmente la democracia directa. Aporta a la literatura una función nueva, insospechada y, para muchos, probablemente, subversiva.

91. La incorporación de recursos para la acción que caracteriza a la *ediacción* sólo será viable merced a la asociación de la escritura con adelantos por venir en el ámbito de la ingeniería política y social —tipo MPF— hoy apenas apuntadas. Simbiosis entre literatura y política que revolucionará el autoaprendizaje de lo público y generará tal empoderamiento ecociudadano que coadyuvará decisivamente a tornar obsoleta toda democracia conocida.

92. La actoescritura (del lat. *actus*, acción o ejercicio de la posibilidad de hacer, y *scriptūra*, acción efecto de escribir), modalidad de escritura en la que el autor sitúa determinados signos —*infoalfa, alfaflecha* y *geopeefe*— tras ciertos términos, frases o contextos con el fin de que el lector pueda ejercer la actolectura.

93. La actolectura (del lat. *actus*, acción o ejercicio de la posibilidad de hacer, y del b. lat. *lectūra*, acción de leer), modalidad de lectura durante la cual el lector dispone de la posibilidad de actuar. O, más precisamente, de aprovechar las oportunidades que le brinda el texto para intervenir en los asuntos públicos mediante la activación de los enlaces o hipervínculos propios de la actoescritura.

94. En el ámbito de la iniciativa ¡ALE LEA! o *"Actúa leyendo, lee actuando"* resultará esencial la promoción de aulas de actoescritura y de actolectura (AAA) que enseñen y fomenten la *ediacción*. Iniciativa con un gran potencial de generación de nuevos y sostenibles empleos en el ámbito de la educación y de la cultura.

95. Condición *sine qua non* para el desarrollo de la ediacción es la disposición de crecientes recopilaciones de propuestas de autoformación y acción ecociudadanas en portales web que deberán expandirse en la red siguiendo, probablemente, los pasos dados por la popular *Wikipedia*.

96. WIKIACCIÓN es una idea-proyecto-sugerencia de agenda global para la acción de funcionamiento similar a *Wikipedia*, dirigida específicamente a facilitar la participación ciudadana y ecociudadana.

97. WIKIACCIÓN aspira a ser una suerte de enciclopedia virtual — interactiva, colaborativa y de libre acceso— de la acción, consistente en una exhaustiva y sistemática recopilación de propuestas de acción publicada en Internet.

98. *Una Platamorma multimodal de interconexión civeturística y ocupacional* (PMICO) es un soporte viario integral y permanente de la movilidad multimodal, inducida por una oferta civeturística interconectada, en un área espacial concebida como unidad pluritemática de esparcimiento y aprendizaje.

99. PMICO y PAUTA/e 3.0 son complementarias, en la medida que la primera proporciona la oferta de servicios ecociveturísticos que la segunda demanda masivamente para asegurar su funcionamiento y sostenibilidad.

100. Las iniciativas *Plataforma para la autoformación y la acción ecociudadanas* (PAUTA/e 3.0), *Interuniversidad abierta* (O$_P$TA), *Actúa leyendo, lee actuando* (ALE, LEA), *Agenda virtual de sugerencia para la acción* (WIKIACCIÓN) y *Plataforma multimodal de interconexión civeturística y ocupacional* (PMICO) constituyen las cinco iniciativas que conforman hoy por hoy ECOCIUDADANÍA 3.0., la estrategia promovida por *www.proyectointersur.org* para propiciar los imprescindibles procesos colectivos de informa-

ción, reflexión, experientación, difusión y desarrollo colaborativos del MPF.

regresa **p. 21**

VOCABULARIO DE LA PARTICIPACIÓN FRACCIONADA

AAE, autoformación y acción ecociudadanas
Proceso de enseñanza-aprendizaje cívico y de participación creciente de la ciudadanía en el quehacer republicano global. Proceso interactivo permanente de enseñanza/ aprendizaje cívico y de participación creciente en la defensa de la *res publica* mundial, mediante el que los ciudadanos y las ciudadanas, insertos en un sistema global interdependiente y de frágil y precario equilibrio, cobran conciencia de su pertenencia a la sociedad sostenible y de responsabilidad colectiva; adquieren los conocimientos, los valores, las competencias y la experiencia para ejercer la ecociudadanía con todos los medios disponibles y se afanan en perseverar en su práctica.

Acción ecociudadana, acción política ecociudadana
Acción política derivada de la autoatribución de legitimación plena para intervenir en el gobierno de la *res publica* planetaria, ya sea en la acepción más amplia de lo político, como en la restringida a aspectos concretos, como la paz, el medio ambiente, los derechos humanos, la cooperación al desarrollo, etc.

Acción PF, acción de participación fraccionada, acción PF de cooperación
Agregación o agrupación de impulsos PF complementarios propios del proceso D+A del MPF.

Acción PF de liderazgo
Acción PF, individual o colectiva, resultante de los impulsos PF de liderazgo.

Actitud ecociudadana
Actitud cívica alternativa, responsable y solidaria, comprometida prioritariamente con la definición, formulación y defensa de los

intereses comunes de los seres humanos, que constituye un acto de legítima profundización democrática y de emancipación ciudadana, coherente con el hecho histórico de la globalización.

Activación, activación de un observatorio PF
Adopción pública de la decisión, individual o colectiva, de afrontar un determinado asunto de interés general mediante la participación fraccionada. Con la activación se inicia —activación inicial— el funcionamiento de un observatorio o se ponen en marcha en su seno sub-observatorios y observatorios específicos —activación sucesiva— que pueden constituir nuevos marcos de iniciativa y control.

Activación direccional, activación direccional de un observatorio PF
Efecto sobre un observatorio de la acción PF de liderazgo que modifica su orientación. Constituye un reajuste asociativo-decisional del observatorio inducido por el principio de cohabitación cooperativa, que puede abrir vías de actuación divergentes o, incluso, antagónicas. Es exponente del asociacionismo blando y de la participación a la carta que propicia el MPF.

Actoescritura
(Del lat. *actus*, acción o ejercicio de la posibilidad de hacer, y *scriptūra*, acción efecto de escribir), modalidad de escritura en la que el autor sitúa determinados signos —*infoalfa, alfaflecha* y *geopeefe*— tras ciertos términos, frases o contextos con el fin de que el lector pueda ejercer la actolectura.

Actolectura
(Del lat. *actus*, acción o ejercicio de la posibilidad de hacer, y del b. lat. *lectūra*, acción de leer), modalidad de lectura durante la cual el lector dispone de la posibilidad de actuar. O, más precisamente, de aprovechar las oportunidades que le brinda el texto para intervenir en los asuntos públicos mediante la activación de

los enlaces o hipervínculos incorporados a signos *ad hoc* que siguen a ciertos términos, frases o contextos.

Afectación directa, principio de (o principio de incumbencia)

Principio motivador del MPF que opera cuando la motivación del quehacer participativo, con respecto a un determinado asunto o situación, deriva esencialmente de la previa consciencia de cierto grado de afectación directa o de incumbencia personal.

Agregación —agrupación— de impulsos PF

Proceso espontáneo y consecuente de acumulación de impulsos PF en respuesta a las oportunidades PF proporcionadas por la previa desagregación del quehacer participativo.

Alfaflecha

Signo de propuesta de acción empleado en la actoescritura, compuesto con la letra alfa y el extremo puntiagudo de una flecha horizontal ($\alpha\!\!>$), que incorpora un enlace o hipervínculo, susceptible de ser activado por el lector para aprovechar las oportunidades de intervención en los asuntos públicos que le brinda el texto. Signo propuesto por el Proyecto INTER/SUR.

Ámbito virtual de ecociudadanía (AVE)

Ámbito genérico de actuación de una asociación para la participación política que, una vez delimitado por acuerdo de sus miembros, queda fuera del control de sus órganos regulares de gobierno, gestión económica y representación. Ámbito específico del objeto social estatutario de la misma acotado que se abre al ejercicio de la técnica asociativo-decisional de la participación fraccionada.

Aquiescencia pactada, principio de

Principio modulador del MPF alusivo a la inacción o silencio deliberado definido previamente, en ejercicio consciente de la autonomía de voluntad, como opción política válida. Actuación, que por su carácter voluntario e intencionado, al tiempo que previsto como alternativa dotada de un significado expreso, no está sujeta a interpretación política. Posibilita la incorporación del MPF a un instrumento asociativo-decisional convencional.

Asociación para la participación política

Cualquier agrupación ciudadana con personalidad jurídica, carente de ánimo de lucro, constituida en el ejercicio de los derechos fundamentales de asociación y de participación, con la finalidad de intervenir, tras el acuerdo mayoritario de sus miembros, en cualquier ámbito material y espacial de la actividad política, sin aspirar al desempeño de funciones gubernamentales.

Asociacionismo blando

Nueva dimensión del hecho asociativo, inherente al MPF, que trasciende la tensión del asociacionismo convencional a la institucionalización, cualquiera que sea su grado, al posibilitar que la mera voluntad de afrontar un determinado asunto de interés público mediante la participación fraccionada constituya un hecho asociativo. [47]

Autoatribución de legitimidad. (*Vid* principio de ecociudadanía)

Ciudadano/a de acción política, ciudadano/a de participación fraccionada, ciudadano/a PF,

Ciudadano/a que, en el contexto de socialización del protagonismo político que posibilita el MPF, opta por aprovechar las oportunidades PF que le brinda la IPF para generar impulsos PF y acciones PF, consciente de superar así, la fatal convicción de la neutralidad de los actos que subyace a la generalizada sensación de que las acciones individuales carecen de repercusión general y no sirven para tratar de cambiar las cosas.

---

[47] *Vid* Rasilla, L.; Asociacionismo blando y participación a la carta. Disponible en el anexo de *códigos QR*

Civeocio

(*Cive*, del latín *civicus*, de *civis* relativo al ciudadano y ocio del latín *otium*). Modalidad genérica de ocupación del tiempo libre orientada adrede a implementar, en mayor o menor grado, tanto la instrucción, como el ejercicio del civismo.

Civeturismo

Variante del civeocio en el ámbito de la actividad turística.

Cohabitación cooperativa, principio de

Principio modulador del MPF asociado a las nociones de tolerancia, pluralismo y eficacia. Alude a la capacidad del MPF para propiciar esa nueva dimensión asociativo-decisional del asociacionismo blando y la participación a la carta, que da cabida en un mismo marco instrumental a enfoques, planteamientos y actuaciones divergentes e, incluso, antagónicos.

Complementariedad, principio de

Principio operacional del MPF que asegura que los impulsos PF, que se agregan para producir acciones PF, lo hagan complementándose, posibilitando el carácter unidireccional, discrepante e, incluso, antagónico de éstas.

Conectividad, principio de

Principio operacional del MPF alusivo al imprescindible recurso a las modernas tecnologías de la infocomunicación y a la accesibilidad, a través de ellas, a los instrumentos políticos de aplicación de la técnica asociativo-decisional de participación fraccionada.

Confidencialidad opcional, principio de

Principio modulador del MPF que aporta seguridad al quehacer participativo al contemplar diversas fórmulas de anonimia, dirigidas a minimizar o eliminar por completo el mayor o menor riesgo personal, de diversa índole, que puede aparejar al ejercicio del republicanismo.

Cooperación, principio de

Principio operacional del MPF que pone de relieve el carácter cooperativo —expreso o tácito— del proceso D+A.

Democracia ciudadana

Conjunción inteligente y equilibrada de democracia representativa, participativa, semidirecta y directa. La construcción de una democracia ciudadana exige: reducir la democracia representativa a sus justos términos, fomentar las vías y los medios de la democracia participativa, mejorar el acceso a los procedimientos de democracia semidirecta, ampliando sus esferas de actuación e introducir paulatinamente prácticas de democracia directa.[48]

Democracia ecociudadana

Democracia ciudadana, legitimadora del ejercicio de la ecociudadanía, dotada de los instrumentos de enseñanzaaprendizaje y de acción políticas que se requieren al efecto.

Derecho-deber de ecociudadanía

Derecho-deber de todo ciudadano/a, con independencia de su nacionalidad o eventual situación de apatridia, de participar directamente en los asuntos públicos que afectan a la comunidad internacional en su conjunto —*res pública planetaria*—, pudiendo recurrir para ello a cuantos instrumentos de acción política, individuales o colectivos, estime pertinentes.

Desagregación-agregación del quehacer participativo, principio de

Principio inspirador del MPF, inductor del proceso de desagregación-agregación (proceso D+A) del quehacer participativo que está en la base de la participación fraccionada.

---

[48] Término propuesto por el Prof. Soriano. *Vid* Soriano, R.; Rasilla, L., Democracia vergonzante y ciudadanos de perfil, op.cit.

Desagregación de la acción participativa

Proceso inicial o previo de partición, división, fragmentación o descomposición de la acción participativa, inducido por la IPF, para generar oportunidades PF.

Ecociudadanía; ciudadanía mundial, ciudadanía global

Eco, del griego *oixo* que significa casa, morada, ámbito vital… y *ciudadanía*, condición del nacional de un Estado, sujeto pleno de derechos y deberes, facultado para intervenir en su gobierno. Condición de todo ser humano, titular de una parte alícuota de la soberanía mundial, legitimado para intervenir, con independencia de su adscripción nacional, en cualesquiera asuntos públicos en pro del desarrollo humano de todos los habitantes del planeta, mediante la satisfacción de sus necesidades, sin comprometer el de las futuras generaciones.

Ecociudadanía, principio de; autoatribución de legitimidad participativa, principio de

Principio motivador del *MPF* de autoatribución de legitimidad participativa en el gobierno de la res publica global, responsable de que la IPF incorpore la dimensión planetaria de la ciudadanía y el conjunto de funciones inherentes a su ejercicio.

Ecociudadano/a

Ciudadano/a, consciente de su pertenencia a la sociedad sostenible y de responsabilidad global, que decide autoatribuirse, en el ejercicio de su plena autonomía de voluntad, legitimación para intervenir en el gobierno de la *res pública* planetaria y actúa en consecuencia. Ciudadano/a con actitud ecociudadana.

Ecociveocio

(*Eco*, del griego *oixo* —casa, morada, ámbito vital…— para resaltar el ámbito planetario común de los seres humanos; *cive*, del latín *civicus*, de *civis* relativo al ciudadano y ocio del latín *otium*).

Modalidad de civeocio que incorpora la dimensión global o ecociudadana.

Ecociveocio, principio de
Principio complementario del MPF, responsable de que la IPF
asocie la instrucción —y la autoinstrucción— cívicas y el ejercicio
del derecho de participación política al fenómeno del ocio.

Ecociveturismo
Modalidad de civeturismo que incorpora la dimensión global o
ecociudadana.

Ecociveturismo, principio de
Principio complementario del MPF, responsable de que la IPF
asocie la instrucción y la autoinstrucción cívicas y el ejercicio del
derecho de participación política al creciente fenómeno de la
movilidad derivada de la actividad turística.

Ediacción
Del latín *editĭo, ōnis* y *actĭo, ōnis*, edición que incluye recursos
para la acción. Vocablo que aporta a la literatura, y a la escritura
en general, una función inédita e insospechada inductora de la
inexorable transición hacia la actolectura generalizada del futuro. Función que presupone la incorporación de adelantos por
venir en el ámbito de la ingeniería política y social hoy inimaginables. Original simbiosis entre literatura y política que, al abrir
de par en par las puertas a la actoescritura, condicionará el hecho mismo de escribir y de editar. Término, asociado al modelo
de participación fraccionada, propuesto por el autor en 2015.[49]

Efecto moderación-adulteración
Pérdida de autonomía que conlleva la moderación y adulteración
de sus objetivos y estrategias susceptible de afectar a las asocia-

---

49 *Vid* Rasilla, L.; *De la edición a la ediación: en la senda de la actoescritura y la actolectura.* Disponible en el anexo de *códigos QR.*

ciones de participación política al ser controladas o absorbidas por instituciones gubernamentales. Trance de moderación, abdicación e integración institucional, demasiado frecuente, que suele acarrear la pérdida del vigor y la libertad crítica y la merma de la confianza ciudadana.

Ejercicio de observatorio

Actividad de AAE programada adrede para el desempeño de la función I+C en el seno de un observatorio o subobservatorio en funcionamiento. Puede formar parte de una actividad ecociveturística, o puede desarrollarse en un aula o taller presencial o llevarse a cabo a distancia, vía internet. Su objetivo es el adiestramiento en la técnica asociativo-decisional de la participación fraccionada, mediante la puesta a disposición de los participantes de oportunidades PF prediseñadas al efecto.

Estrategia ECOCIUDADANIA 3.0.

Estrategia para la experimentación y el desarrollo cooperativo del MPF y la IPF. Inicialmente incluye las iniciativas *PAUTA/e 3.0, OPTa, ALE LEA, WIKIACCIÓN* y *PMICO*.

Fragmentación, principio de

Principio responsable de la inducción por la IPF del doble proceso interactivo de desagregación de la acción o quehacer participativo y de agregación de impulsos PF característicos del MPF.

Función asociativo-decisional, función A+D

Función de la IPF que modula la realización práctica del quehacer asociativo-decisional convencional al incorporar las nuevas dimensiones del asociacionismo blando y de la participación a la carta, propias del MPF.

Función de enseñanza-aprendizaje, función E+A, función aula

Función de la IPF para la instrucción —y autoinstrucción— cívica en el ejercicio del derecho de participación política.

Función de encuentro y debate, función E+D, función foro
Función de la IPF dirigida a posibilitar el encuentro y el intercambio de ideas —a distancia y presencial— entre sus usuarios.

Función de información y asesoramiento, función I+A, función de asesoría
Función de la IPF dirigida a facilitar que el ejercicio del republicanismo pueda llevarse a cabo con un adecuado conocimiento de causa en el manejo de los asuntos públicos, en su dimensión ecociudadana.

Función de iniciativa y control, función I+C
Función de la IPF que concierne, de un lado, a las tareas de concepción, diseño, presentación y/o ejecución, por parte de la sociedad civil, de iniciativas consistentes en propuestas de soluciones a todo tipo de problemas concretos con relevancia pública; de otro, a las de comprobación, fiscalización y, en su caso, denuncia de cualesquiera acciones u omisiones con incidencia en los asuntos de interés general. Puede desdoblarse en sendos componentes, expresándola con el binomio I+C. Su plataforma o soporte específico en la IPF es el observatorio PF.

Función de recopilación y almacenamiento, función R+A, función archivo/registro
Función de la IPF que proporciona el archivo PF para el ejercicio de la participación fraccionada.

Función de coordinación y gestión, función C+G, función de agencia
Función de la IPF de respaldo logístico al ejercicio de la participación fraccionada incorporada a su *app PF* y complementada con el apoyo de organizaciones soporte.

Función de vigilancia y garantía, función V+G,
función de defensoría

Función de la IPF orientada a la seguridad de sus usuarios y de las personas o instituciones afectadas.

Geopeefe

Contracción de generador de oportunidad de participación fraccionada —que se expresa en la actoescritura con el signo gOPf— que incorpora un enlace o hipervínculo susceptible de ser activado por el lector que desee publicar en *Internet* sus propias propuestas de acción.

Impulsos PF de liderazgo

Decisiones políticas ciudadanas, individuales o colectivas, que agregan o agrupan complementariamente impulsos PF de cooperación generando acciones PF de liderazgo.

Impulso de participación fraccionada, impulso PF,
impulso PF de cooperación o impulso PF sucesivo
de cooperación

Acto de participación política, individual o colectivo, realizado a través de una IPF, en respuesta a una oportunidad PF, capaz de complementar —o de ser complementado por otros— para agregarse o agruparse como acciones PF.

Infoalfa

Signo iα empleado en la actoescritura que incorpora un enlace o hipervínculo, susceptible de ser activado por el actolector, para obtener información que le ayude a actuar con conocimiento de causa.

Instancia de participación fraccionada, IPF

Prototipo genérico de instrumento político de nueva generación, autónomo, plural, autoinstructivo, virtual e interactivo, para el asociacionismo blando y la participación a la carta, ca-

paz de desencadenar un quíntuple y permanente efecto de autofinanciación, autoregulación, autoexpansión, autorenovación y
autogeneración, dotado de una *app PF* y susceptible de uso individual y colectivo, por un número indeterminado de ecociudada-
nos/as PF.

Liderazgo abierto, principio de
Principio modulador del MPF que incorpora a la IPF la extensión
del principio de rol variable al ejercicio de liderazgos, representación y portavocías espontáneos y cambiantes.

Modelo de participación fraccionada (MPF), de participación sucesiva, desagregativo-agregativa o por impulsos complementarios
Técnica asociativo-decisional inédita que, por la interacción de
las modalidades de asociacionismo y de participación extremadamente flexibles que propicia y la incorporación explícita de
componentes cívicos o republicanos en los hábitos placenteros
de los seres humanos, asociados a su creciente movilidad real o
virtual, es susceptible de inspirar instrumentos políticos de nueva generación, aptos para estimular exponencialmente la autoformación y la acción políticas de modo directo, generalizado,
eficiente, en condiciones de autonomía y pluralismo y sin res-
tricción alguna.

Observatorio PF, observatorio de iniciativa y control, observatorio I+C, observatorio de participación fraccionada, observatorio ecociudadano
Soporte o plataforma virtual *ad hoc* para el ejercicio, individual o
colectivo, de las funciones ecociudadanas de I+C de la IPF, mediante la técnica asociativo-decisional de la participación fraccionada.

Observatorio aula
Observatorio PF en el que prima la finalidad didáctica.

Observatorio específico

Observatorio PF, inducido o no por un observatorio o sub-observatorio anterior, que abre un nuevo ámbito genérico de observación.

Observatorio laboratorio

Observatorio PF en el que prima la finalidad experimental.

Observatorio marco

Observatorio PF genérico concebido para dar cabida en su seno a sub-observatorios.

Observatorio de resultado

Observatorio PF propiamente dicho en el que prevalece la intencionalidad de alcanzar un objetivo político, bien proponiendo o buscando soluciones —observatorio de iniciativa— o ejerciendo el control del poder —observatorio de control—.

Oportunidad de participación fraccionada, oportunidad PF

Opción participativa, propia del MPF, resultante de la descomposición o fraccionamiento del desarrollo potencial del quehacer participativo.

Participación a la carta

Dimensión del quehacer participativo inherente al MPF que sustituye los habituales procesos formales de adopción y ejecución de decisiones, basado en el acuerdo mayoritario, por procesos D+A que aprovechan la previa desagregación del quehacer participativo en oportunidades PF, para la aportación de impulsos PF, que pueden agruparse y ordenarse complementariamente como acciones PF. [50]

PAUTA, Plataforma para la autoformación y la acción

---

[50] *Vid.* Rasilla, L.; *Asociacionismo blando y… op. cit.*

Original y potente prototipo de soporte genérico para la auto-formación y la acción capaz de desencadenar procesos autoex-pansivos exponenciales, garantes de su propia continuidad, au-torenovación y autofinanciación. Recurso educativo *sui géneris*, susceptible de usarse en cualquier proceso de enseñanzaapren-dizaje que pretenda ser abierto, colectivo, mixto, polivalente, flexible, permanente, autónomo, plural, comprometido, atracti-vo, desinteresado, asequible, accesible, autofinanciable, autore-novable, potencialmente ilimitado, transferible, útil, eficiente, y dinamizador. Concebido en el ámbito del Proyecto INTER/SUR para llevar a cabo procesos de autoaprendizaje y participación a gran escala.

PAUTA/ecociudadana

Plataforma para la autoformación y la acción diseñada ex profe-so para experimentar colectivamente, expandir con facilidad el MPF y generar con rapidez en la sociedad civil hábitos autofor-mativos y participativos de naturaleza ecociudadana.

PAUTA/ecociudadana universitaria

Pauta/ecociudadana promovida y organizada en estrecha cola-boración entre centros universitarios y organizaciones civiles.

Proceso de desagregación-agregación, proceso D+A

Proceso, inspirado por el principio de desagregación-agregación del quehacer participativo, propio del MPF, mediante el que éste se desagrega fraccionándose en oportunidades PF, que pueden transformarse en impulsos PF para, agregándose o agrupándose complementariamente, generar acciones PF.

Proyecto INTER/SUR, Proyecto INTER/SUR para la innova-ción política y la ecociudadanía, INTER/SUR

Proyecto no gubernamental de investigación en el ámbito de la ingeniería política y social, autónomo, plural y sin ánimo de lu-cro, cuyo objeto es la innovación política y educativa y, espe-cialmente, la investigación y la experimentación colectivas de instrumentos alternativos de intervención en los asuntos públicos a escalas local, estatal, regional y global.

Publicidad o transparencia, principio de
Principio operacional del MPF que asegura la publicidad o transparencia permanente del proceso D+A.

Red de participación fraccionada (RPF)
Propuesta de red basada en el MPF, que puede asociarse a la *World Wide Web (www)* para encauzar la senda del presente y venidero *homo ociosus* hacia un ocio autoinstructivo, creativo y vigilante en lo político, orientado a la defensa de la *res pública* global, capaz de contribuir decisivamente a franquear los escollos al ejercicio directo de la ecociudadanía

Republicanismo
De *res publica*, cosa pública; distinta de *res privata* o cosa privada y de *res institutionale* o cosa institucional, viene república. Dícese de la preocupación de la sociedad civil por los asuntos públicos.

Republicanismo global
Republicanismo ejercido con actitud ecociudadana.

Rol variable, principio de
Principio modulador del MPF que incorpora a la IPF la libre elección en todo momento del papel o rol que deseen desem-peñar.

CÓDIGOS QR DE LIBRE ACCESO A OBRAS DEL AUTOR

en la senda de la
actoescritura y la
de la edición a la ediacción
Luis de la Rasilla
II ediacción, 2018

más allá de toda
democracia conocida...
Asociacionismo blando
y participación a la carta
Luis de la Rasilla

EL FIN DE LA UNIVERSIDAD... QUE CONOCEMOS

Luis de la Rasilla

LA
COOPERACIÓN
ESPAÑOLA AL
SUBDESARROLLO
DE GUINEA
ECUATORIAL

Oportunidades perdidas y propuestas
frustradas en la década de los ochenta.
Relato documentado de un cooperante

LUIS DE LA RASILLA

Trilogía
NOTICIA DE UN AMANECER FUGAZ
Luis de la Rasilla
I Parte
AZAR DE AZAHAR

Trilogía
NOTICIA DE UN AMANECER FUGAZ
Luis de la Rasilla
II Parte
QUIEBRA EL ALBOR

Trilogía
NOTICIA DE UN AMANECER FUGAZ
Luis de la Rasilla
III Parte
DESPIERTA LA LIBÉLULA